Pfälzerwald fotografieren –

Der Foto-Reiseführer zu den schönsten Motiven

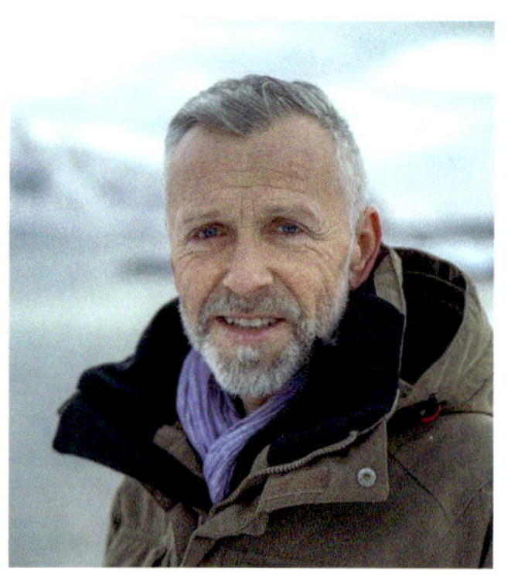

RAIK KROTOFIL ist selbstständiger Landschaftsfotograf und arbeitet als Fototrainer für Fotoworkshops und Fotoreisen in ganz Europa. Sein Wissen gibt er als Dozent bei FotoTV und als Autor zahlreicher Artikel in Fotomagazinen weiter. Krotofil lebt die Landschaftsfotografie mit Haut und Haaren und bereist mit seiner Kamera die ganze Welt, immer auf der Suche nach seiner eigenen Vision und Interpretation bekannter und unbekannter Fotospots. Auch in seiner Heimat, dem Pfälzerwald, ist er immer wieder mit Kamera und Stativ unterwegs. Seine Bilder finden Sie unter *raiklight.de*.

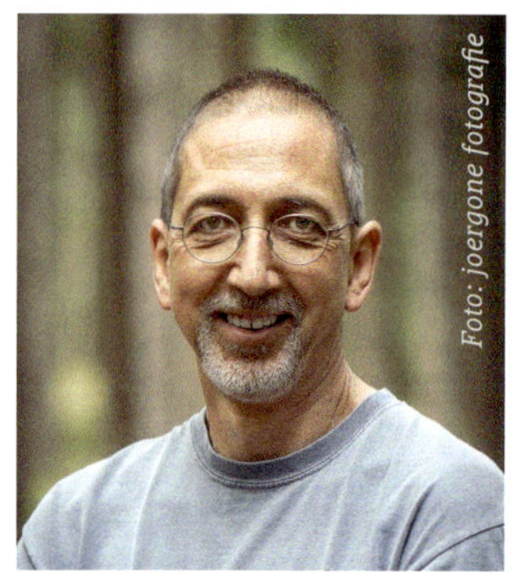
Foto: joergone fotografie

MICHAEL LAUER ist der Pfalz seit Geburt verbunden. Er betreibt die Fotografie seit seinem 14. Lebensjahr, seit vielen Jahren intensiv mit Schwerpunkt Landschaftsfotografie und als Ausgleich zu seinem Beruf in der Software-Entwicklung. Zahlreiche seiner Bilder, darunter auch einige aus dem Pfälzerwald, wurden bei großen, internationalen Naturfotowettbewerben ausgezeichnet. Michael Lauer teilt sein Wissen in Vorträgen, Workshops, Coachings und Blogbeiträgen. Seine Bilder finden Sie unter *michael-lauer.photography*.

Raik Krotofil · Michael Lauer

PFÄLZERWALD FOTOGRAFIEREN

Der Foto-Reiseführer zu den schönsten Motiven

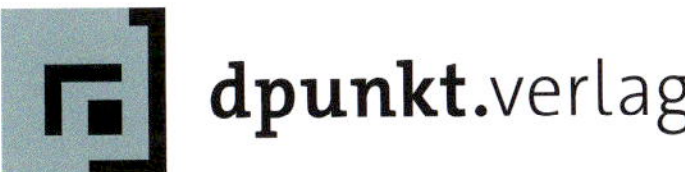

Raik Krotofil · Michael Lauer

Lektorat: Boris Karnikowski
Satz: Anna Diechtierow
Herstellung: Stefanie Weidner, Frank Heidt
Umschlaggestaltung: Anna Diechtierow, unter Verwendung von Fotos der Autoren
Druck und Bindung: mediaprint solutions GmbH, 33100 Paderborn

Bibliografische Information der Deutschen Nationalbibliothek
Die Deutsche Nationalbibliothek verzeichnet diese Publikation in der Deutschen Nationalbibliografie; detaillierte bibliografische Daten sind im Internet über *http://dnb.d-nb.de* abrufbar.

ISBN:
Print 978-3-86490-790-6
PDF 978-3-96910-037-0
ePub 978-3-96910-035-6
mobi 978-3-96910-036-3

Wieblinger Weg 17
69123 Heidelberg

543210

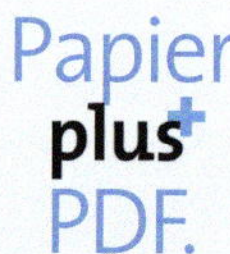

DANKSAGUNG

Wir blicken mit Stolz auf dieses Buch und möchten uns bei allen Freunden und Kollegen bedanken, die uns dabei, ganz gleich in welcher Form, unterstützt haben.

Unser besonderer Dank gilt unseren Familien für die Ermunterung zu Beginn unseres Vorhabens, sowie für das Verständnis und die Geduld bei unseren zahllosen Ausflügen, ohne die der Inhalt für diesen Fotoscout nicht zustande gekommen wäre. Sie mussten während der Schreibphase mehr als einmal auf uns verzichten.

Stellvertretend für alle guten Geister im Verlag möchten wir uns auch bei unserem Lektor Boris Karnikowski ganz herzlich für die perfekte Begleitung von der Idee bis zum fertigen Manuskript bedanken.

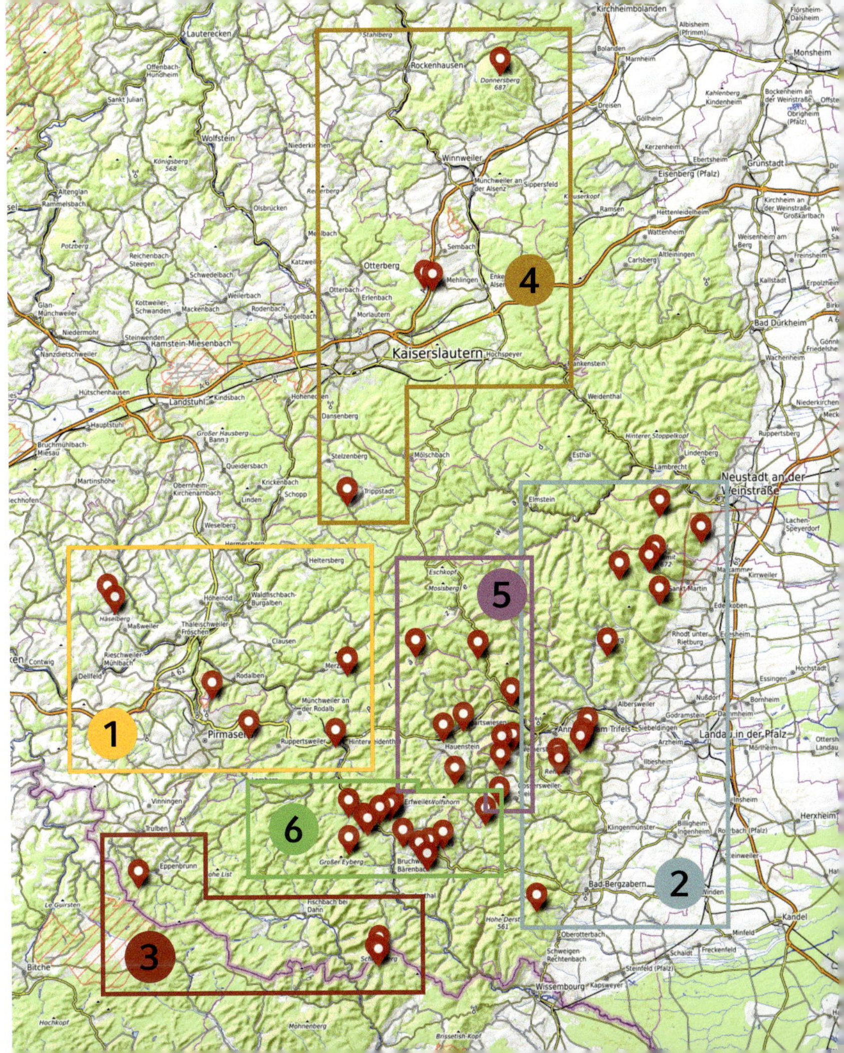

INHALTSVERZEICHNIS

EINLEITUNG ... 4
Über den Pfälzerwald und diesen Fotoscout | Reisevorbereitung, Planung und Anreise

TOUR 1 | TOUR WEST ... 16
Burg Gräfenstein | Bärenhöhle | Kapelle bei Reifenberg | Kleiner Wasserfall bei Reifenberg | Felsentor am Haseneck | Teufelstisch

EXKURS FOTOGRAFIEREN BEI NACHT ... 34

TOUR 2 | TOUR OST ... 40
Kaltenbrunner Tal | Hambacher Schloss | Kalmit-Felsenmeer | Sandwiesenweiher | Edenkobener Tal | Burg Neuscharfeneck | Slevogtfels | Wettereck | Hohenberg | Rehbergturm | Kleiner Hahnstein | Stäffelsbergturm

EXKURS GRAUVERLAUFSFILTER ... 78

TOUR 3 | TOUR SÜD ... 86
Altschlossfelsen | Wegelnburg | Hohenburg (F) | Burg Löwenstein (F)

EXKURS WÄLDER FOTOGRAFIEREN ... 104

TOUR 4 | TOUR NORD ... 116
Donnersberg | Mehlinger Heide | Karlstal

EXKURS LANGZEITBELICHTUNG ... 132

TOUR 5 | TOUR MITTE-NORD ... 138
Bavariafels | Geiersteine | Hühnerstein | Kirschfels | Kostenfels | Luitpoldturm | Nedingfels | Rötzenfels | Runder Hut | Wachtfels

EXKURS WOLKEN UND LANDSCHAFT 172

TOUR 6 | TOUR MITTE-SÜD 178
Burg Lindelbrunn | Buhlsteinpfeiler | Schlüsselfels | Burg Drachenfels | Sprinzel | Burg Altdahn | Haferfels | Hochstein | Lämmerfels | Büttelfels | Elwetrischefels | Wasgaublick

ANHANG 212
Die Locations, nach Höhe sortiert

INDEX 216

Burg Trifels zum Tagesanbruch.
Canon EOS 5DS R · 67 mm · f/8 · 1,6 s · ISO 100
(Michael Lauer)

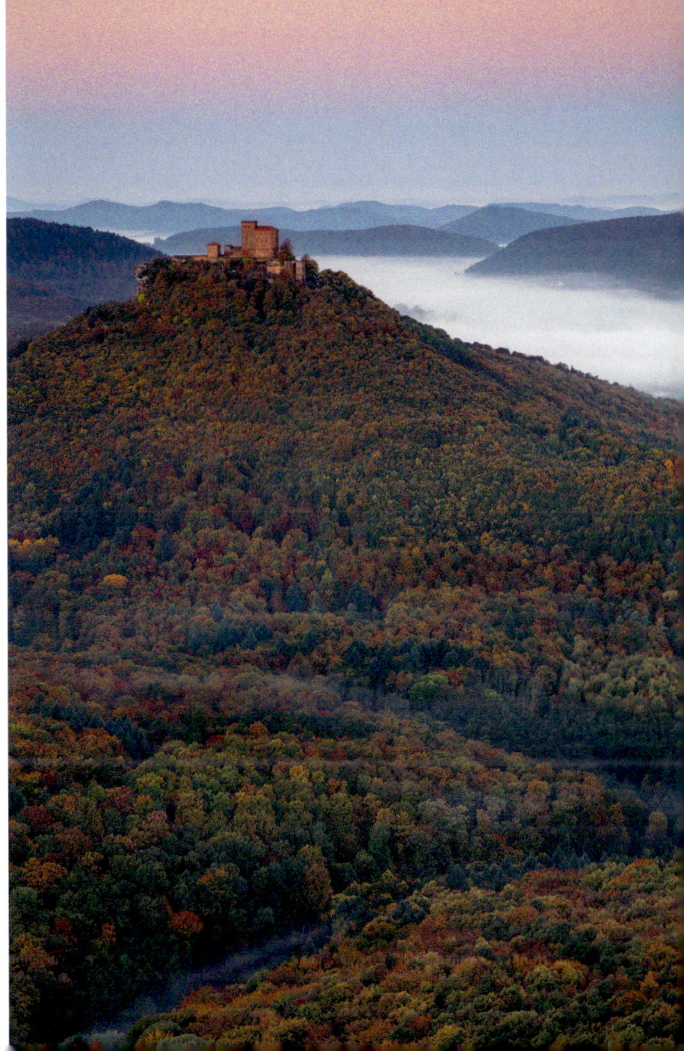

Einleitung

Als wir vor vielen Jahren anfingen, die Region des Pfälzerwaldes für uns fotografisch zu entdecken, empfanden wir es als sehr mühsam und aufwendig, die vielen Felsen, Aussichtspunkte und Türme ausfindig zu machen. Zum einen sollten diese Fotospots fotografisch gute Ausbeute garantieren, zum anderen auch irgendwie ohne Seilkletterei erreichbar sein.

Zum Ziel führten uns viele Online-Recherchen, aber auch Gespräche mit Freunden und Kollegen sowie das Stöbern in analogen Wanderkarten. Digitale Satellitenbilder und Fotodatenbanken halfen uns ebenso wie Beobachtungen bei der täglichen Fahrt zur Arbeit oder zu Kundenbesuchen.

Im Laufe der Jahre legten wir uns so eine digitale Sammlung aller Fotolocations an, die wir auf zahlreichen Wanderungen und Erkundungen besuchten. Darunter waren auch einige Fehlschläge, die wir zwecks Optimierung unserer Ausbeute an guten Bildern wieder löschten. Es war ein Filtern und Selektieren, ein Sezieren und Analysieren.

Das Ergebnis dieses Prozesses liegt nun mit diesem Fotoscout vor Ihnen – er ist die Essenz unserer Fototouren im Pfälzerwald und dem ihn umgebendem Gebiet. Hier finden Sie genaue Angaben zu den einzelnen Locations, zur Anfahrt, den Parkmöglichkeiten, den Wanderzeiten, den Besonderheiten der Orte und zu welchen Tages- und Jahreszeiten Sie dort die besten Bedingungen für stimmungsvolle Bilder vorfinden.

Wir wünschen Ihnen gutes, weiches Licht und eine sichere Wanderung mit wundervollen Erlebnissen im Naturpark Pfälzerwald – und natürlich schöne Fotos.

Raik Krotofil und Michael Lauer

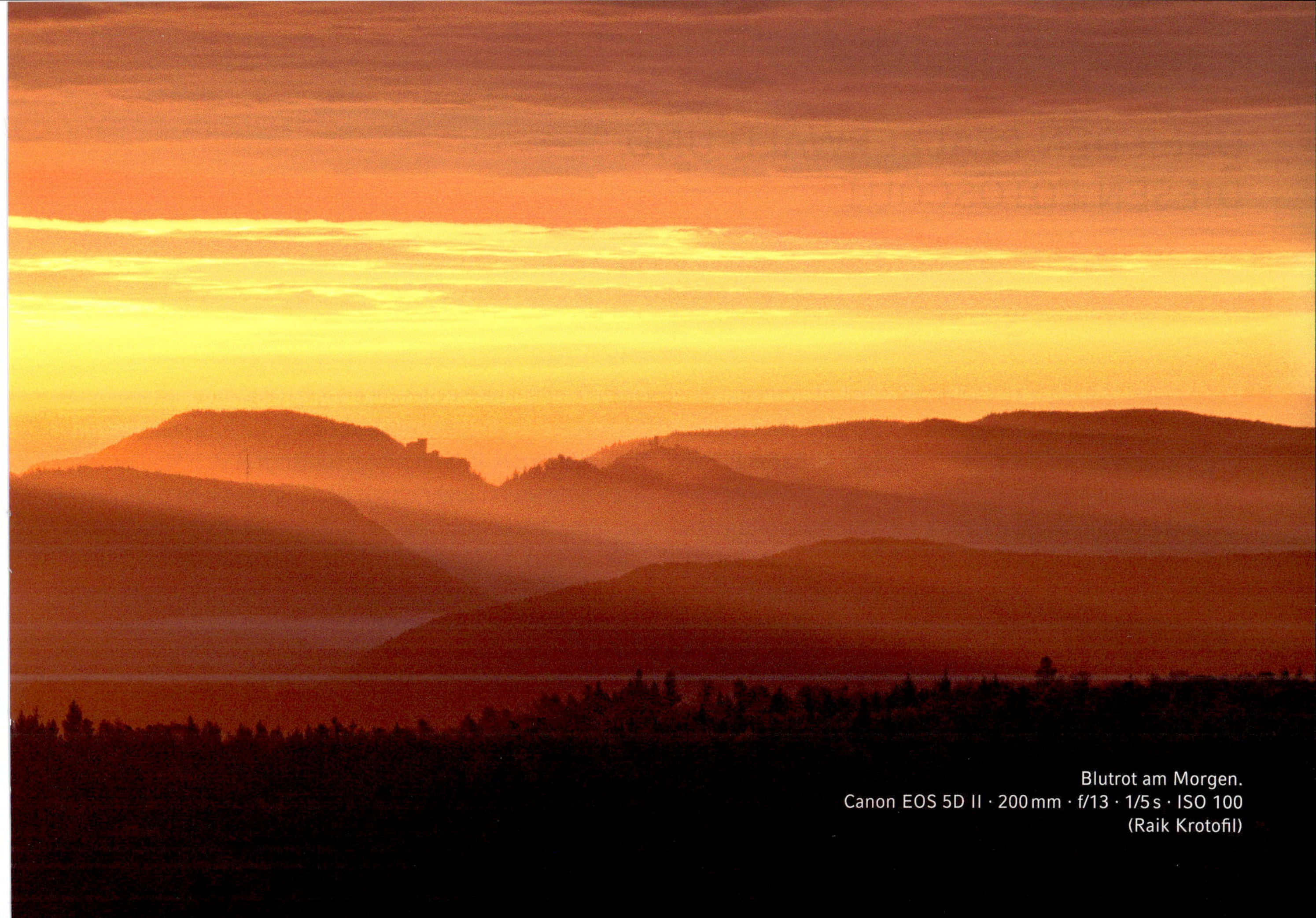

Blutrot am Morgen.
Canon EOS 5D II · 200 mm · f/13 · 1/5 s · ISO 100
(Raik Krotofil)

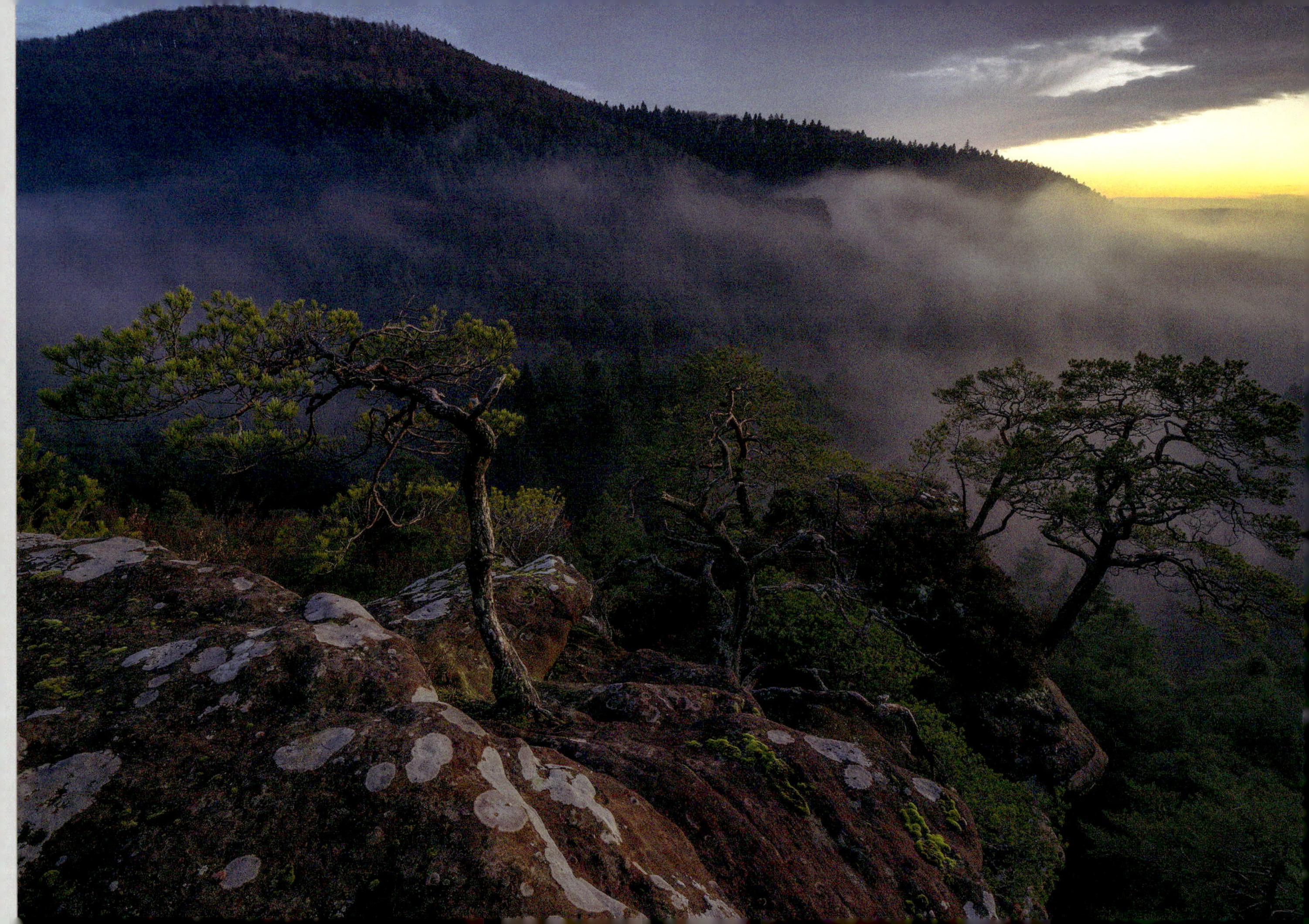

Krumme Kiefern auf einem der Felsen.
Pentax K-1 · 15 mm · f/16 · 8 s · ISO 100
(Raik Krotofil)

Noch ein Wort zur Nutzung dieses Fotoscouts. Wir haben die Fotospots in sechs Touren zusammengefasst, um Ihnen Übersicht und Planung zu erleichtern. Die Aufteilung orientiert sich auch ein bisschen daran, von wo Sie Ihren Fototrip in den Pfälzerwald antreten. Aber natürlich bleibt es Ihnen überlassen, ob Sie die Touren abfahren oder sich hier und da ein paar besonders verlockende Fotospots herauspicken. Dabei soll Ihnen auch der Index am Ende des Buches helfen – hier können Sie unter anderem gezielt Locations zu Stichwörtern wie »Nebel«, »Schnee«, »Burgen« oder einer der vier Jahreszeiten nachschlagen.

Jeder Fotospot ist mit GPS-Daten sowie einem QR-Code versehen, der Sie direkt zu Google Maps führt (sofern die App auf Ihrem Smartphone installiert ist). Starten Sie einfach Ihre Kamera-App oder einen QR-Code-Reader, scannen Sie den QR-Code und navigieren Sie los.

Nun wünschen wir aber viel Freude mit diesem Buch. Mögen Sie mit ihm im Pfälzerwald einmalig schöne Erlebnisse haben und davon die gebührenden fotografischen Erinnerungen mit nach Hause nehmen.

REISEVORBEREITUNG, PLANUNG UND ANREISE

Raik Krotofil

ANREISE

Wer den Pfälzerwald und die angrenzende Weinbauregion besuchen möchte, der findet die sonnenverwöhnte Pfalz im äußersten Südwesten Deutschlands. Die Landesgrenze zu Frankreich ist in unmittelbarer Nähe. Am besten reisen Sie mit dem eigenen Fahrzeug an, auch zahlreiche Wohnmobil-Stellplätze sind vorhanden.

Für Genießer ist ein Aufenthalt hier wirklich ein Highlight. Die Weinberge säumen den Rand des Haardtgebirges im Osten. Wer an der Weinstraße von Bockenheim nach Schweigen-Rechtenbach entlangfährt, wird sich fragen, wer all diese Mengen an Wein jemals trinken soll.

Wie wäre es, zwischen zwei Wanderungen in einer Pfälzerwald-Hütte einzukehren oder einen Fototag in einer der unzähligen Weinbars zu beenden? An einem kühlen Pfälzer Weißwein nippen, ein paar lokale Spezialitäten naschen – dann sind Kopf und Bauch vollkommen im Einklang.

UNTERKUNFT

Möchten Sie Fotoausflüge im Herzen des Wasgau (siehe die »Tour Mitte-Nord« ab Seite 138 und die »Tour Mitte-Süd« ab Seite 178) unternehmen, bietet sich Dahn als Stützpunkt an. Gästezimmer und kleinere Hotels gibt es hier ebenso wie eine Wellnessoase am Waldrand.

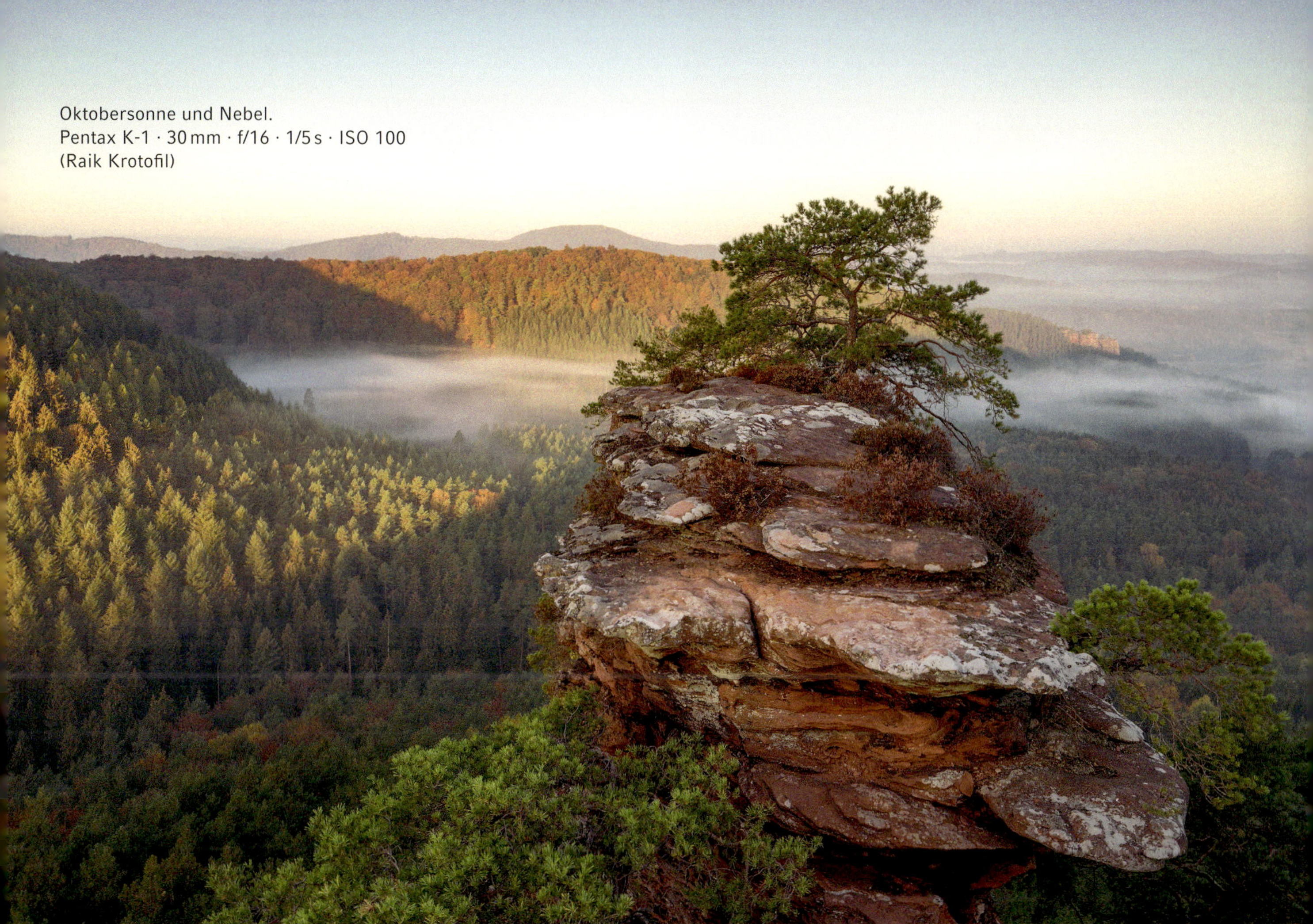

Oktobersonne und Nebel.
Pentax K-1 · 30 mm · f/16 · 1/5 s · ISO 100
(Raik Krotofil)

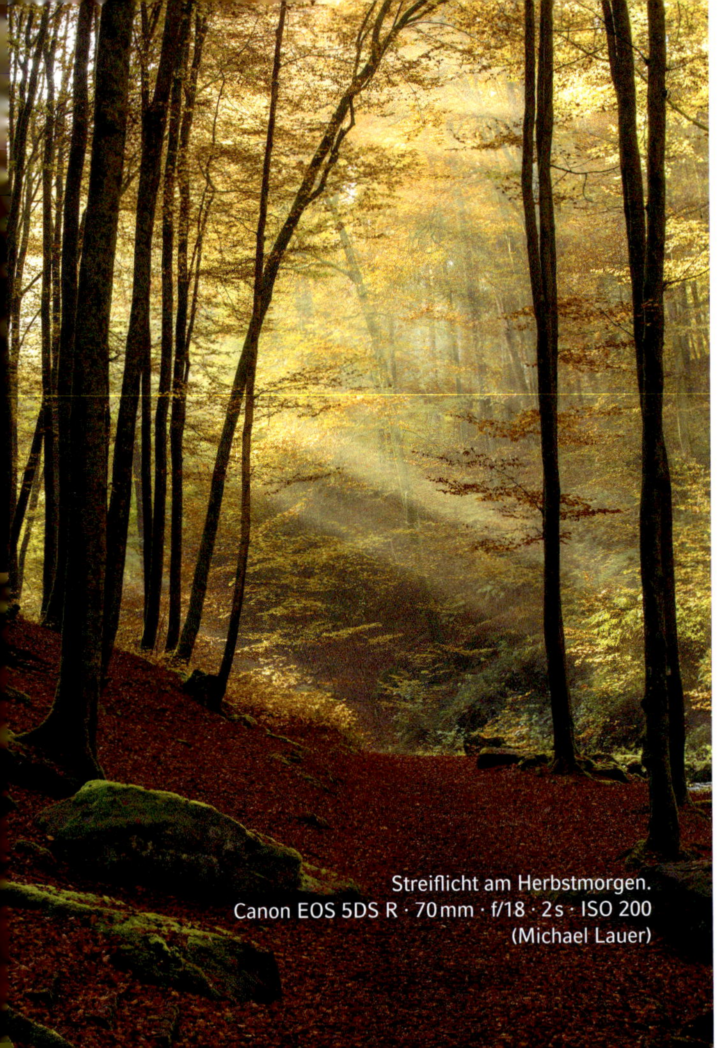
Streiflicht am Herbstmorgen.
Canon EOS 5DS R · 70 mm · f/18 · 2 s · ISO 200
(Michael Lauer)

TIPP
Gerade im Herbst, zur Zeit der Weinlese und der Wandersaison, sollten Sie Ihre Unterkünfte frühzeitig buchen.

Aber auch am Rand des Pfälzerwaldes, zum Beispiel in Leinsweiler, Böchingen, Siebeldingen oder Annweiler sind Sie nicht weit ab vom Schuss, werden aber den Charme der milden Weinbauregion spüren. Die Anreisezeiten von hier zu den besten Fotospots betragen zwischen 15 und 30 Minuten.

KLIMA UND WETTER

Die Pfalz zählt zu den sonnenverwöhntesten Regionen Deutschlands. Begünstigt durch das mediterrane Klima des Rheingrabens und durch das Haardtgebirge, dessen bewaldeter Höhenrücken Tiefdruckgebiete zum Abregnen bringen kann, ist in den wärmeren Regionen der Weinstraße nicht nur Weinbau möglich –

hier gedeihen Feigen-, Bergamotte-, Kiwi-, Kastanien- und Kakibäume. Sobald man jedoch die Senke des Rheingrabens verlässt und bei Albersweiler den Anstieg zum Pfälzerwald in Angriff nimmt, ändern sich die Temperaturen spürbar. Während in den Orten der südlichen Weinstraße die Sonne scheint, liegt im Herbst in den bewaldeten Gebieten oft Nebel. Die Temperatur in der Vorderpfalz kann von jener in den Waldtälern um 3 bis 4° C Grad abweichen. Der Wald wirkt wie ein Wasserspeicher, hält er doch die Feuchtigkeit und bietet so oft die Wahrscheinlichkeit auf Nebel am Morgen. Aber auch in kalten, windlosen Nächten mit hoher Luftfeuchtigkeit kann bereits am frühen Abend Nebel aufziehen und die Täler fluten.

TIPP

Wie Sie mit Wetter und Wolken unter fotografischen Gesichtspunkten arbeiten, erfahren Sie im Exkurs »Wolken und Landschaft« ab Seite 172.

Dass Schnee liegen bleibt, kommt nicht oft vor in dieser Region. Doch wenn es ausreichend kalt ist, dann kann sich wenigstens in den höheren Lagen Raureif am Morgen bildet. Gerade um den Luitpoldturm herum (siehe Seite 154) liegt dann wenigstens etwas Schnee. Frühmorgens machen Sie hier die besten Fotos. Dann ist der in der vorangegangenen Nacht gefallene Schnee noch frisch und unberührt.

Die Wetterprognosen sind gerade über Mittelgebirgen wie dem Pfälzerwald nicht immer zu 100 % zuverlässig. Ein Blick zum Himmel am frühen Abend oder in der Nacht kann Klarheit schaffen. Gerade Wetterwechsel wie abziehende Gewitter oder das Ende einer Kaltfront sind Garanten für spannendes Licht und schöne Fotos.

PLANUNG

Gerade im Sommer, wenn die Sonne sowieso schon recht früh den Horizont überschreitet, werden Sie sehr früh in den Tag starten. Dazu ein Beispiel: Es ist Mitte Juli, Ihr Ausgangspunkt ist Annweiler und Sie wollen vor Sonnenaufgang am Lämmerfels sein:

- Sonnenaufgang 05:41 Uhr
- Beginn Nautische Dämmerung 04:05 Uhr
- Fußweg zum Lämmerfels ca. 20 Minuten
- Fahrzeit von Annweiler ca. 20 Minuten
- Ergibt: Abfahrt in Annweiler ca. 03:20 Uhr

Diese frühe Abfahrt ist meine Empfehlung, denn ich selbst versuche immer, zum Beginn der Nautischen Dämmerung an meinem Fotospot zu sein. Allerdings kenne ich die Location und die Gegebenheiten vor Ort – ich weiß also, was mich erwartet. Sollten Sie genug Zeit haben, empfehle ich Ihnen auf jeden Fall, sich für Sonnenaufgangssessions einen Tag vorher den Fotospot und den Weg dorthin im Hellen anzusehen. Bei Sonnenuntergang sollten Sie mindestens zwei Stunden vorher am Fotospot sein.

TIPP
Um vorab den Zeitpunkt des Aufgangs sowie den Lauf von Sonne und Mond für meine Fotolocations in Erfahrung zu bringen, nutze ich (nicht nur im Pfälzerwald) die Apps »The Photographer's Ephemeris« (»TPE«, *app.photoephemeris.com*) und »PhotoPills« (*www.photopills.com*).

Die beste Jahreszeit für eine Fotoreise sind der Herbst und das Frühjahr. Für eine gute Planung empfehle ich Ihnen im Vorfeld die Erstellung einer Locationliste mit den von Ihnen favorisierten Fotospots. Genau so mache ich das für meine eigenen Fotoreisen. Dort trage ich dann eine chronologische Planung der Tage ein, mit den zu besuchenden Fotospots und Alternativen. Diese klassifiziere ich in A- und B-Locations. Auf diese Art habe ich für einen Tag je nach Wetter mehrere Möglichkeiten, auf unterschiedliche Fotospots auszuweichen. Eine gute Planung macht ein Drittel des Erfolgs meiner

Bilder aus. Ein zweites Drittel teilen sich Erfahrung, Handwerk und Wetter, für das letzte Drittel ist Glück entscheidend.

AUSRÜSTUNG

Welches Equipment Sie für Ihre Fotografie benötigen, werden Sie natürlich selbst entscheiden. Die folgende Ausrüstung habe ich bei meinen Landschaftsfotografie-Trips immer im Rucksack dabei:

- Kleinbild-Spiegelreflexkamera Pentax K-1
- Objektive:
  - Laowa 12 mm f/2.8
  - Pentax 15–30 mm f/2.8
  - Pentax 24–70 mm f/2.8
  - Pentax 70–200 mm f/2.8
- Kabelfernauslöser
- Polfilter
- Graufilter in den Dichten 1.8 und 3.0
- Grauverlaufsfilter in unterschiedlichen Dichten, Filterhalter-System

Außerdem: Stirnlampe, Taschenlampe, Mikrofaserputztuch, Linsenreinigungsflüssigkeit, Blasebalg, Filzsitzkissen, Mikrofaserhandtuch, Ersatzsocken, kleines Erste-Hilfe-Set (Pflaster, Mullbinde etc.) Inbus-und Schraubendreher-Set (für Stativ und Wechselplatten).

Oft ist es auf Felsen und Türmen zugig und kalt. Handschuhe, Schal und Mütze gehören also zu meiner Herbst/Winter-Ausrüstung dazu, ebenso sehr gute, stabile und knöchelhohe Wanderschuhe. Gute Outdoor-Kleidung ist für mich ein Muss. Nur wenn ich, statt zu frieren, behaglich und entspannt auf das richtige Licht warten kann, werden meine Kreativität und Hingabe nicht gestört. Eine Kanne Tee kann das Warten an kalten Tagen zusätzlich versüßen.

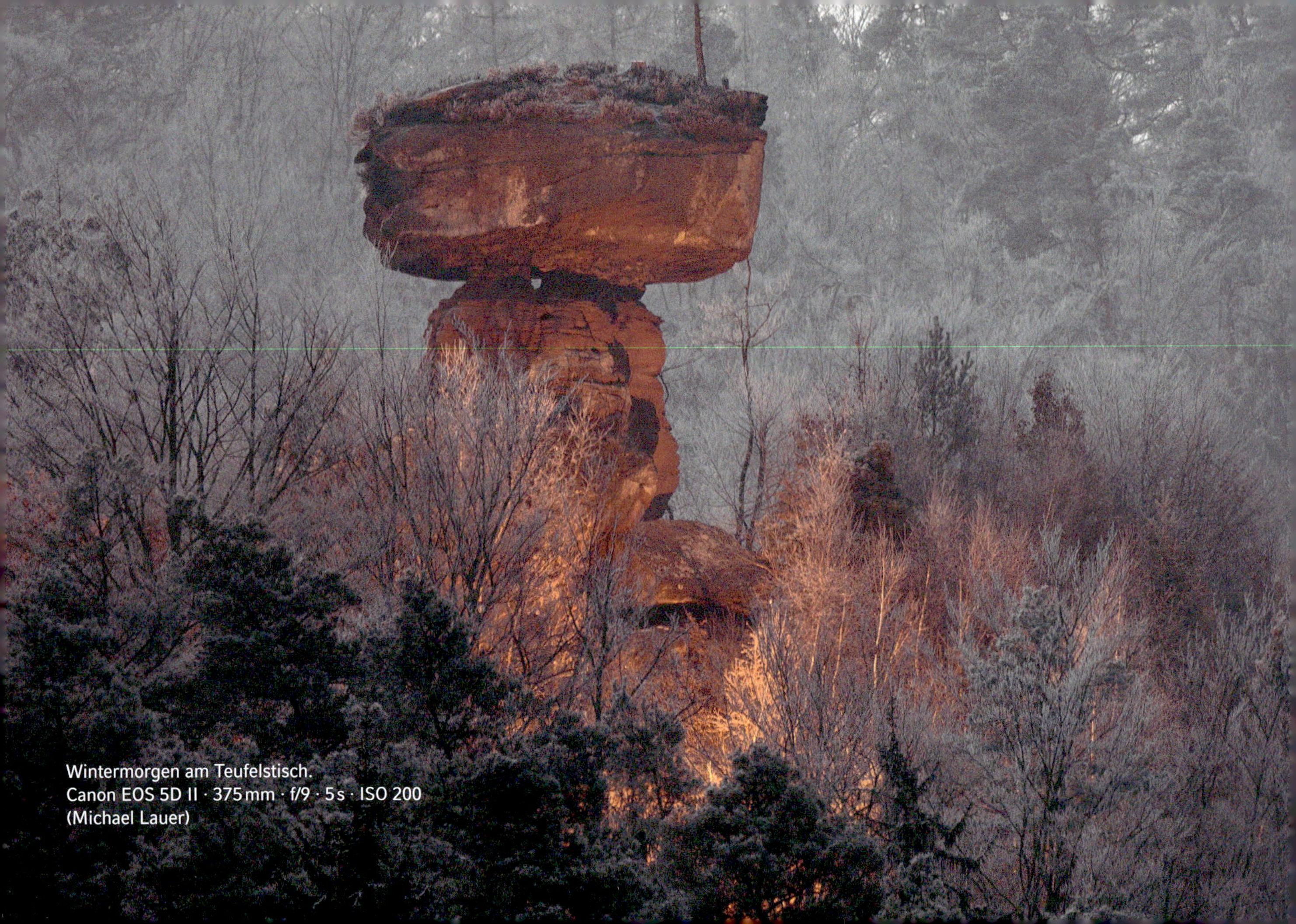

Wintermorgen am Teufelstisch.
Canon EOS 5D II · 375 mm · f/9 · 5 s · ISO 200
(Michael Lauer)

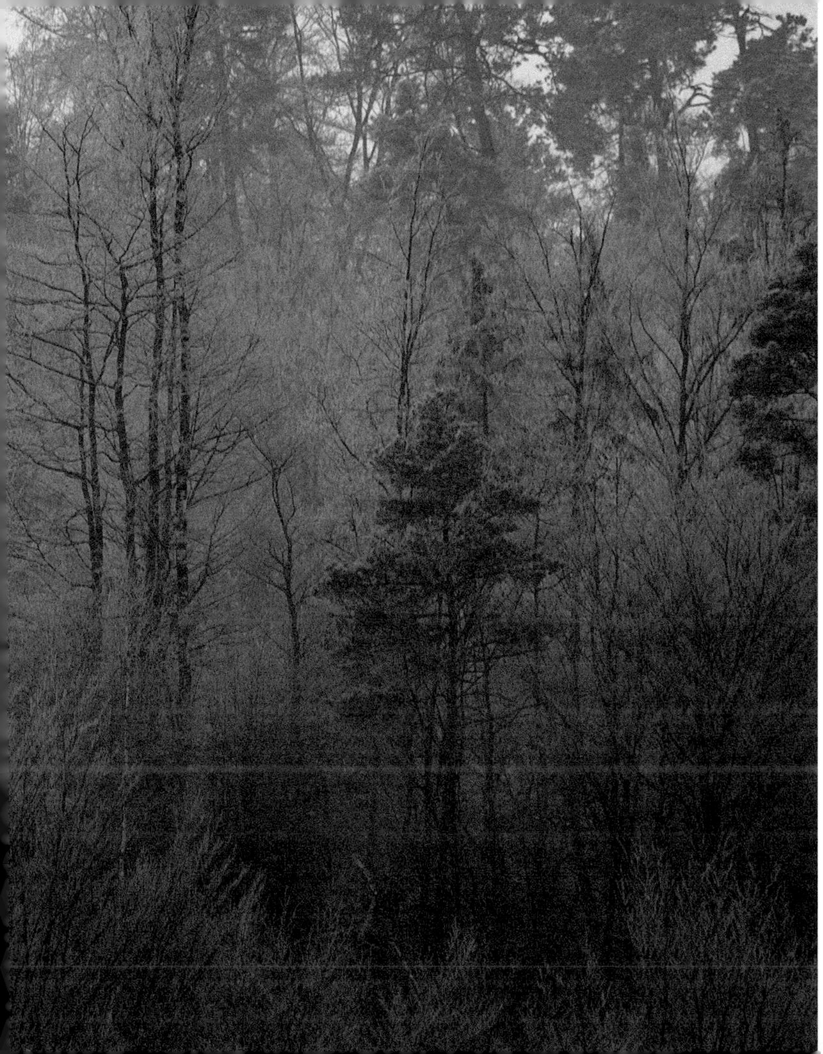

TOUR WEST

TOUR 1

Auf dieser Tour am Westrand des Pfälzerwalds wechseln sich Wasser, Felsen und Bauwerke als Motive ab. Eine Kapelle, eine Höhle, ein kleiner Wasserfall und ein Felsbogen im Wald geben hier einen Vorgeschmack auf die Vielseitigkeit der Region. Mit dem Teufelstisch wartet zudem ein besonders bekannter Felsen darauf, von Ihnen in Szene gesetzt zu werden.

TOUR WEST

TOUR 1

1. BURG GRÄFENSTEIN
2. BÄRENHÖHLE
3. KAPELLE BEI REIFENBERG
4. KLEINER WASSERFALL BEI REIFENBERG
5. FELSENTOR AM HASENECK
6. TEUFELSTISCH

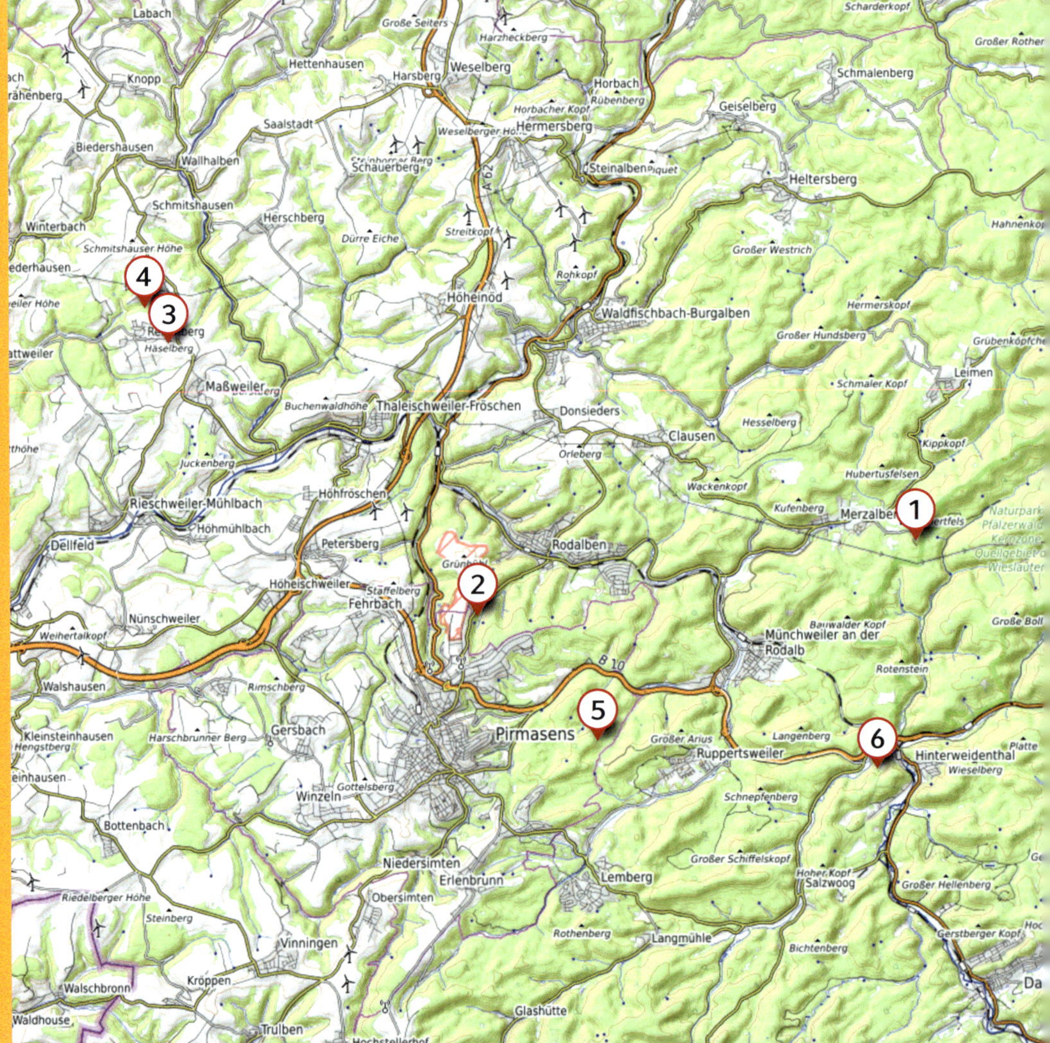

1 BURG GRÄFENSTEIN *(RAIK)*

Beste Tageszeit: Sonnenauf-/untergang, auch bei bedecktem Himmel.
Beste Jahreszeit: Ganzjährig
Anfahrt: Folgen Sie einfach auf der Ortsdurchfahrt in Merzalben der Beschilderung zur Burg. Am Waldparkplatz ist der Zugang ebenso beschildert.
Koordinaten Parkplatz: 49.243, 7.75825
Koordinaten Location: 49.241083, 7.756472

Parkplatz

Location

Winschertfels

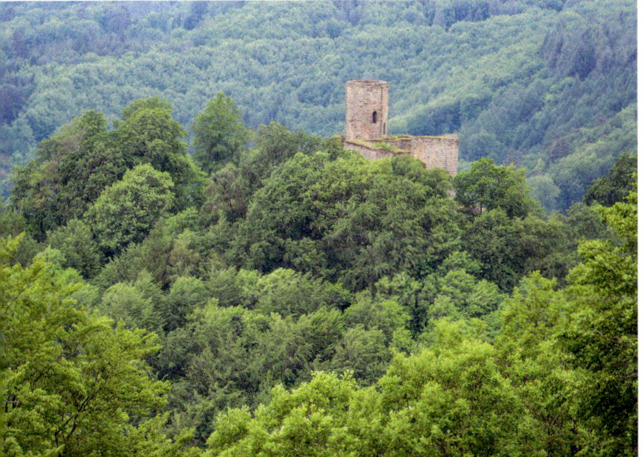

Nirgendwo in Deutschland gibt es so viele mittelalterliche Burgen wie in der Pfalz. Zu ihnen gehört auch die nach Norden ausgerichtete Burg Gräfenstein, die sich für einen fotografischen Besuch lohnt. Die beste Perspektive werden Sie vom südlichen Turm bekommen. Oder Sie wandern auf den ungefähr 1,3 km entfernten Winschertfels (Koordinaten 49.246068, 7.761302) – von dort fotografieren Sie am besten mit einem Teleobjektiv.

◀ Farbschichten im Mai.
Pentax K-1 · 200 mm · f/13 · 1/125 s · ISO 640
(Raik Krotofil)

BRENNWEITEN

Für die Ansicht vom Turm benötigen Sie ein starkes Weitwinkelobjektiv. Aber auch im unteren Teil ergeben sich weitwinklige Motive. Wenn Sie vom Winschertfels aus fotografieren, sollten es Brennweiten von 150–300 mm (am Vollformatsensor) sein.

PLATZVERHÄLTNISSE

Auf dem Turm der Burgruine ist Platz für bis zu drei Stative.

> **TIPP**
>
> Besonders eindrucksvoll werden die Bilder, wenn die Fenster auf der Westseite vom rötlichen Licht der tiefstehenden Sonne durchschienen werden.

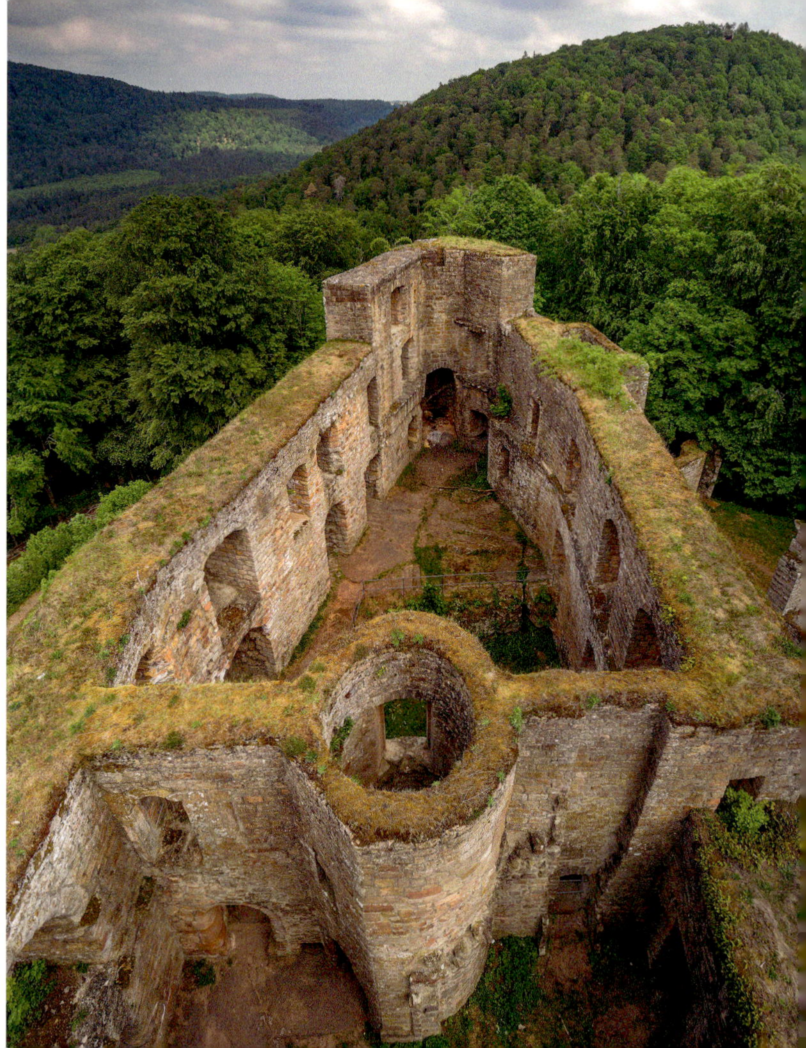

Klassische Ansicht vom Turm.
Pentax K-1 · 15 mm · f/11 · 30 s · ISO 100
(Raik Krotofil)

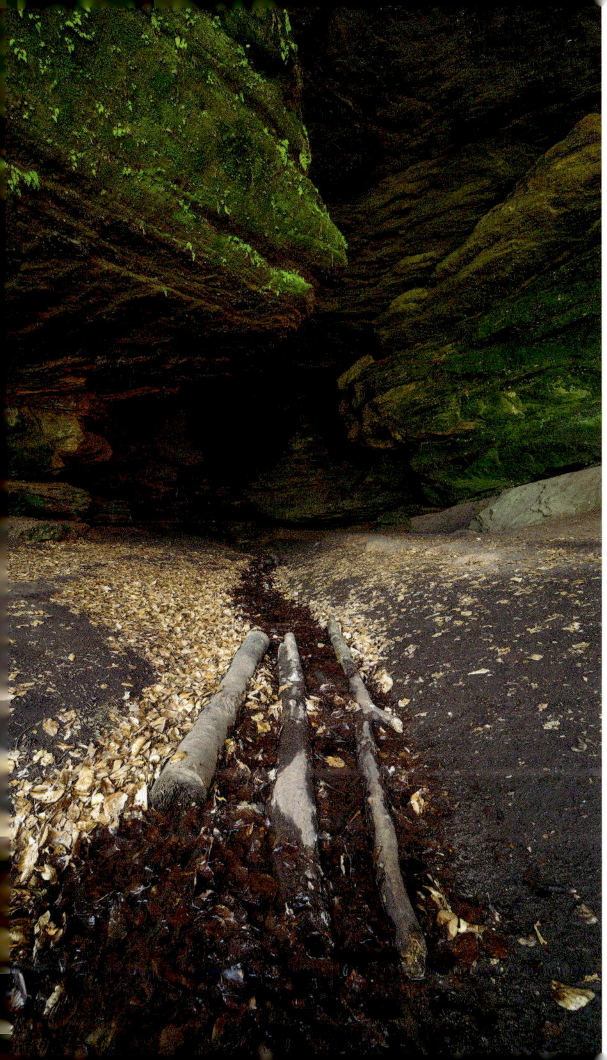

2 BÄRENHÖHLE *(RAIK)*

Beste Tageszeit: Sonnenauf-/untergang
Beste Jahreszeit: Ganzjährig
Anfahrt: Sie nehmen zur Anfahrt ab Rodalben die L482 in Richtung Pirmasens. Nach wenigen Metern sehen Sie bereits ein Hinweisschild zum Parkplatz. Von hier aus laufen Sie auf dem Felsenwanderweg runde 30 Minuten in südwestlicher Richtung. Die Höhle liegt etwas erhöht.
Koordinaten Parkplatz: 49.2341657, 7.6359588
Koordinaten Location: 49.22625, 7.617056
Entfernung vom Parkplatz: ca. 15 Minuten Gehzeit

Parkplatz

Location

Die größte natürliche Felsenhöhle in der Pfalz ragt runde 40 Meter tief in den bemoosten Sandstein hinein. In ihr entspringt ein kleiner Bach, der als kleiner Wasserfall zur unteren Bärenhöhle hinabfließt. Unter der Woche haben Sie hier genügend Ruhe, ihre eigene, fotografische Interpretation zu finden.

◀ Moose und Farne.
Pentax K-1 · 32 mm · f/11 · 4 s · ISO 100
(Raik Krotofil)

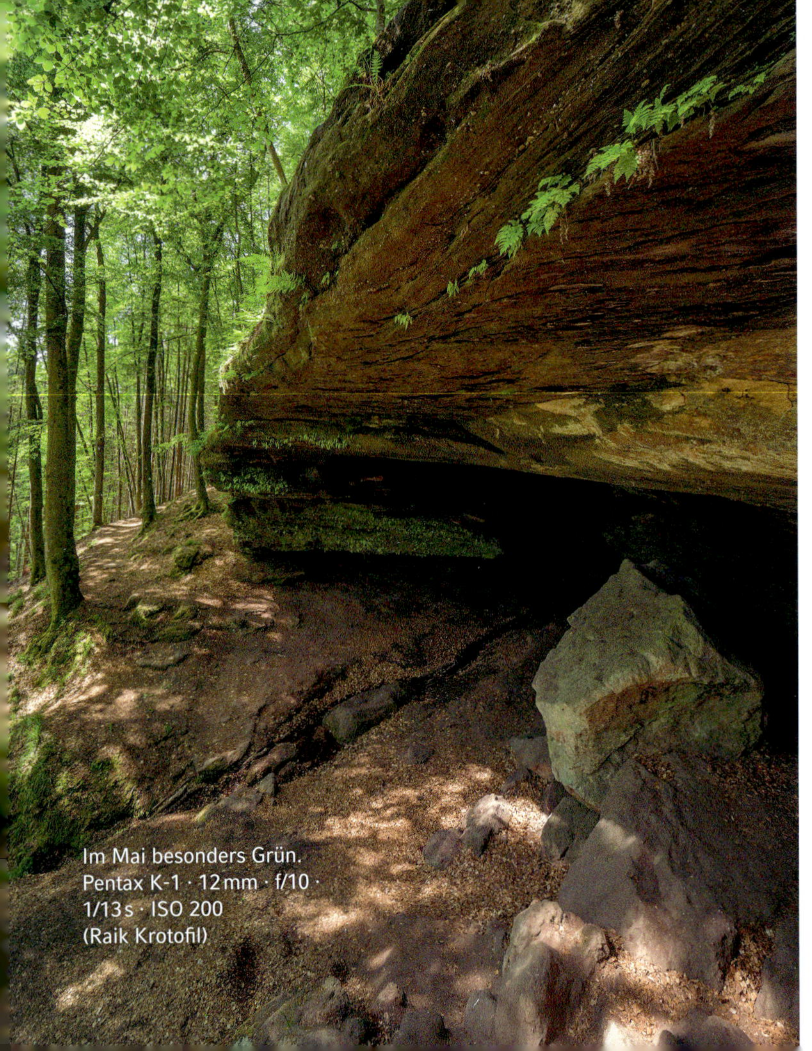

Im Mai besonders Grün.
Pentax K-1 · 12 mm · f/10 · 1/13 s · ISO 200
(Raik Krotofil)

ZEITEN

Das beste Licht zum Fotografieren haben Sie hier, wenn die Sonne so hoch steht, dass sie nicht in die Höhle strahlt. Das ist April bis Juni ab mittags und im restlichen Jahr nachmittags der Fall. Ebenso ideal sind bedeckte Tage mit leichtem Regen.

BRENNWEITEN

Um die Größe der Höhle fotografisch zu erfassen, eignen sich extreme Weitwinkelbrennweiten. Aber auch mittlere Brennweiten sind möglich, etwa um den kleinen Farnen auf den Felsen eine Bühne zu geben. Nutzen Sie einen Polfilter, um Lichtreflexe auf dem Laub zu reduzieren und so dem Grün auf den Felsen mehr Dynamik zu verleihen.

PLATZVERHÄLTNISSE

Auch wenn die Dimensionen der Höhle schwer zu fassen sind, wirken Menschen im Bild hier immer störend. Von daher kommen Sie am besten maximal zu zweit hierher.

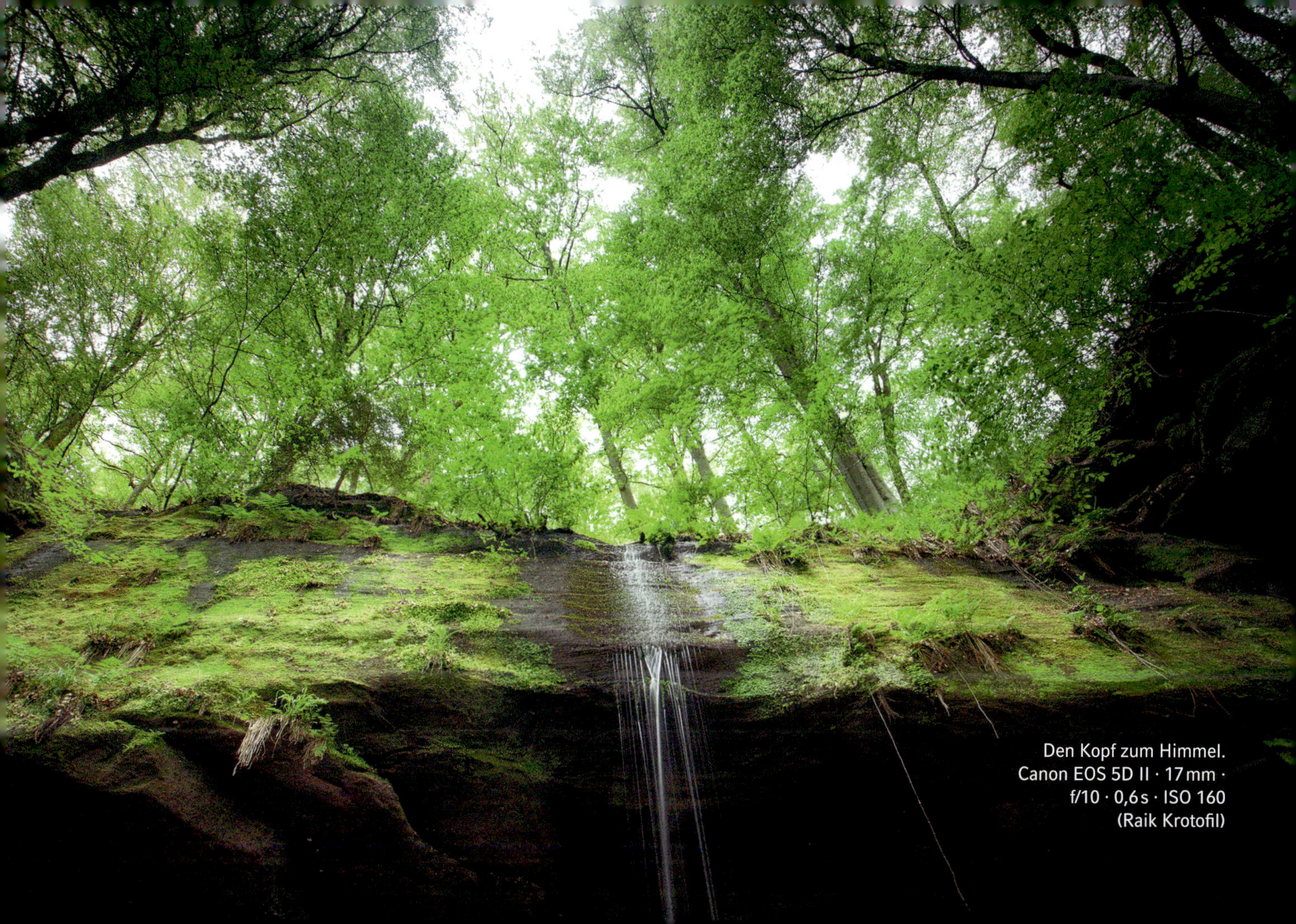

Den Kopf zum Himmel.
Canon EOS 5D II · 17 mm ·
f/10 · 0,6 s · ISO 160
(Raik Krotofil)

Parkplatz

Location

3 KAPELLE BEI REIFENBERG *(MICHAEL)*

Beste Tageszeit: Vormittags für Aufnahmen aus Süden.
Beste Jahreszeit: Das Motiv bietet ganzjährig interessante Ansichten.
Anfahrt: Die Kapelle befindet sich am oberen Ortsausgang von Reifenberg und ist nicht zu übersehen. Die nächste Parkmöglichkeit ist im Ort unterhalb der Zufahrt zur Kapelle.
Koordinaten Parkplatz: 49.282029, 7.51582
Koordinaten Location: 49.28158, 7.518988
Entfernung Parkplatz: weniger als 5 Minuten Gehzeit

Als »Kapellchen« bekannt ist die Kriegergedächtniskapelle auf dem Häsel, einer der höchsten Erhebungen im Sickinger Land, nahe der Gemeinde Reifenberg. Ihre Position auf dem Hügel, inmitten von Feldern, macht sie zurecht zu einem beliebten Fotomotiv.

Die beste Aufnahmeposition, um dieses Motiv in der umgebenden Landschaft zu zeigen, liegt südlich der Kapelle. Dazu folgen Sie einfach dem unbefestigten Feldweg, der an der Kapelle beginnt, ca. 150 Meter bergab.

Die Frontalansicht der Kapelle, vom Vorplatz aus und idealer Weise im Hochformat fotografiert, bezieht ihren Reiz aus der Symmetrie des Bildaufbaus und der gleichzeitigen Reduzierung der Elemente im Bild. Aufziehender Nebel unterstützt dies zusätzlich.

ZEITEN

Ein sonniger Frühjahrstag mit lockeren Wölkchen am Himmel eignet sich ausgezeichnet, um die Kapelle in der sie umgebenden Landschaft zu fotografieren.

Das »Kapellchen« im Frühjahr.
Canon EOS 5D · 180 mm · f/13 ·
1/60 s · ISO 100
(Michael Lauer)

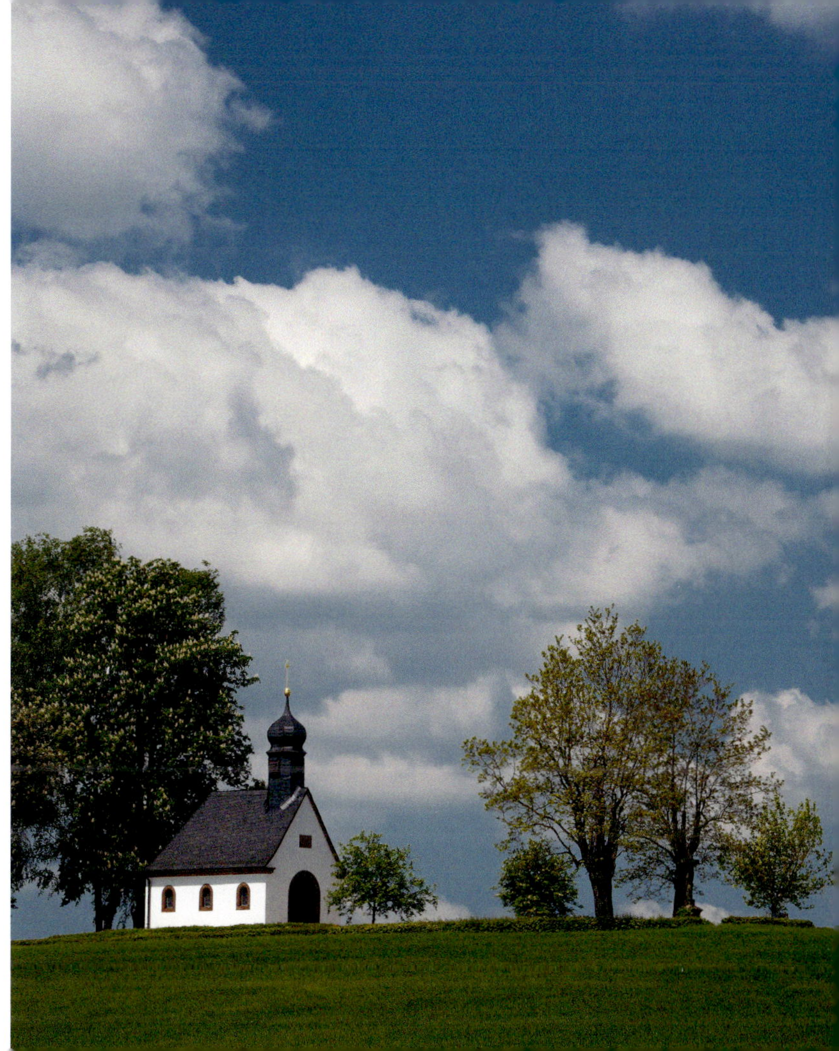

BRENNWEITEN

Ein Telezoom im Bereich 70–200 mm ist ideal. Für eine Frontalaufnahme der Kapelle vom Vorplatz aus empfiehlt sich eine Brennweite von 24 mm.

PLATZVERHÄLTNISSE

Um die Kapelle herum ist genug Platz für mehrere Fotografen. Etwas Absprache (oder Stempelarbeit in der Nachbearbeitung) ist allerdings nötig, wenn sich Personen auf dem Vorplatz befinden und Sie von unterhalb der Kapelle fotografieren.

Parkplatz

Location

4 KLEINER WASSERFALL BEI REIFENBERG *(MICHAEL)*

Beste Tageszeit: Bei bedecktem Himmel den ganzen Tag.
Beste Jahreszeit: Frühjahr
Anfahrt: Der Parkplatz befindet sich an der Straße von Reifenberg nach Bottenbach, an der Wassertretanlage. Vom Parkplatz führt ein ebener Weg in ca. 20 Minuten zum Wasserfall.
Koordinaten Parkplatz: 49.281685, 7.496677
Koordinaten Location: 49.288615, 7.511081
Entfernung Parkplatz: ca. 20 Minuten Gehzeit

Als Ergänzung zum Besuch des »Kapellchens« im vorigen Abschnitt bietet sich ein Abstecher zum Wasserfall »Hinter der Tränk« an. Er liegt im Wald unterhalb von Reifenberg.

ZEITEN

Ein bedeckter Tag, gerne mit leichtem Regen, ist ideal für das Fotografieren im Wald und am Wasser. Das trifft auch auf diese Location zu. Eine unmittelbar vorangegangene Regenperiode ist ebenfalls von Vorteil, denn nach längerer Trockenzeit ist die Wassermenge dort oft nur spärlich. Ideal ist das Frühjahr, nach dem Durchzug eines Regengebiets.

BRENNWEITEN

Brennweiten im starken Weitwinkelbereich laden dazu ein, dicht an den kleinen Wasserfall heran zu gehen und den Vordergrund zu betonen. Mit Brennweiten im Telebereich können Sie interessante Details herausstellen.

TIPP

Mit einem Polfilter lassen sich die Reflexionen im Wasser kontrollieren und die Sättigung der Farben erhöhen.

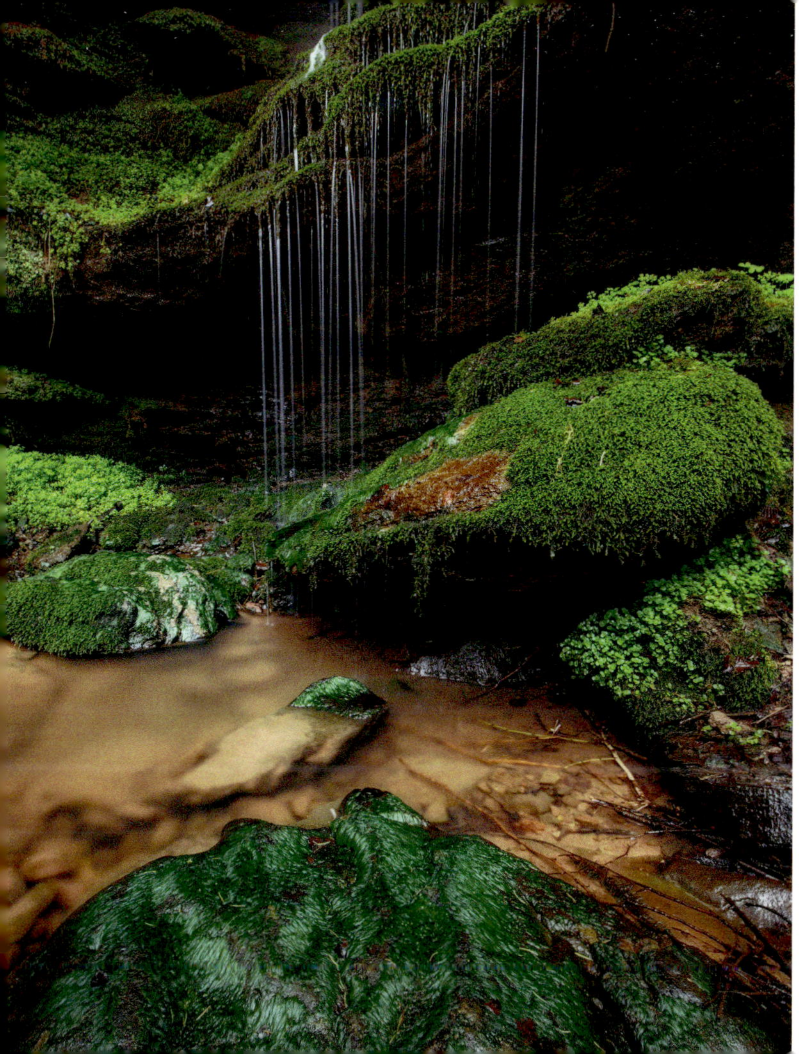

PLATZVERHÄLTNISSE

Der Wasserfall selbst ist nicht allzu groß, es bieten sich aber verschiedene Perspektiven und Details. Drei Fotografen können ohne zu große Einschränkungen zeitgleich an dem Fotospot arbeiten.

◀ Der kleine Wasserfall im Frühjahr.
Canon EOS 5DS R · 16 mm · f/16 · 20 s · ISO 200
(Michael Lauer)

Parkplatz

Location

5 FELSENTOR AM HASENECK *(RAIK)*

Besonderheiten: Wenig frequentiert, nicht gesichert, erhöhte Absturzgefahr.
Beste Tageszeit: Sonnenauf-/untergang, auch bei bedecktem Himmel
Beste Jahreszeit: Ganzjährig
Anfahrt: Von der B10 kommend, biegen Sie in Dahn auf die Straße am Bubenrech ab. Dort können Sie parken und folgen dem Weg in den Wald. Nach runden 350 Metern gabelt sich der Waldweg. Der Fuß des Felsens ist rechter Hand sichtbar. Sie folgen dem Hauptweg noch weitere 30 Meter und biegen dann in nördlicher Richtung auf einen Pfad ab, der runde 150 Meter bergauf führt. Danach folgen Sie dem Wanderweg rechter Hand und nach wenigen Minuten haben Sie die Oberseite des Felsens erreicht.
Koordinaten Parkplatz: 49.159028, 7.783167
Koordinaten Location: 49.161806, 7.782667
Entfernung Parkplatz: ca. 15 Minuten Gehzeit

Am nordwestlichen Ortsrand von Dahn, versteckt im Wald und wenig bekannt in der Region, befindet sich der Haseneckfels. Oben auf dem Gipfel hat die Erosion eine skurrile Felshöhle hinterlassen.

ZEITEN

Besonders im weichen Licht am Morgen, wenn die warmen Strahlen der Sonne das Tor im Felsen fluten, eignet sich dieser Fotospot sehr gut. Weiter vorne auf dem Felsmassiv stehen

Opulenter Sandsteinfels. ▶
Pentax K-1 · 12 mm · f/11 · 1/10 s · ISO 100
(Raik Krotofil)

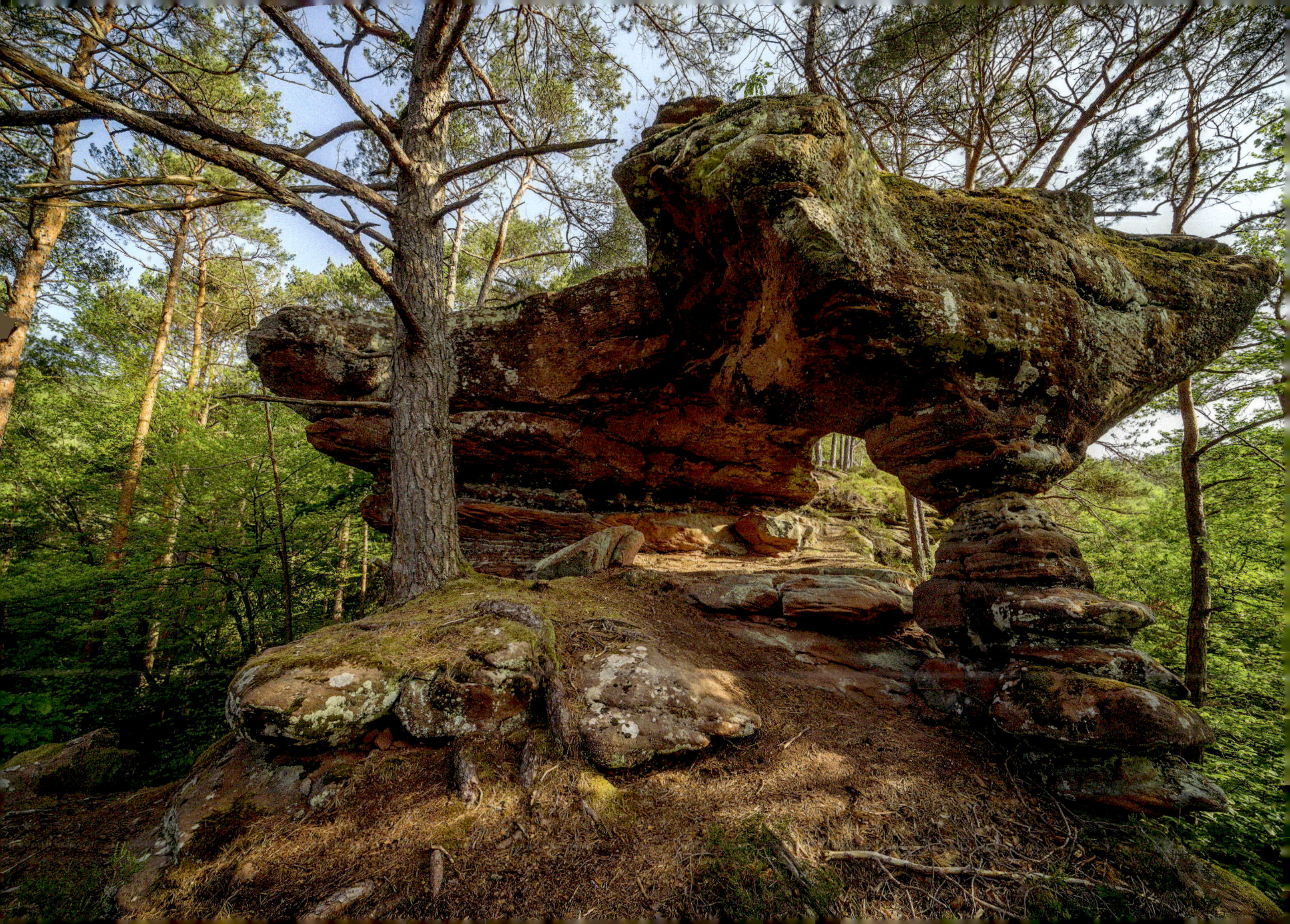

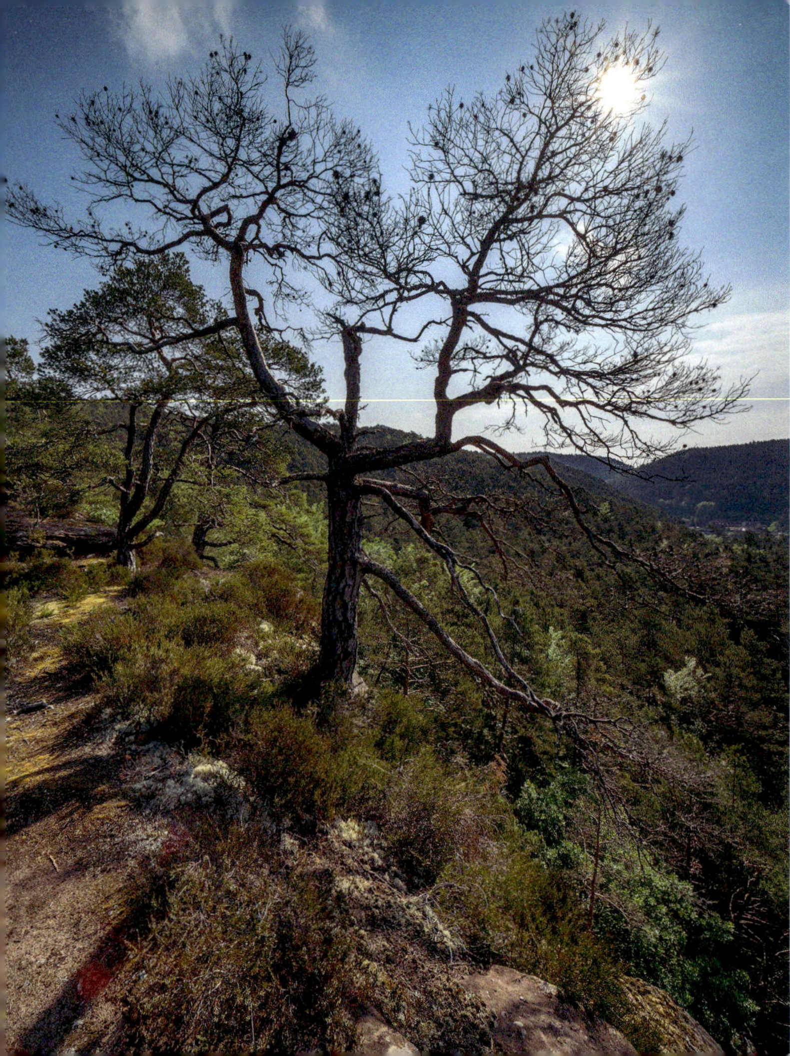

krumme Kiefern, die gemeinsam mit dem Felsen ideale Motive bieten. Das Felsentor lohnt sich aber auch im Winter, ebenso bei nebliger Stimmung und bei weichem Licht. Die Jahreszeit spielt fast keine Rolle.

BRENNWEITEN

Um die weite Dimension des Tores im Bild darzustellen, bedarf es eines starken Weitwinkelobjektivs.

PLATZVERHÄLTNISSE

Der Platz am Felsentor ist sehr knapp bemessen, maximal zwei Fotografen finden hier Platz. Weiter vorne, am südlichen Ende des Felsens, ist es sehr eng. Hier besteht erhöhte Absturzgefahr, der Fels ist nicht gesichert.

Baumsterben durch Trockenheit.
Pentax K-1 · 12 mm · f/14 · 1/60 s · ISO 100
(Raik Krotofil)

6 TEUFELSTISCH *(RAIK)*

Besonderheiten: Tagsüber zu voll
Beste Tageszeit: Nachts, mit Sternenhimmel
Beste Jahreszeit: Ganzjährig
Anfahrt: In Hinterweidental, von der Bundesstraße B10 kommend, ist der Erlebnispark Teufelstisch nahe dem Bahnübergang bereits ausgeschildert. Am Parkplatz des Erlebnisparks können Sie Ihr Auto abstellen und folgen dem kleinen Wanderweg hinauf zum Teufelstisch.
Koordinaten Parkplatz: 49.19575, 7.746361
Koordinaten Location: 49.194944, 7.743722
Entfernung Parkplatz: ca. 10 Minuten Gehzeit

Parkplatz

Location

Fast jeder Pfälzer kennt ihn: Der Erlebnispark Teufelstisch ist ein beliebtes Ausflugsziel für Familien. Und genau das ist ein Problem für den Fotografen, der hier seine Fotos bei Tageslicht machen möchte. Es ist schier unmöglich, ungestört zu sein.

ZEITEN

Nur zu den Tagesrandzeiten und in der Nacht kann man hier in Ruhe und mit Stativ fotografieren. Dann aber eignet sich der Teufelstisch für Fotos mit dem Sternenhimmel, der nördlichen Milchstraße, mit Mondlicht oder für Lightpainting mit farbigen Folien. Schnee sollte am besten unter der Woche fallen, dann ist er ohne Fußspuren.

BRENNWEITEN

Wenn Sie den Felsen nachts zusammen mit dem Sternenhimmel fotografieren möchten, brauchen Sie ein lichtstarkes Weitwinkelobjektiv. Eine Kamera mit einem guten

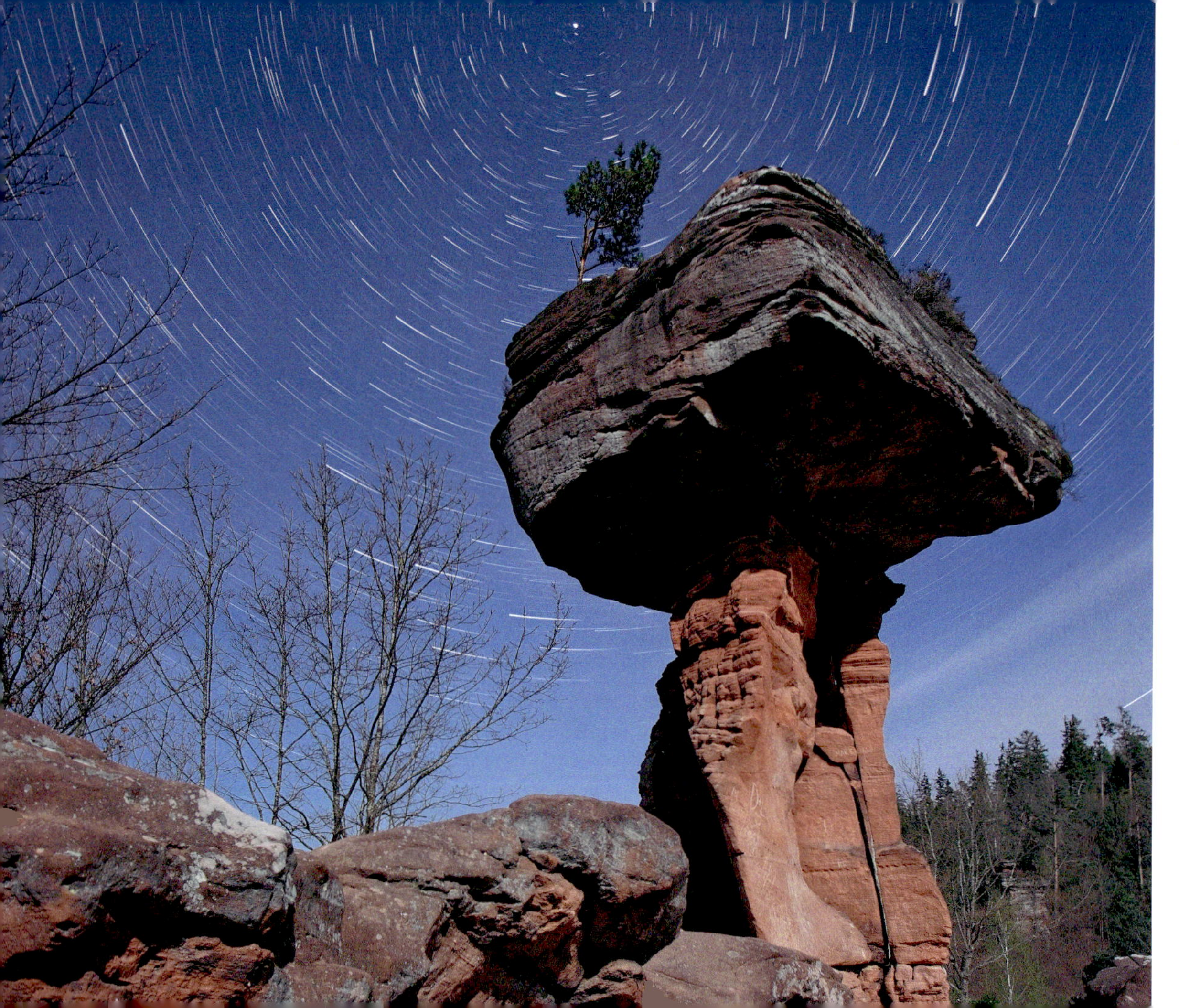

Mondlicht am Teufelstisch. Canon EOS 5D II · 20 mm · f/4 · 30 x 30 s · ISO 1.600 (Raik Krotofil)

Schnee am Teufelstisch.
Canon EOS 5D II · 20 mm · f/2.2 · 15 s · ISO 2.500
(Raik Krotofil)

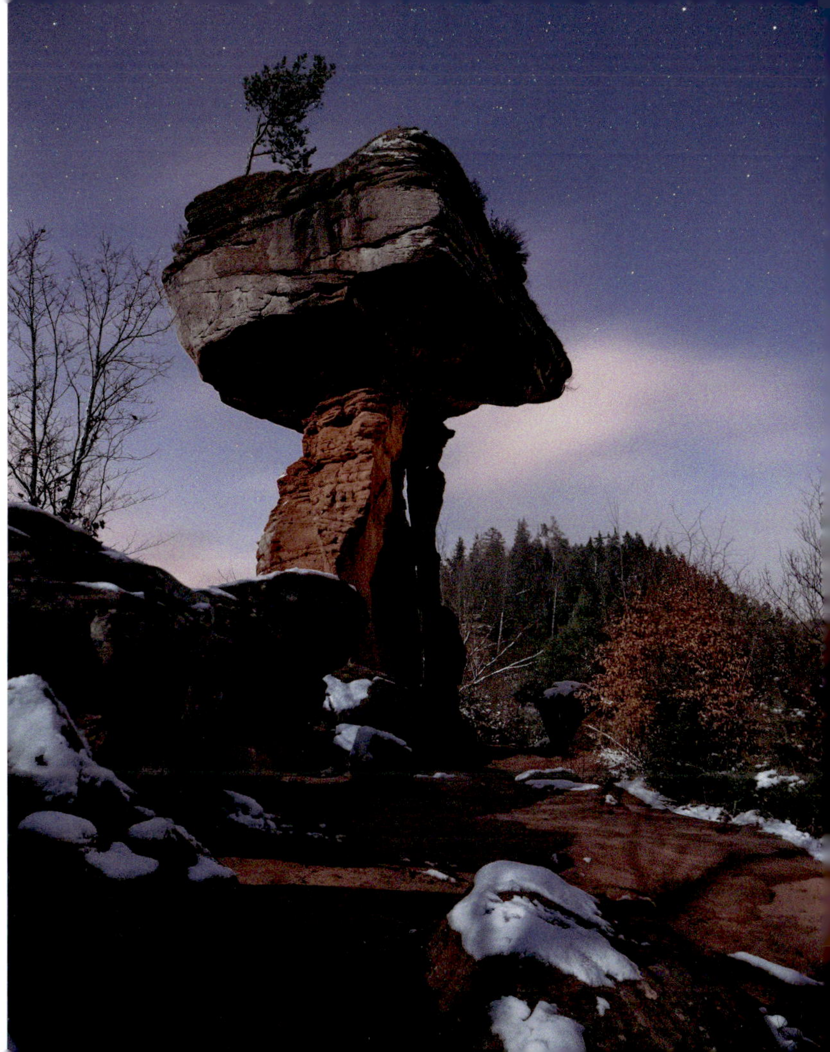

High-ISO-Rauschverhalten hilft – zusätzlich zu einer großen Offenblende und Verschlusszeiten von unter 30 Sekunden – um punktförmige Sterne auf den Sensor zu bannen. Lesen Sie dazu auch den Exkurs »Fotografieren bei Nacht« ab Seite 34.

PLATZVERHÄLTNISSE

Platz zum Bewegen und Finden der eigenen Kameraposition ist genug da. Hier oben können bis zu fünf Fotografen Platz finden. Die ansprechendste Position für den Bildaufbau wird jedoch die sein, bei der nur wenige Zweige der Bäume auf den beiden Seiten der Freifläche ins Bild ragen.

Exkurs Fotografieren bei Nacht

Raik Krotofil

Wir sehen nachts mehr oder weniger kaum etwas – je nach Menge des vorhandenen Lichts durch z. B. Mond, Milchstraße oder Lichtverschmutzung. Eine funktionierende Belichtungsmessung der Kamera wird so schwierig bis unmöglich.

Place to Sleep.
Pentax K-1 · 17 mm · f/2.8 · 25 s · ISO 3.200
(Raik Krotofil)

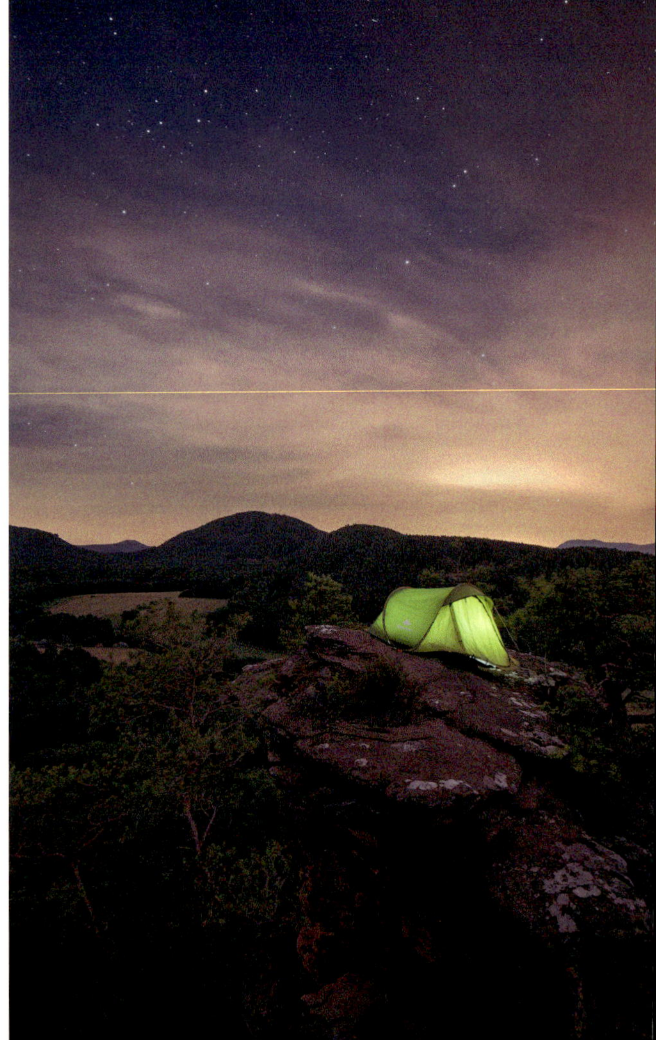

Um dennoch zu einem korrekt belichteten Bild zu gelangen, sieht meine Lösung dafür wie folgt aus: ich erstelle im manuellen Modus eine Testbelichtung mit – sagen wir – ISO 3.200, öffne die Blende auf f/4 und belichte das Motiv mit einer Zeit von 30 Sekunden.

Das daraus entstandene Bild schaue ich mir danach in der Wiedergabe auf dem Display an, bewerte das Kamerahistogramm zur Interpretation der Belichtung und verändere danach die Werte entsprechend.

TIPP
Bitte beurteilen Sie niemals die Bildhelligkeit nur anhand des Kameradisplays. Dieses Leuchtet in der Nacht sehr hell und wird Ihnen ein zu helles Bild vorgaukeln.

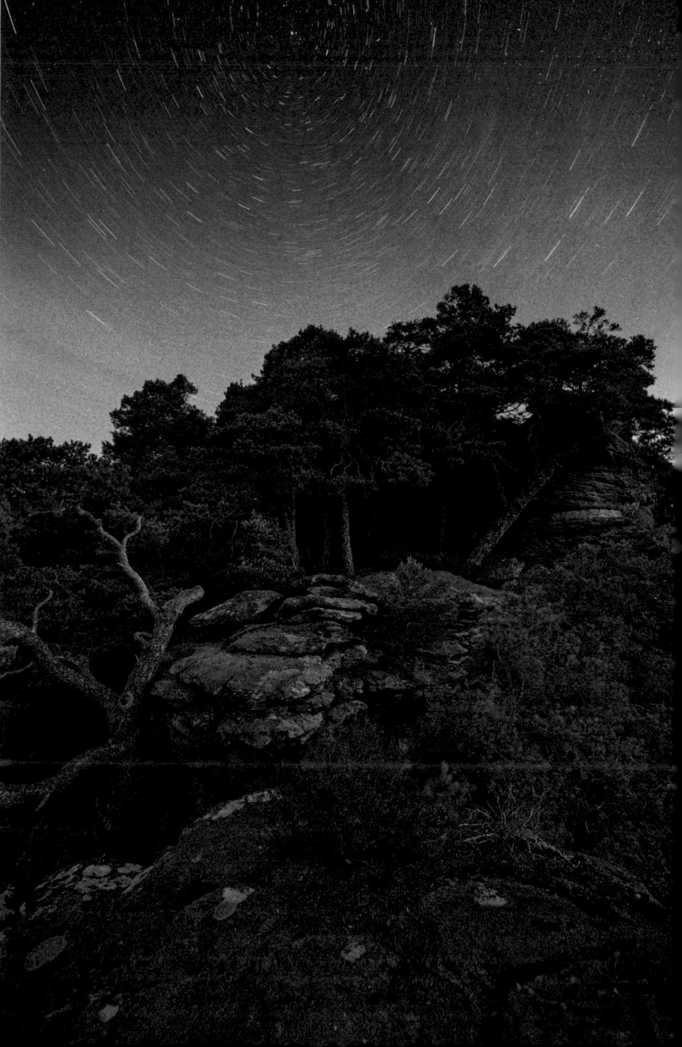

Startrails einer Sommernacht.
Pentax K-1 · 15 mm · f/3.2 · 20 Minuten · ISO 320
(Raik Krotofil)

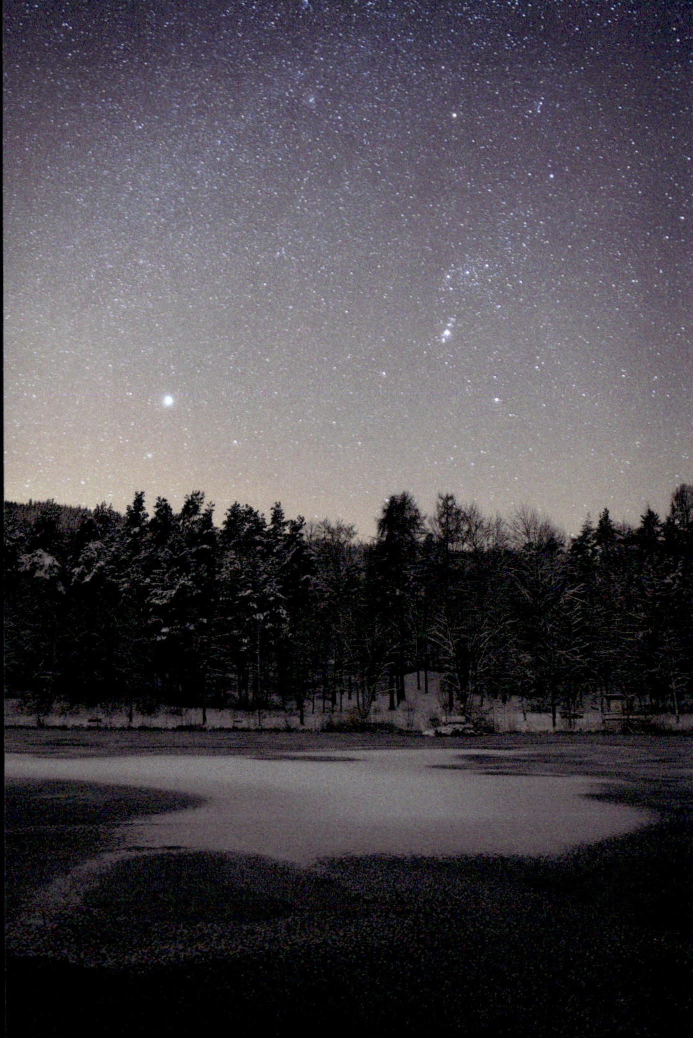

Um in der Dunkelheit scharfzustellen, verwende ich folgende Methode: Im Live-View meiner Kamera vergrößere ich einen Bildausschnitt, in dem sich ein heller Stern oder eine sonstige helle Lichtquelle befindet. Den manuellen Fokusring am Objektiv drehe ich so lange, bis diese Lichtquelle am kleinsten erscheint und somit exakt fokussiert ist. Das führt bei einer weit geöffneten Blende zu einer recht schmalen Schärfentiefe. Sprich, die Schärfe sitzt durch diese Methode auf dem Sternenhimmel und den weit entfernten Elementen der Landschaft (auf unendlich), der Bildvordergrund wird so jedoch unscharf. Um das Problem zu umgehen, verwende ich bei sehr nahen Bildvordergründen das sogenannte »Fokus-Stacking«. Das heißt ich fotografiere mein Motiv mehrmals mit jeweils unterschiedlichen Schärfepunkten und blende diese in der Nachbearbeitung händisch

Eisige Winternacht.
Canon EOS 5D II · 24 mm · f/2 · 25 s · ISO 4.000
(Raik Krotofil)

ineinander. Das dabei entstehende Bild weist eine durchgehende Schärfe auf.

Die Maxime der Nachtfotografie besteht darin, das wenige vorhandene Licht in kürzester Zeit auf den Sensor zu bekommen. Dazu ist ein lichtstarkes Objektiv von eminenter Wichtigkeit – je lichtstärker, desto besser. Objektive mit einer Offenblende von f/2.8 bis f/1.4 sind hier das Werkzeug der Wahl. Um zu erklären warum, stellen Sie sich bitte am Beispiel dieses Bildes folgendes Szenario vor.

Das Bild wurde wegen fehlendem Umgebungslicht mit einem ISO-Wert von 12.800 und einer Belichtungszeit von 30 Sekunden bei Blende f/2.8 fotografiert. Hätte ich nun ein Objektiv mit einer Lichtstärke von nur f/4, würde sich entsprechend der Blendenstufenreihe die Belichtungszeit (oder der ISO-Wert) verdoppeln.

Linienführung im Bild.
Pentax K-1 · 12 mm · f/2.8 · 30 s · ISO 12.800
(Raik Krotofil)

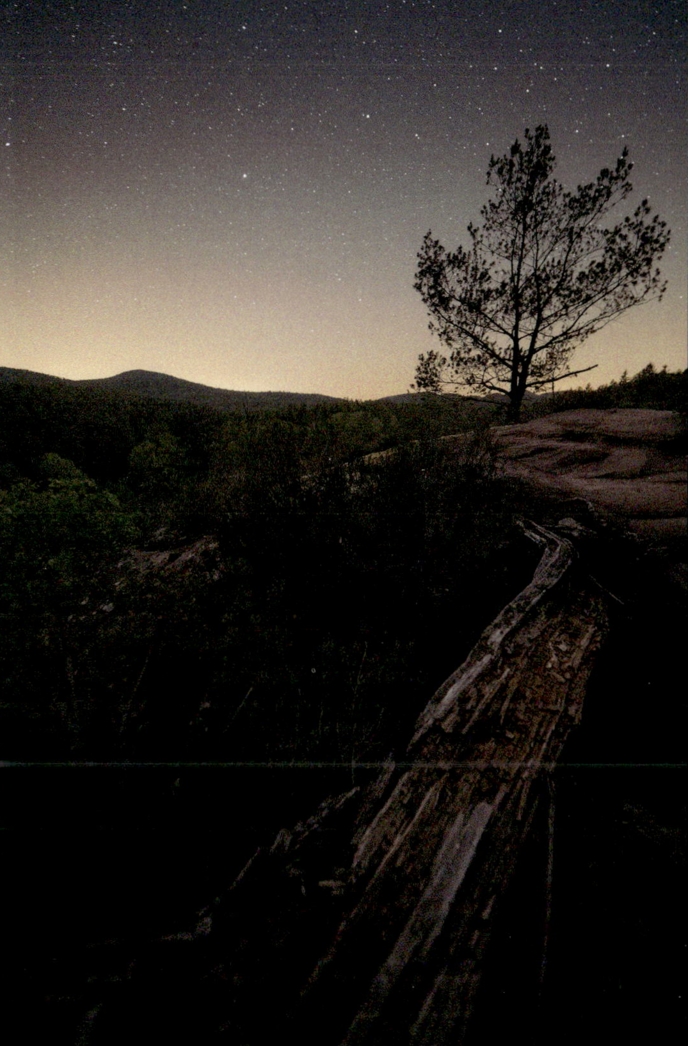

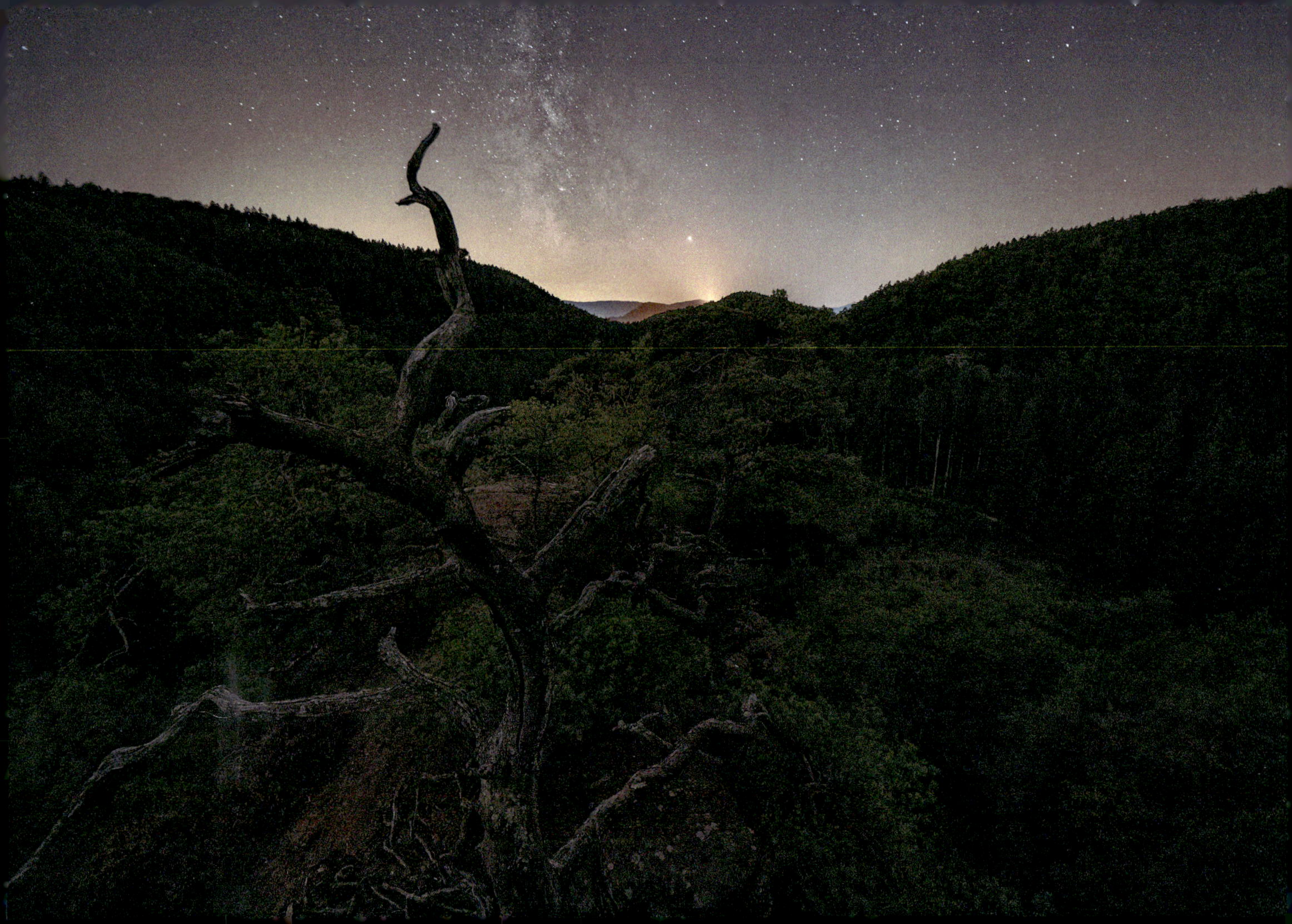

Die längere Belichtungszeit hätte zur Folge, dass die Sterne sich aufgrund der Erdrotation zu Streifen verzögen. Und ein doppelt so hoher ISO-Wert wie 12.800 ist zumindest mit Kameras im Einsteigersegment kaum vernünftig zu realisieren.

Es gibt allerdings eine Faustformel für die richtige Belichtungszeit auf Vollformatsensoren: die sogenannte »500er-Regel«. 500 geteilt durch die verwendete Brennweite ergibt die ungefähre, maximale Belichtungszeit für punktförmige Sterne. Das sind bei einer 16-mm-Brennweite maximal 31 Sekunden. Aber je weiter der gezeigte Ausschnitt vom Himmelspol entfernt liegt, desto eher werden bei einer 100 %-Ansicht die Sterne an den Rändern leichte Streifen bilden.

Die Schwierigkeit bei der Nachtfotografie besteht in der richtigen Wahl der Blendenöffnung, der ISO-Empfindlichkeit und der adäquaten Belichtungszeit. In der Regel wähle ich einen Kompromiss aus hohem ISO-Wert, einer geringeren Belichtungszeit und einer großen Blendenöffnung. Das höhere Bildrauschen und die geringere Schärfentiefe nehme ich in Kauf, damit die Belichtungszeit kurz genug bleibt, um die Sterne noch punktförmig abzubilden. Sollte ich dann noch Spielraum haben, reduziere ich erst den ISO-Wert und schließe dann die Blende.

Letzendlich sind bei extrem dunklen Bedingungen ein korrekt belichteter Nachthimmel und ein durchgezeichneter Vordergrund selten mit nur einer Aufnahme zu realisieren. Hier mache ich dann zwei Fotos, eins mit passender Belichtungszeit für den Himmel und eins mit für den Vordergrund passender Belichtung. Dieses zweite Bild hat dann dank kleinerer Blende etwas mehr Schärfentiefe und dank des niedrigeren ISO-Wertes weniger Bildrauschen. Beide Bilder überblende ich dann in der Nachbearbeitung ineinander.

◀ Neumond, absolute Dunkelheit.
Pentax K-1 · 12 mm · f/2.8 · 30 s · ISO 12.800
(Raik Krotofil)

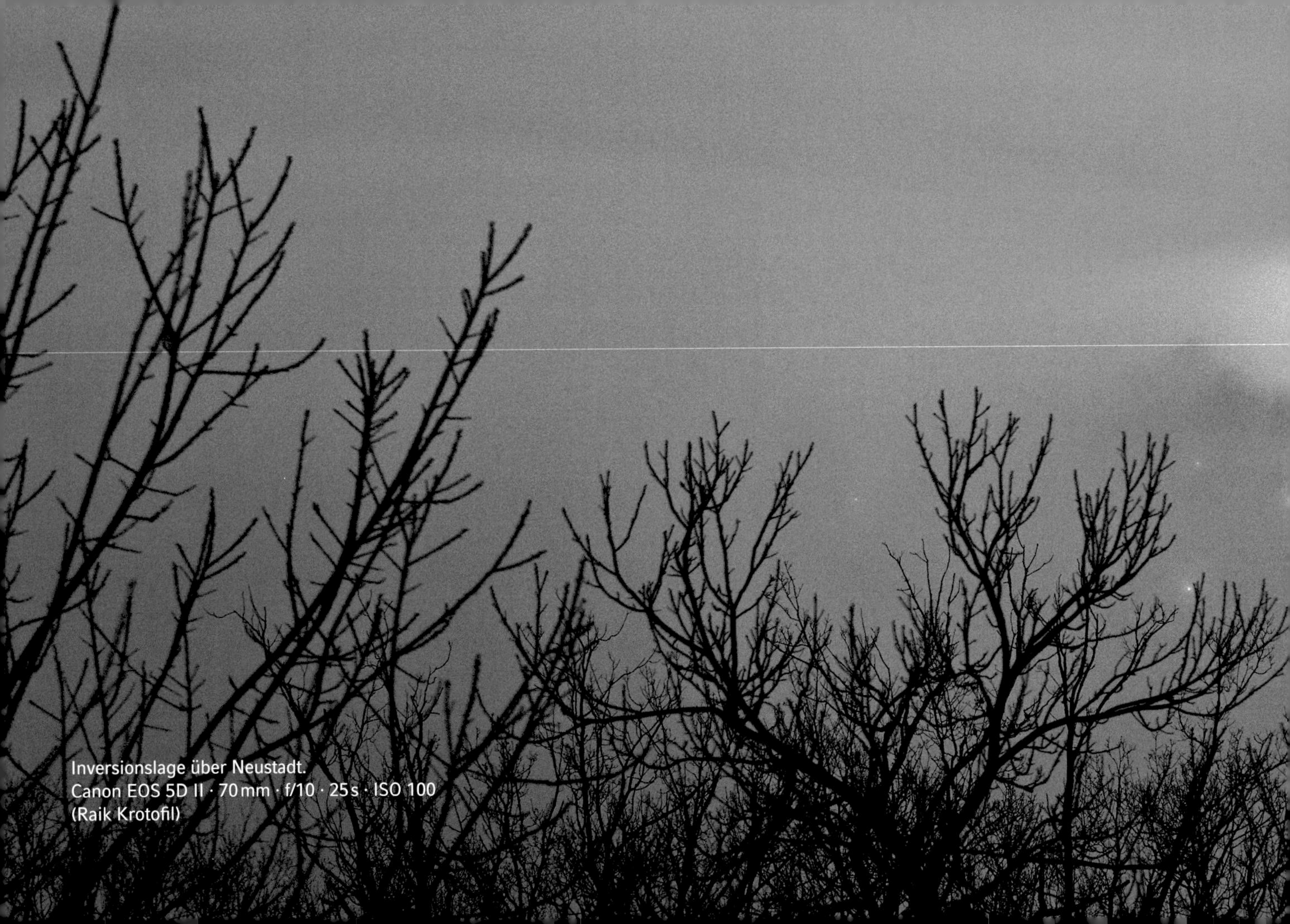
Inversionslage über Neustadt.
Canon EOS 5D II · 70 mm · f/10 · 25 s · ISO 100
(Raik Krotofil)

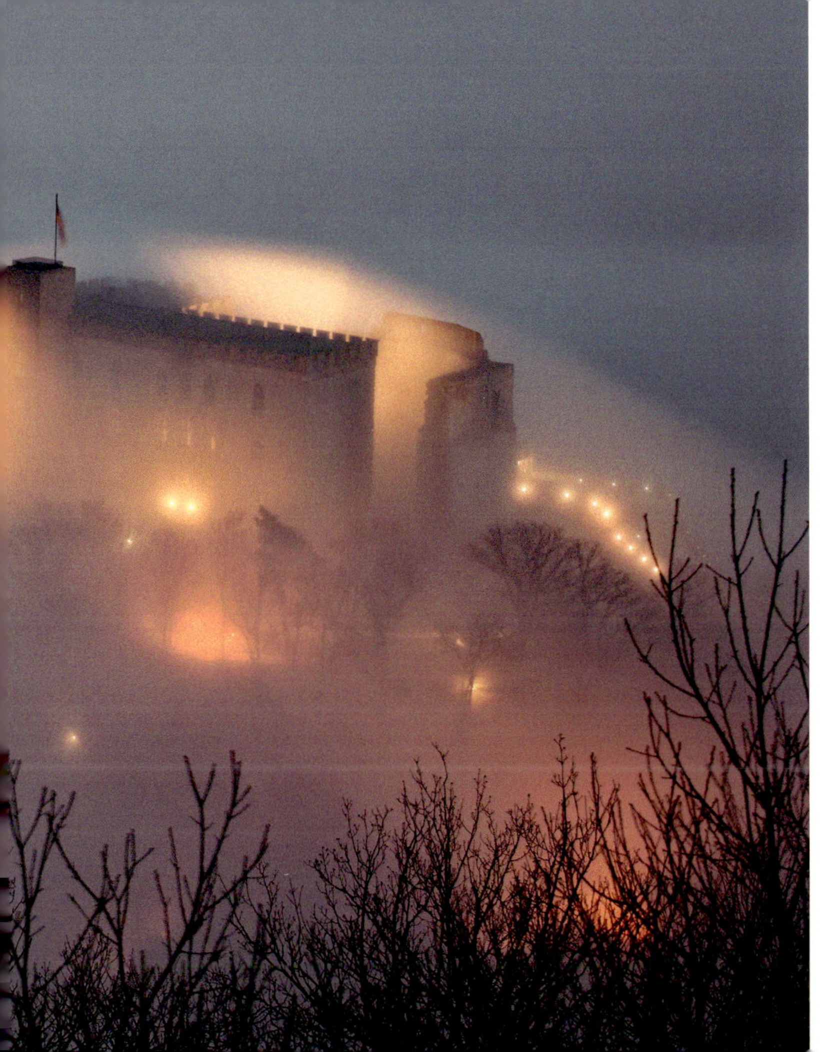

TOUR OST
TOUR 2

Der Haardtrand begrenzt den Pfälzerwald nach Osten, zur Rheinebene hin. An diesen Hängen finden Sie, aus Osten kommend, bereits die ersten Motive wie beispielsweise das Hambacher Schloss oder, gleich auf den ersten Hügeln, den Stäffelsbergturm und das Felsenmeer der Kalmit. Weiher und Täler sind ebenso Bestandteil dieser abwechslungsreichen Tour. Selbstverständlich darf hier auch die Burg Trifels nicht fehlen, für die wir gleich mehrere Locations vorstellen, die dazu einladen, die Burg und die umgebende Landschaft fotografisch in Szene zu setzen.

TOUR OST

TOUR 2 *(Teil 1)*

1. KALTENBRUNNER TAL
2. HAMBACHER SCHLOSS
3. KALMIT-FELSENMEER
4. SANDWIESENWEIHER
5. EDENKOBENER TAL
6. BURG NEUSCHARFENECK

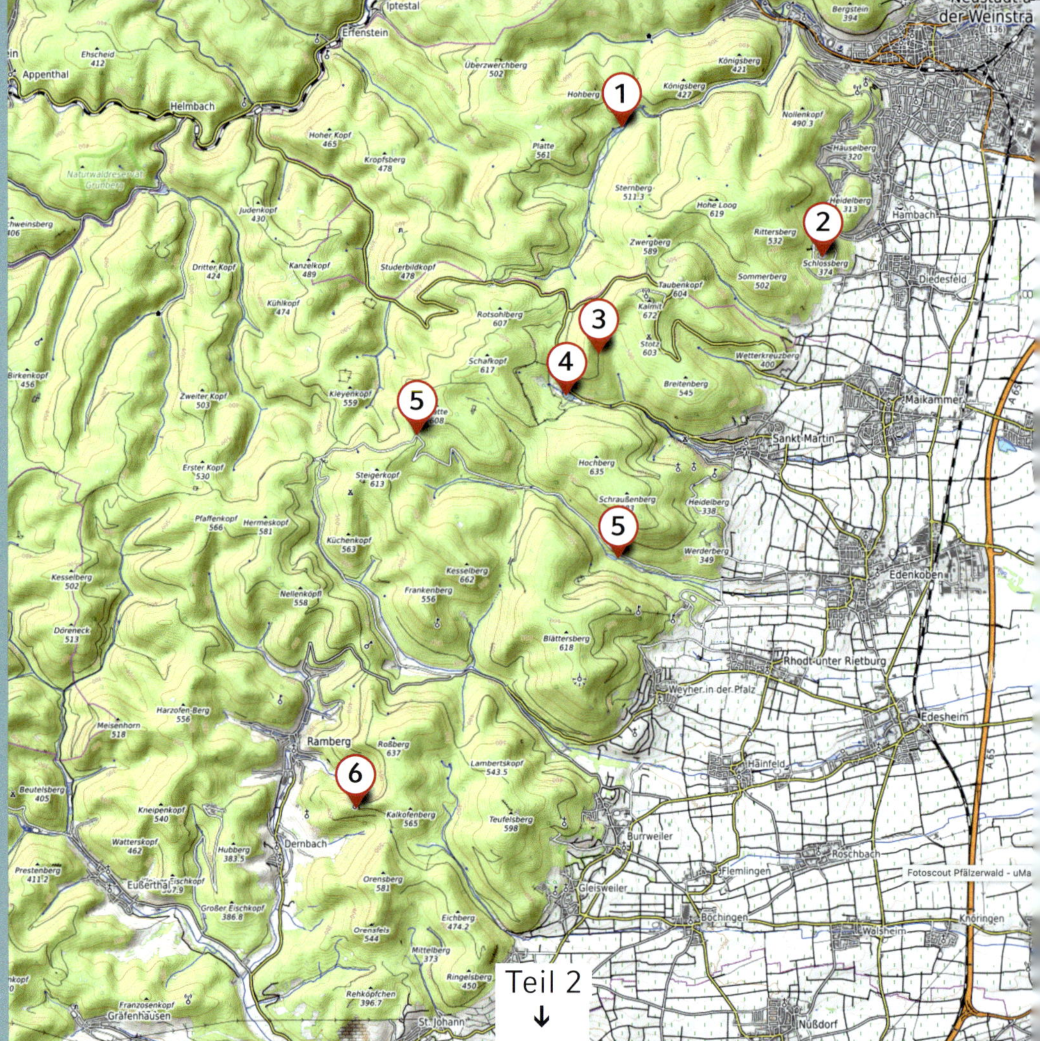

TOUR OST

TOUR 2 *(Teil 2)*

7 SLEVOGTFELS

8 WETTERECK

9 HOHENBERG

10 REHBERGTURM

11 KLEINER HAHNSTEIN

12 STÄFFELSBERGTURM

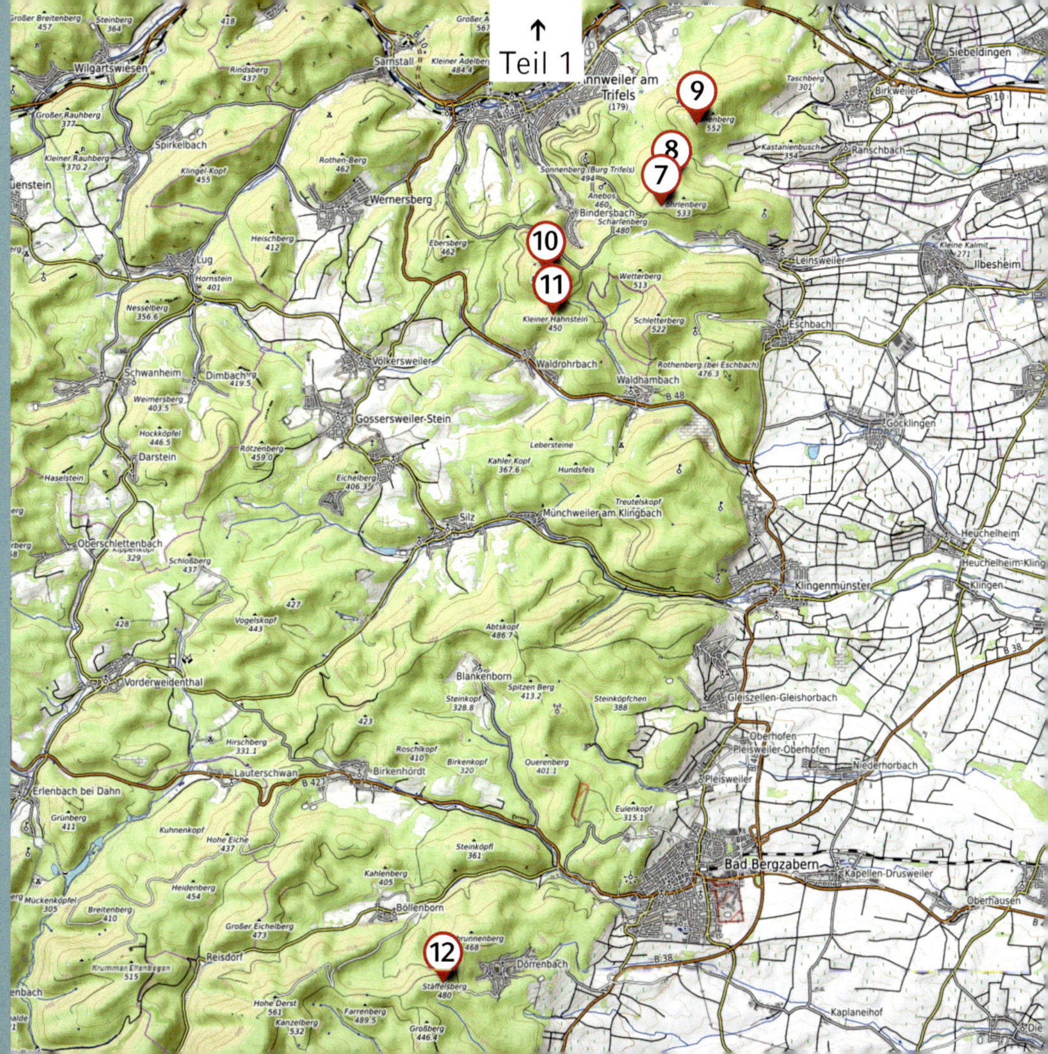

Parkplatz

Location

1 KALTENBRUNNER TAL *(RAIK)*

Beste Tageszeit: Egal, perfekt bei Nebel und Schnee
Beste Jahreszeit: September bis Mitte Mai
Anfahrt: Auf der B39 aus Neustadt in Richtung Kaiserslautern zweigt nach dem Schöntal eine kleine Straße links ins Tal ab. Folgen Sie der Beschilderung, nach wenigen Kilometern erreichen Sie die Waldgaststätte »Kaltenbrunner Hütte«. Ab hier folgen Sie dem Bach in südlicher Richtung. Die ganze Umgebung des Waldparkplatzes ist fotogen. Folgen Sie dem Wanderweg steil bergauf in Richtung Süden, erreichen Sie nach ca. 15 Minuten Gehzeit eine Buchenschonung mit alten, hohen Bäumen.
Koordinaten Parkplatz: 449.343861, 8.084472
Koordinaten Location: 49.341889, 8.076167
Entfernung Parkplatz: keine

Ein verstecktes, unspektakulär wirkendes Tal, das aber beim genaueren Hinsehen kleine Schätze offenbart. Mitten im Wald gelegen,

Aufgetürmte Eisschollen.
Canon EOS 5D II · 14 mm · f/14 · 1/10 s · ISO 100
(Raik Krotofil)

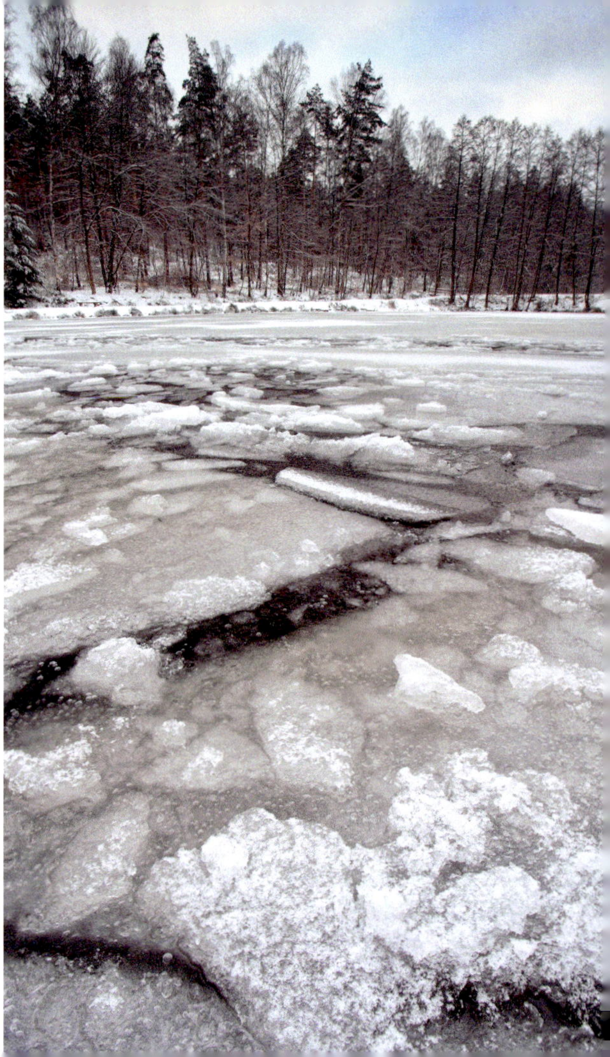

Wolkige Winternacht.
Canon EOS 5D II · 20 mm · f/1.4 · 1,6 s · ISO 3.200
(Raik Krotofil)

befinden sich hier mehrere kleine Seen, die bei Anglern beliebt sind. Wenn im Winter die Seen zugefroren sind oder die Landschaft mit Schnee bedeckt ist, ergeben sich vielschichtige Motive. Aber auch im Frühjahr oder Herbst ist das Tal ein lohnender Fotospot für leise, ruhige, und stimmungsvolle Bilder. Mit etwas Ruhe und Zeit lassen sich hier im Wald viele alte Buchen entdecken.

ZEITEN

Hierher fahre ich gern im Winter, wenn die Kälte alles vereist hat und der Himmel am Tage bewölkt ist. Im Tal ist kein Sonnenauf- oder untergang sichtbar. Von daher bietet sich diese Location als Ganztagesspot an, oder bei Nacht in Verbindung mit dem Sternenhimmel.

Im Herbst lassen sich hier bei Nebel Baumporträts fotografieren.

BRENNWEITEN

Gut geeignet für Weitwinkel- bis mittlere Brennweiten. Für Baumfotos brauchen Sie ein starkes Teleobjektiv.

PLATZVERHÄLTNISSE

Es gibt genügend Platz für mehrere Fotografen. Motive findet man im ganzen Tal und kann sich weiträumig aus dem Weg gehen.

BILDIDEEN

Ende April bis Mitte Mai ist das zarte Grün der Bäume besonders schön. Spiegelungen in den kleinen Seen, gerade an windstillen und bewölkten Tagen ergeben ruhige, malerische und mystische Fotos. Um die Spiegelbilder nicht zu eliminieren, sollten Sie auf einen Polfilter verzichten.

Die Buchen mit ihren Kronen und zarten Blättern sind gut geeignet, um Baumporträts zu fotografieren. Nehmen Sie dafür am besten extreme Weitwinkelobjektive. Für die notwendige Schärfentiefe sollten Sie stark abblenden oder vom Stativ aus fotografieren und ein späteres »Fokus-Stacking« in Erwägung ziehen (d. h. Sie machen mehrere gleich belichtete Aufnahmen mit jeweils unterschiedlichen Schärfepunkten und blenden diese in der Nachbearbeitung händisch ineinander, um ein durchgehend scharfes Bild zu erhalten).

Bei bewölktem Himmel lässt sich der Motivkontrast gut in den Griff bekommen.

Letzte Apriltage. ▶
Pentax K-1 · 65 mm · f/13 · 80 s · ISO 200
(Raik Krotofil)

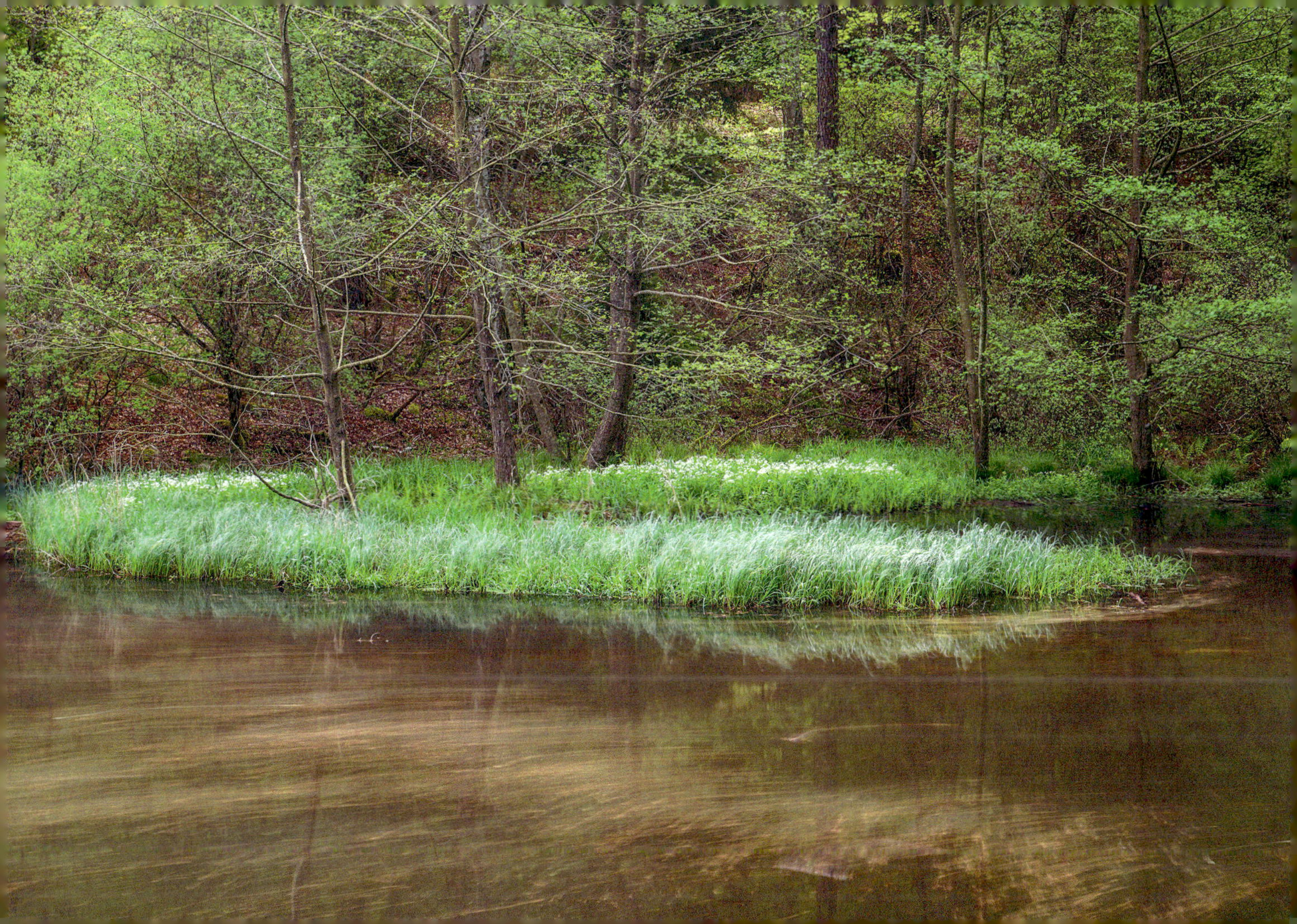

Parkplatz

Location

2 HAMBACHER SCHLOSS *(RAIK)*

Besonderheiten: einfach zu erreichen
Beste Tageszeit: Bei tiefen Wolken und Nebel
Beste Jahreszeit: Ende November bis Mitte März
Anfahrt: Im Neustadter Ortsteil Hambach verlassen Sie die Weinstraße und folgen der Ausschilderung zum Schloss. Es geht auf einer Einbahnstraße in den Wald hinein und nach wenigen Kilometern erreichen Sie den gebührenpflichtigen Schlossparkplatz. Von dort folgen Sie dem Wanderweg in nordwestlicher Richtung für runde 800 Meter zum Sühnekreuz auf dem Rittersberg oberhalb des Schlosses.
Koordinaten Parkplatz: 49.325944, 8.116306
Koordinaten Location: 49.327806, 8.111944
Entfernung Parkplatz: ca. 1,3 km bzw. 25 Minuten Gehzeit, ca. 100 Höhenmeter

Eine weitere Festung in der Pfalz ist das Hambacher Schloss bei Neustadt an der Weinstraße. Unterhalb des Schlosses, am Haardtrand gelegen, enden die Zeilen der Weinberge und gehen über in den von Kastanienbäumen dominierten Wald. Hier wurde 1832 mit dem »Hambacher Fest« Geschichte geschrieben – das Schloss gilt als Wiege der deutschen Demokratie.

ZEITEN

Durch seine Ausrichtung nach Osten und mit dem Haardtgebirge nach Westen im Rücken ist das Schloss eigentlich ein Morgenspot. Wenn die Bäume kein Laub mehr tragen, haben Sie vom Sühnekreuz freien Blick auf das Schloss. Jedoch ist dieser Blick immer abhängig davon, wie hoch die Büsche und Bäume in den letzten Jahren gewachsen sind. Unterhalb des Schlosses,

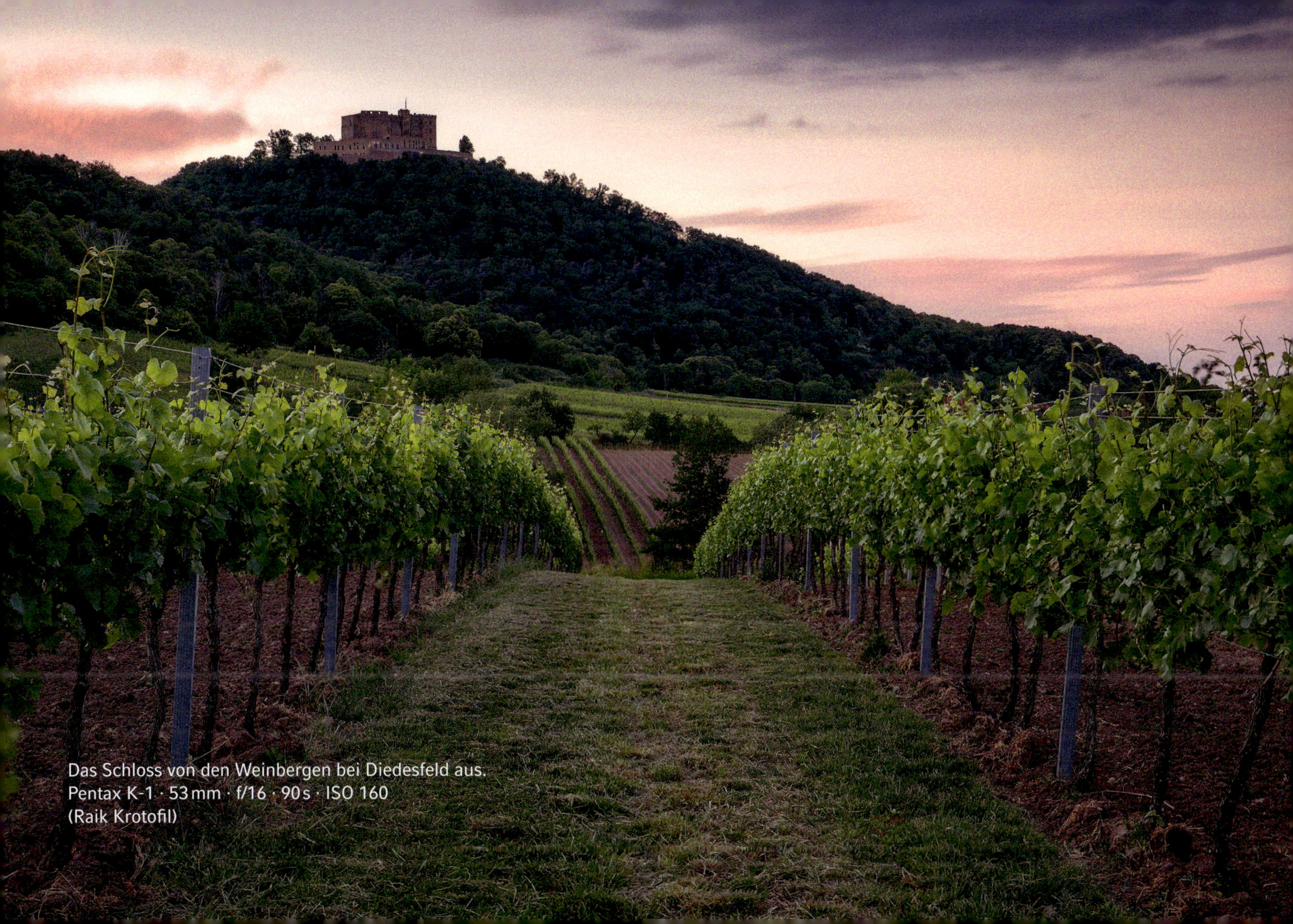

Das Schloss von den Weinbergen bei Diedesfeld aus.
Pentax K-1 · 53 mm · f/16 · 90 s · ISO 160
(Raik Krotofil)

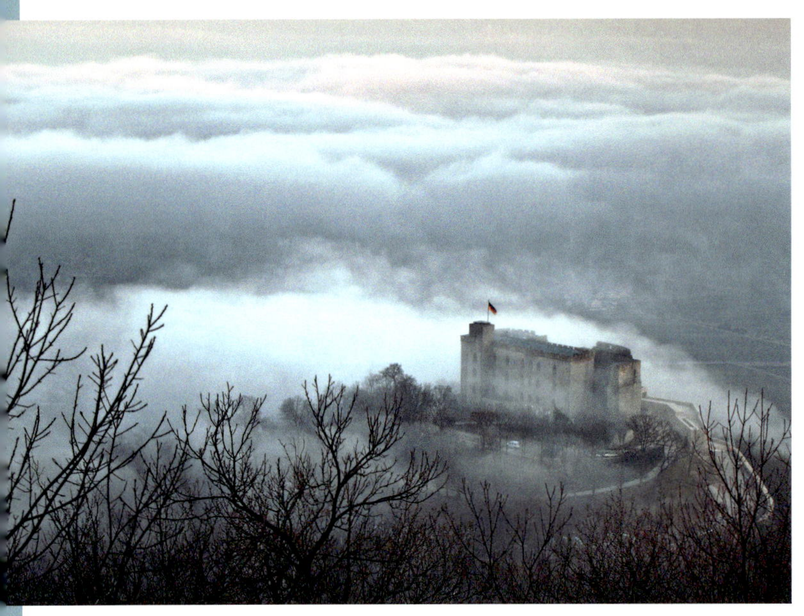

Tiefe Wolken.
Canon EOS 5D II · 75 mm · f/11 · 1/5 s · ISO 100
(Raik Krotofil)

in den Weinbergen von Maikammer und Diedesfeld sind niedrige Perspektiven möglich, um das Schloss mit den Hügeln in einem Bild zu vereinen. Dabei funktionieren Fotos mit frühen Sonnenständen am Morgen und reflektiertem Licht ebenso, wie die angestrahlten Wolken des Sonnenuntergangs.

BRENNWEITEN

Um dem Bild Ruhe zu geben und nicht vom umliegenden Busch- und Baumwerk ablenken zu lassen, sind Brennweiten oberhalb von 70 mm ideal.

PLATZVERHÄLTNISSE

Oben am Sühnekreuz ist es eng – maximal zwei Fotografen finden hier Platz. Unten am Schloss selbst ist reichlich Platz vorhanden. In den umliegenden Weinbergen finden sich viele Möglichkeiten und somit auch ausreichend Platz. Es lohnt sich durchaus, einen Nachmittag damit zu verbringen, einen geeigneten Standpunkt für eine lohnende Perspektive zu suchen.

3 KALMIT-FELSENMEER *(RAIK)*

Beste Tageszeit: Egal, bei tiefen Wolken und Nebel
Beste Jahreszeit: ganzjährig
Anfahrt: Von Maikammer kommend, folgen Sie der L515 in den Wald, bis zur Ausschilderung »Kalmit«. Hier am großen Parkplatz beginnt direkt das Felsenmeer. In der unmittelbaren Umgebung des Parkplatzes »Hahnenschritt« auf der anderen Seite der L515 können Sie in westlicher Richtung die bewaldeten Hügel fotografieren.
Koordinaten Parkplatz: 49.320194, 8.079194
Koordinaten Location: 49.319694, 8.077361
Entfernung Parkplatz: ca. 300 Meter bzw. 10 Minuten Gehzeit

Parkplatz

Location

Die Kalmit ist mit ihren 670 Meter ü. NN einer der höchsten Gipfel im Pfälzerwald. Das umliegende Areal mit seinen Eichen, Buchen, Kastanien und Kiefern ist ideal für die Waldfotografie. Gerade das Felsenmeer direkt am Parkplatz bietet einige Möglichkeiten.

Das A und O der Fotografie im Wald ist das Selektieren und optische Aufräumen der natürlicherweise vorhandenen »Unordnung«. Sie müssen sich also Zeit nehmen und die Gegend optisch genau analysieren und filetieren (lesen Sie dazu auch den Exkurs »Wälder fotografieren« ab Seite 104). Rund um die Kalmit sind die Wälder aufgeräumt und erlauben spannende Motive.

ZEITEN

Die besten Motive werden Sie im Wald finden, wenn Nebel die optische Tiefe im Bild reduziert. Die Farben kommen intensiver zur Geltung und alles wirkt mystisch. Nebel tritt eher im Herbst und Winter auf. Auch tiefe Wolken wirken wie

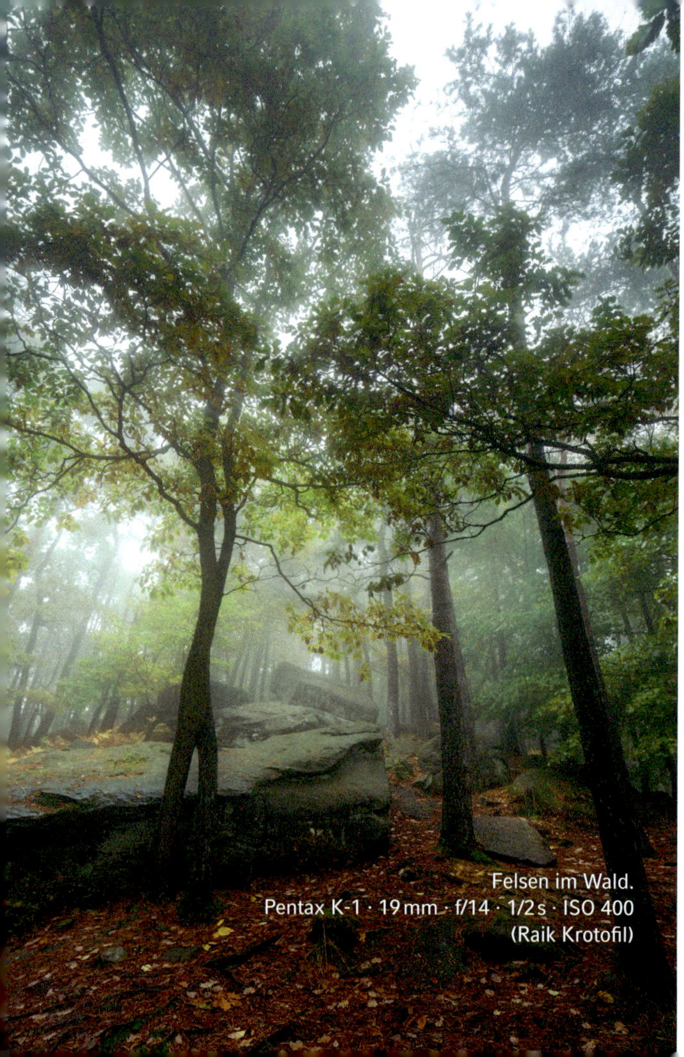

Felsen im Wald.
Pentax K-1 · 19 mm · f/14 · 1/2 s · ISO 400
(Raik Krotofil)

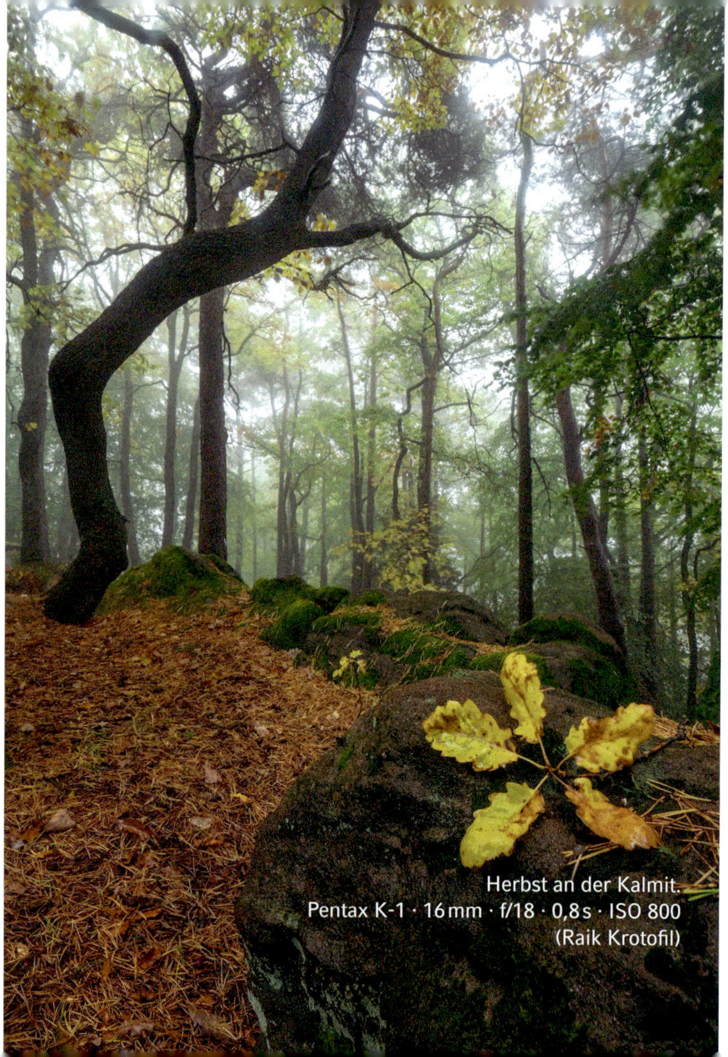

Herbst an der Kalmit.
Pentax K-1 · 16 mm · f/18 · 0,8 s · ISO 800
(Raik Krotofil)

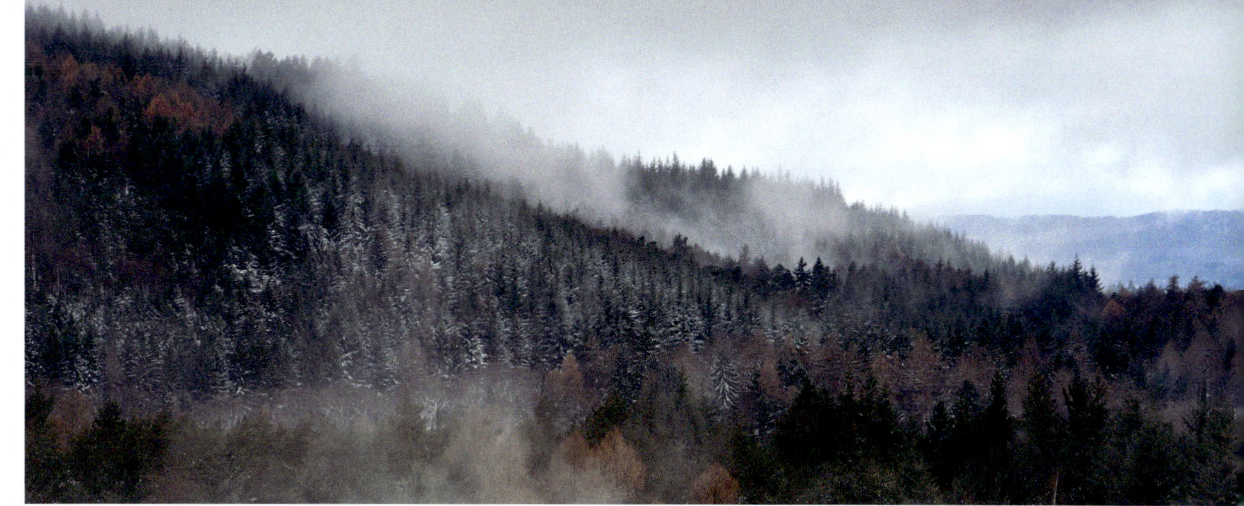

Hahnenschritt – tiefe Wolken im Winter. Pentax K-1 · 200 mm · f/9 · 1/15 s · ISO 500 (Raik Krotofil)

Nebel. Dabei sollten Sie windige Tage meiden, denn die Wolken ziehen sehr schnell und die Bäume bewegen sich, was zu unscharfen Bildelementen führt. Die Tageszeit spielt keine große Rolle. Schnee und Raureif erlauben hier ebenfalls, stimmungsvolle Landschaftsfotos.

BRENNWEITEN

Um die Größe der Bäume in Bezug zur Umgebung zu setzen, bieten sich Weitwinkelobjektive im Hochformat an. Um Bäume wie Solitäre vor dem nebeligen Hintergrund zu porträtieren, sollten Sie mittlere Brennweiten bis leichte Telebrennweiten im Gepäck haben.

PLATZVERHÄLTNISSE

Ein sehr weites Areal, es gibt keine Platzeinschränkungen.

Parkplatz und Location

4 SANDWIESENWEIHER *(RAIK)*

Beste Tageszeit: Egal, bei Nebel und Schnee perfekt
Beste Jahreszeit: Oktober bis Mitte März
Anfahrt: Aus Richtung Sankt Martin kommend, folgen Sie der Beschilderung »Kalmit« zur L514. Nach runden 2 km sehen Sie auf der linken Seite einen kleinen See. Nach dem Parken können Sie direkt am See mit dem Fotografieren beginnen.
Koordinaten Parkplatz: 49.307111, 8.065806
Koordinaten Location: (identisch mit Parkplatz)
Entfernung Parkplatz: 5 Minuten Gehzeit

Stille, Ruhe, Natur, Vogelzwitschern und einen sehr dunklen Sternenhimmel – all das können Sie hier an diesem kleinen See unterhalb der Kalmitregion finden. Das Auto können Sie fast am See parken, und wenn der See vereist und es windstill ist, haben Sie ideale Bedingungen für Nachtfotos. Gelegentlich wird ein Auto auf der kleinen Landstraße vorbeikommen.

Eisige Winternacht. ▶
Canon EOS 5D II · 24 mm · f/2, 25 s · ISO 4.000
(Raik Krotofil)

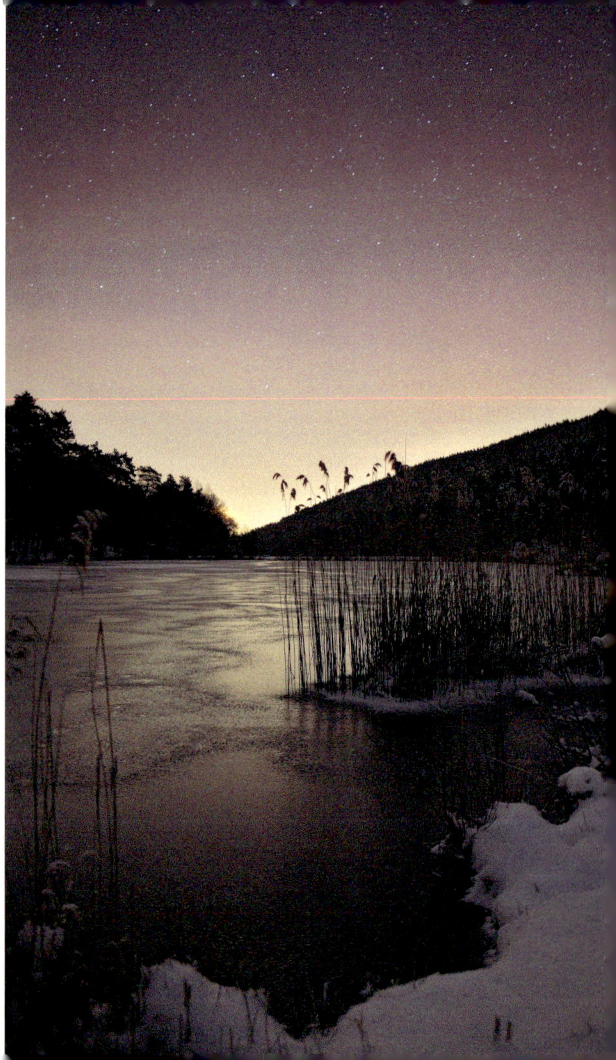

ZEITEN

Hier am See ist der Sonnenauf- oder untergang nicht direkt sichtbar. Von daher bietet sich diese Location als Ganztagesspot an, perfekt im Herbst und Winter bei Eis, Schnee und Nebel, oder auch nachts in Verbindung mit dem Sternenhimmel. Bei Wind werden Sie aufgrund der Bewegung von Wasser und Bäumen wenig gute Fotos bekommen.

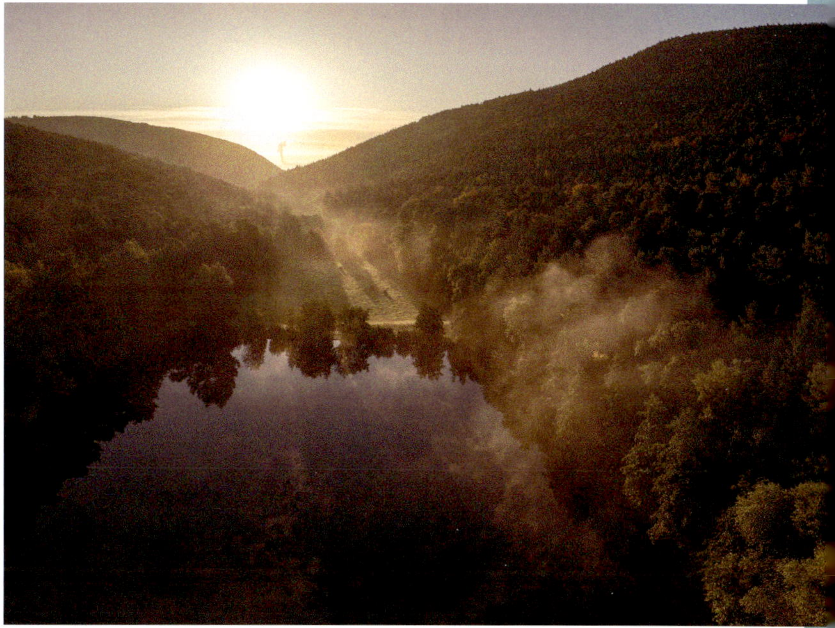

Die Sonne beleuchtet den Morgennebel. Luftbild mit Mavic Pro (Raik Krotofil)

BRENNWEITEN

Mit einem lichtstarken Weitwinkelobjektiv werden Sie besonders im Hochformat optimal den Sternenhimmel in Ihr Foto integrieren können.

PLATZVERHÄLTNISSE

Es gibt genügend Platz für mehrere Fotografen.

Parkplatz

Location

Location

5 EDENKOBENER TAL *(RAIK)*

Beste Tageszeit: je nach Standort
Beste Jahreszeit: September bis Mai
Anfahrt: Das Tal beginnt bereits ab der Klosterstraße, am westlichen Ortsausgang von Edenkoben. Wenn Sie ab den Parkplatzkoordinaten der Beschilderung Richtung »Forsthaus Heldenstein« folgen, bietet diese kleine Waldstraße unzählig viele Möglichkeiten, einfach anzuhalten und sich der Waldfotografie hinzugeben (lesen Sie dazu auch den Exkurs »Wälder fotografieren« ab Seite 104).
Koordinaten Parkplatz: 49.286639, 8.0745
Koordinaten Location: 49.2855, 8.075778 und 49.301611, 8.034444
Entfernung Parkplatz: je nach Standort 10–40 Minuten Gehzeit

Bei Edenkoben enden die Weinreben am Haardtgebirge und die Hügel steigen sanft an. Dies ist eine beliebte Wanderregion mit vielen Kastanien und Eichen, Kiefern und Lärchen und ein Paradies für die Waldfotografie. Lohnende Aussichtspunkte für gute Landschaftsfotografie werden Sie allerdings vergeblich suchen. Dafür gibt es viele kleine Details zu entdecken – sei es die Villa Ludwigshöhe, die Rietburg oder der Hilschweiher. Genussmenschen finden in Edenkoben und Umgebung viele rustikale Weinstuben und Restaurants für die Stärkung und den Wein danach.

ZEITEN

Für Waldfotografie kommt für mich persönlich nur Frühjahr, Herbst und Winter in Frage. Bei Nebel und Regen herrscht in den Wäldern eine friedvolle Stimmung und es ist oft leerer als an Wandertagen mit schönem Wetter.

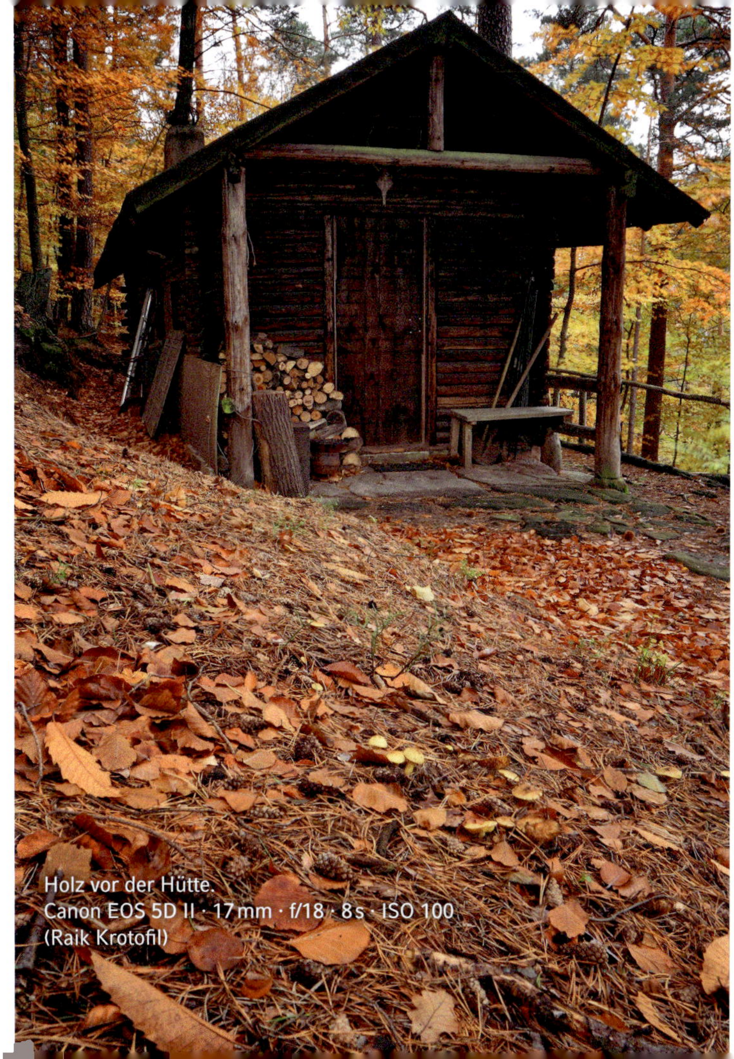

Holz vor der Hütte.
Canon EOS 5D II · 17 mm · f/18 · 8 s · ISO 100
(Raik Krotofil)

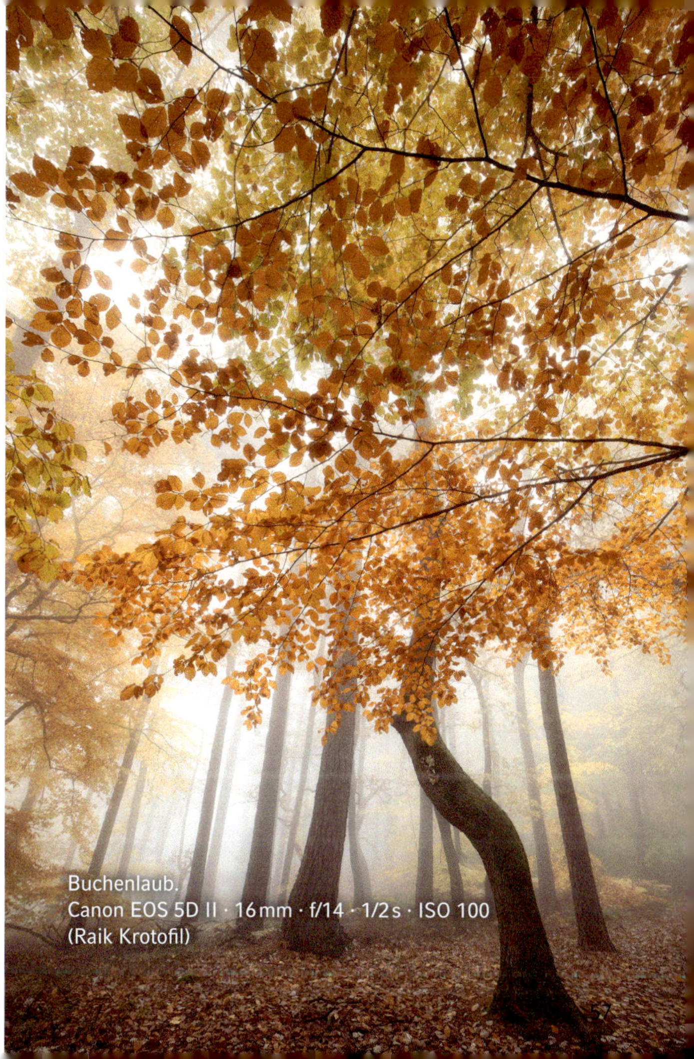

Buchenlaub.
Canon EOS 5D II · 16 mm · f/14 · 1/2 s · ISO 100
(Raik Krotofil)

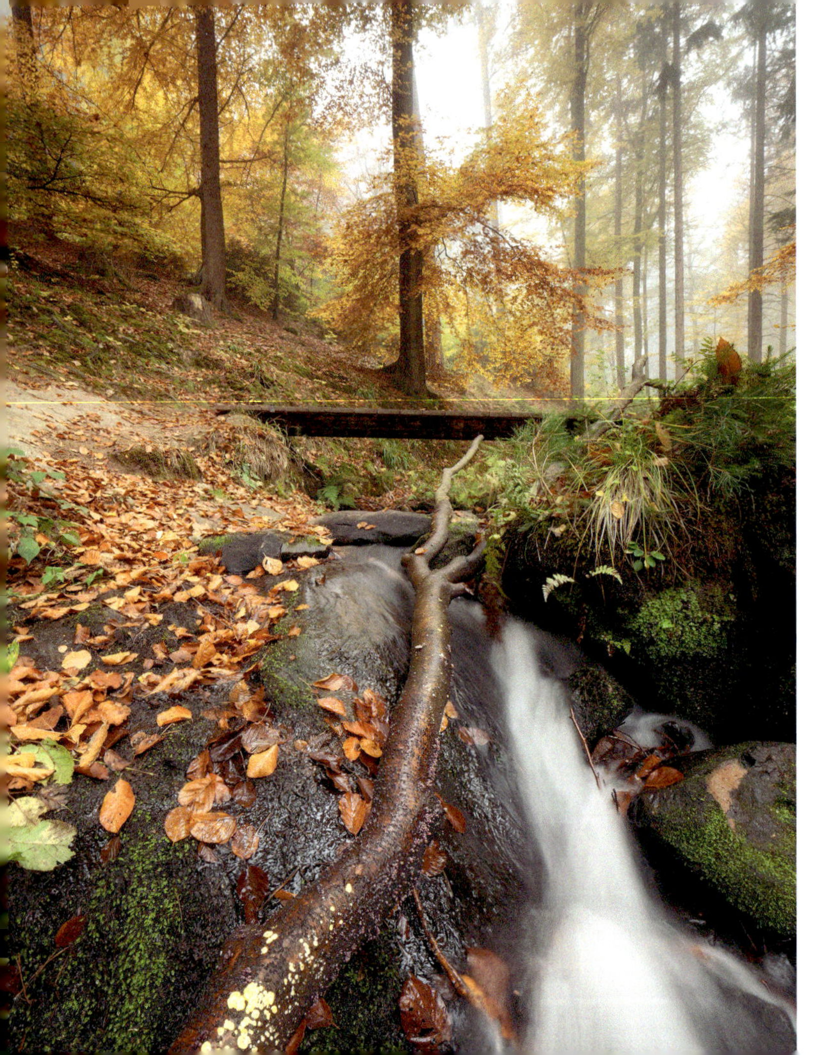

◀ Golden Glow.
Canon EOS 5D II · 16 mm · f/18 · 0,6 s · ISO 640
(Raik Krotofil)

BRENNWEITEN

Weitwinkel für Übersichtsaufnahmen und für verwunschene Bäume oder kleine Bäche sind ebenso wertvoll wie leichte Telebrennweiten für engere Bildausschnitte von Baumgruppen.

PLATZVERHÄLTNISSE

Im Edenkobener Tal ist viel Platz, es gibt zahlreiche Möglichkeiten zum Wandern.

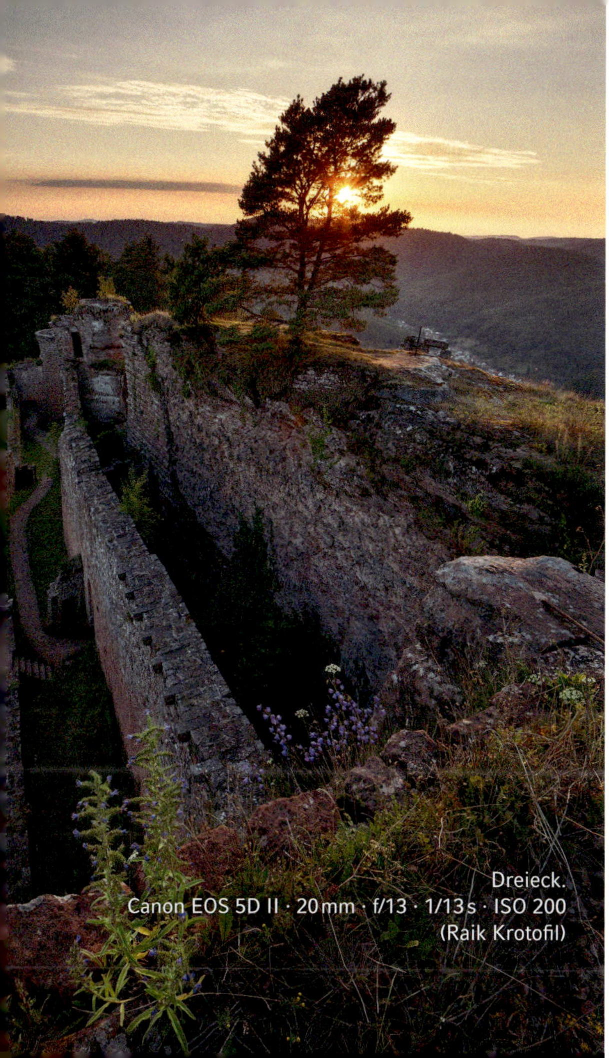

Dreieck.
Canon EOS 5D II · 20 mm · f/13 · 1/13 s · ISO 200
(Raik Krotofil)

6 BURG NEUSCHARFENECK *(RAIK)*

Besonderheiten: Vorsicht Absturzgefahr, teils ungesichert, einfach zu begehen
Beste Tageszeit: perfekt bei Sonnenuntergang
Beste Jahreszeit: ganzjährig
Anfahrt: Um zur Burg zu gelangen, gibt es mehrere Wege. Einer davon startet am Marktweg in Ramberg, steil bergauf in den Wald hinein. Nach ca. 500 Meter folgt an einer Wegkreuzung ein 180°-Schwenk nach links, nach 300 Meter an einer Wegkreuzung ein 90°-Schwenk nach rechts. Nach weiteren runden 500 Meter bergauf führt ein kleiner Zickzackweg hoch zur Burg. – Oder Sie folgen vom Ort Frankweiler aus über die Walddusche dem Weg zu Drei Buchen. Dort an der Wanderhütte folgen Sie in nordwestlicher Richtung der Beschilderung zur Burg. Beide Wege benötigen mindestens 30 Minuten Gehzeit. Einige Burgen im Pfälzerwald werden von Zeit zu Zeit wegen Instandhaltungs- und Reparaturarbeiten für einige Zeit geschlossen. Bitte informieren Sie sich vorher online.
Koordinaten Parkplatz: 49.256778, 8.010694
Koordinaten Location: 49.252528, 8.021792
Entfernung Parkplatz: ca. 1,5 km bzw. 30–40 Minuten Gehzeit

Parkplatz

Location

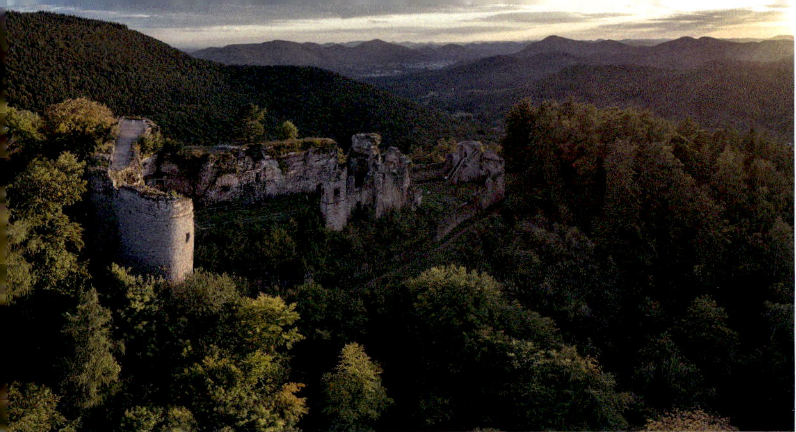

Perspektive aus der Luft. Panorama Mavic Air (Raik Krotofil)

Die Pfalz ist durchzogen von einer Kette mittelalterlicher Burgen. Einige von ihnen bieten gute Gelegenheiten, um die umliegende Landschaft mit der Burg gemeinsam zu einem spannenden Foto zu vereinen. Eine solche Burg ist die Burgruine Neuscharfeneck.

ZEITEN

Über der Ortschaft Dernbach gelegen, bietet die Burg mit Blick in Richtung Westen ein hervorragendes Motiv zum Sonnenuntergang. Ende August bis Mitte September versinkt die Sonne hinter der Kiefer auf der Ruine. Aber auch mit dem Sternenhimmel oder der Milchstraße im Sommer lässt sich das alte Gemäuer gut in ein Foto einbauen. Auch ein Monduntergang lässt sich hier gut fotografieren. Zum Sonnenaufgang funktioniert dieser Fotospot allerdings kaum. Es gibt dafür nur ein schmales Zeitfenster Ende Februar, von dem kleinen Turm auf der gegenüberliegenden Seite aus.

BRENNWEITEN

Leichte Weitwinkel, mittlere Brennweiten für die Landschaft – mit einem Tele kann die Region um Annweiler mit den drei Hügeln sehr gut fotografisch »komprimiert« werden.

PLATZVERHÄLTNISSE

Auf dem östlichen Burgteil kann man sich gut bewegen, es ist Platz und es gibt mehrere Positionen für gute Fotos von der Burg oder der Landschaft allein.

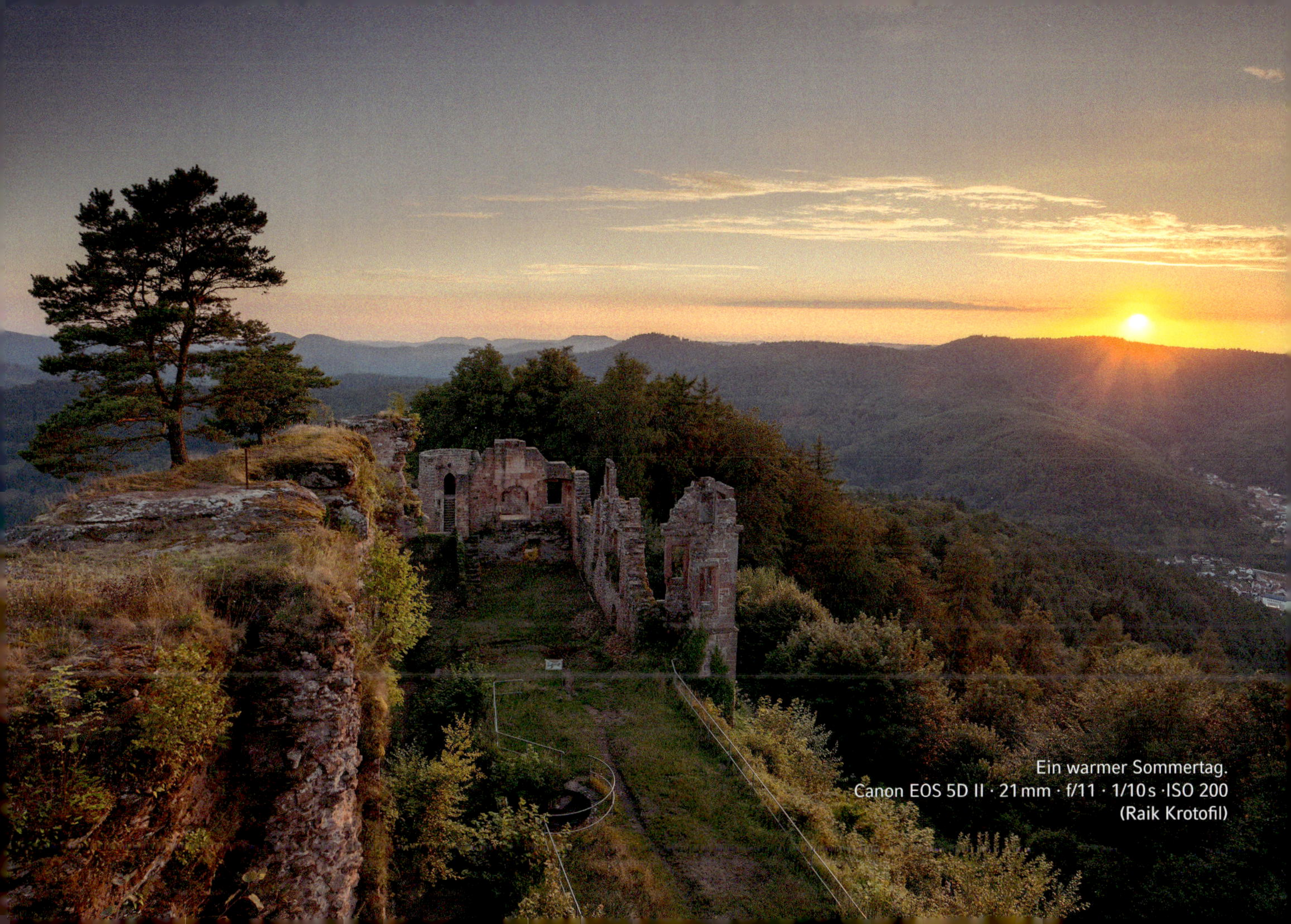

Ein warmer Sommertag.
Canon EOS 5D II · 21 mm · f/11 · 1/10 s · ISO 200
(Raik Krotofil)

Parkplatz

Location

7 SLEVOGTFELS *(RAIK)*

Besonderheiten: nicht gesichert, Absturzgefahr
Beste Tageszeit: Sonnenuntergang, Sonnenaufgang nur mit reflektiertem Licht, von November bis Februar möglich
Beste Jahreszeit: ganzjährig
Anfahrt: Die beste Parkmöglichkeit bietet der Ahlmühlparkplatz in Annweiler. Zu erreichen ist er über die Trifelsstraße »K2«. Von Annweiler aus folgen Sie der Beschilderung »zum Trifels«. Vom Ahlmühlparkplatz führt auf der linken Seite ein kleiner Weg Richtung Slevogtfels. Dieser Weg trifft nach kurzer Zeit auf einen großen Forstweg. An dieser Weggabelung gehen Sie nun 130° nach rechts und folgen dem Forstweg, bis nach ca. 100 Metern links ein schmaler Pfad abzweigt.
Folgen Sie nun diesem Pfad bis zu einer Kreuzung, bei der Sie links abbiegen, dann stehen Sie nach wenigen Metern auf dem Felsen mit seiner schönen Aussicht. Die Gehzeit beträgt je nach Kondition ca. 10–15 Minuten. Dazu müssen etwas mehr als 0,7 km Wegstrecke und 70 Höhenmeter bewältigt werden.
Koordinaten Parkplatz: 49.189417, 7.990611
Koordinaten Location: 49.190614, 7.994222
Entfernung Parkplatz: ca. 1 km bzw. 15 Minuten Gehzeit

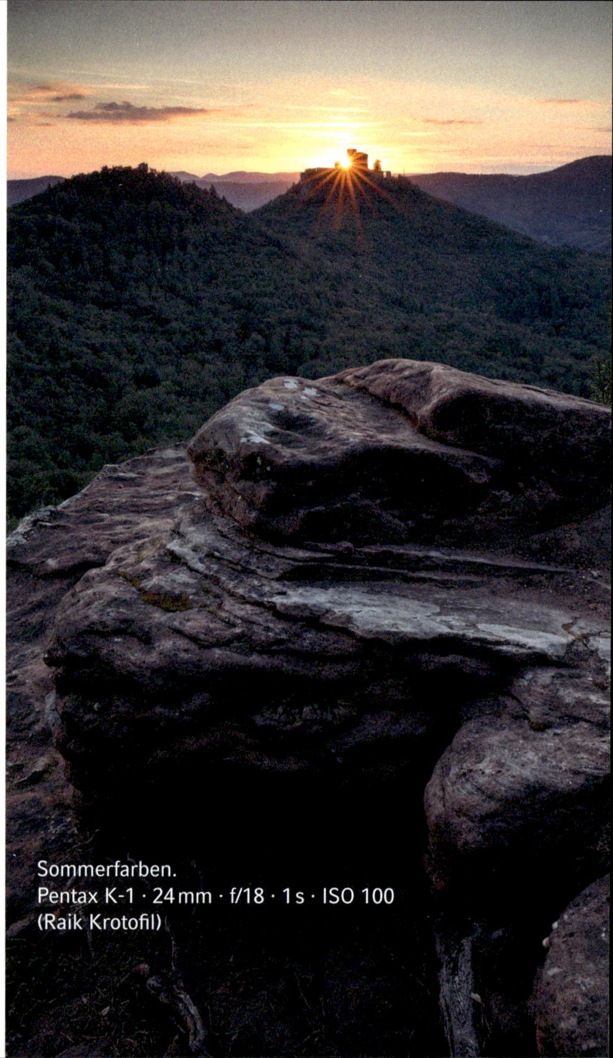

Sommerfarben.
Pentax K-1 · 24 mm · f/18 · 1 s · ISO 100
(Raik Krotofil)

Oberhalb der Kleinstadt Annweiler befindet sich ein wundervoller Aussichtspunkt. Der Slevogtfels, auch bekannt unter dem Namen »Föhrlenbergfels«, befindet sich am Föhrlenberg. Dort haben Sie einen traumhaften Ausblick auf die Burgruinen Trifels, Anebos und Münz. Die »Burgentriologie« ist ein Pfälzer Klassiker und hier in der Region sehr bekannt. Auf der kleinen Bank unter den Kiefern können Sie dazu ein gemütliches Picknick abhalten.

Wenn im Herbst, am besten nach den ersten Nachtfrösten, das Laub intensiv leuchtet, ist der Slevogtfels ein perfekter Fotospot für stimmungsvolles Licht und ein Garant für einen Topshot.

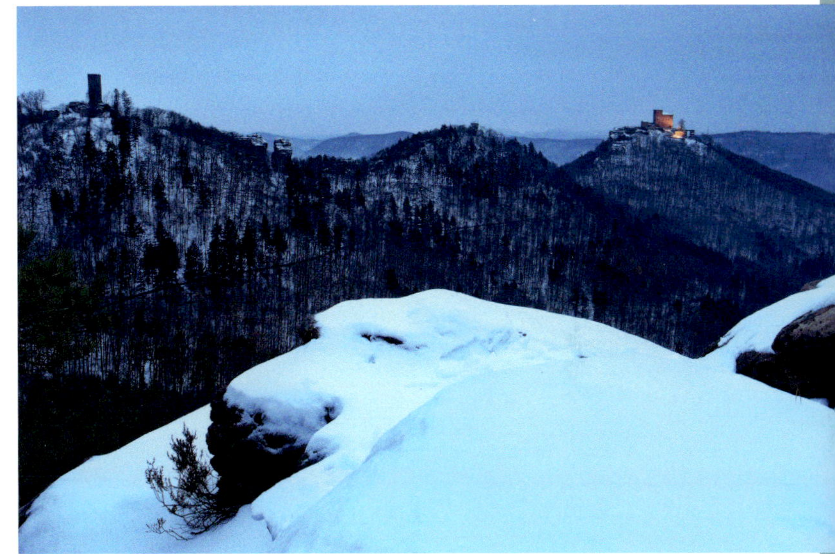

Tiefer Schnee ist selten.
Canon EOS 5D II · 28 mm · f/16 · 2 s · ISO 200
(Raik Krotofil)

ZEITEN

Dieser Platz eignet sich hervorragend für Aufnahmen des Sonnenuntergangs. Der Blick vom Felsen reicht von Südwesten bis Nordwesten. Eigentlich lässt sich hier das ganze Jahr über zum Sonnenuntergang gut fotografieren.

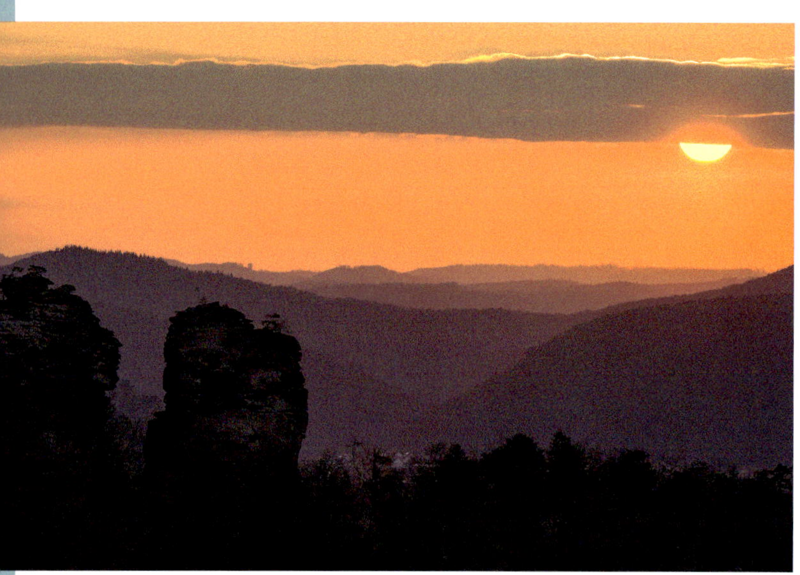

Felsenpaar.
Pentax K-1 · 230 mm · f/11 · 1/30 s · ISO 100
(Raik Krotofil)

PLATZVERHÄLTNISSE

Entspannt fotografiert es sich am besten mit maximal zwei Fotografen. Sonst steht man sich gegenseitig im Bild herum und das ist unbefriedigend. Der Slevogtfels wird oft besucht, auch Mountainbiker halten hier gerne an.

BRENNWEITEN

Mit einem Weitwinkelobjektiv lässt sich der Felsen mit seinen Strukturen perfekt in das Bild integrieren. Auch mit Telebrennweiten kann man hier sehr gut arbeiten, die Burg mit der tiefen Sonne dahinter abbilden oder die Felsen nah heranholen.

TIPP

Besonders eindrucksvoll ist dieser Fotospot, wenn die Sonne zum Untergang exakt hinter der Burg Trifels steht. Dieser Zeitpunkt liegt zwischen Mitte bis Ende Juli.

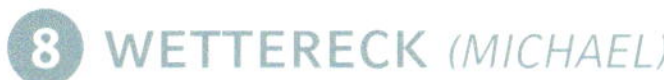

8 WETTERECK *(MICHAEL)*

Beste Tageszeit: Sonnenuntergang
Beste Jahreszeit: Ganzjährig
Anfahrt: Als Parkplatz für die Tour zum Wettereck dient, wie beim Slevogtfels, der Parkplatz »Ahlmühle«. Hier folgen Sie ab dem Ende des Parkplatzes dem Weg Nr. 13 bergauf. Den ersten breiten Weg überqueren Sie und bei der Einmündung in den zweiten breiten Weg biegen Sie links ab und erreichen nach ca. 50 Meter den Aussichtspunkt mit einer Sitzgruppe.
Koordinaten Parkplatz: 49.189417, 7.990611 (wie Parkplatz zum Slevogtfels)
Koordinaten Location: 49.194437, 7.996394
Entfernung Parkplatz: ca. 20 Minuten Gehzeit

Parkplatz

Location

Wer die Burg Trifels porträtieren will, kommt am Wettereck als Location eigentlich nicht vorbei. Hier hat man einen Premium-Blick auf die Burg, die in ca. 1,3 km Entfernung auf gleicher Höhe vor einem liegt. Links und rechts hinter der Burg flankieren die Hügel des Pfälzerwaldes die Burg. Im Gegensatz zum Blick vom Hohenberg liegt hier die Burg über der Horizontlinie und hebt sich dadurch deutlich von der Landschaft ab. Besonders spannend ist diese Location immer dann, wenn sich im Himmel etwas tut, beispielsweise wenn eine Wolkenfront durchzieht oder wenn nach Sonnenuntergang eine Himmelsfärbung einsetzt. Hier lohnt es sich, auch nach Sonnenuntergang noch eine Weile zu bleiben, bis die Beleuchtung der Burg eingeschaltet wird.

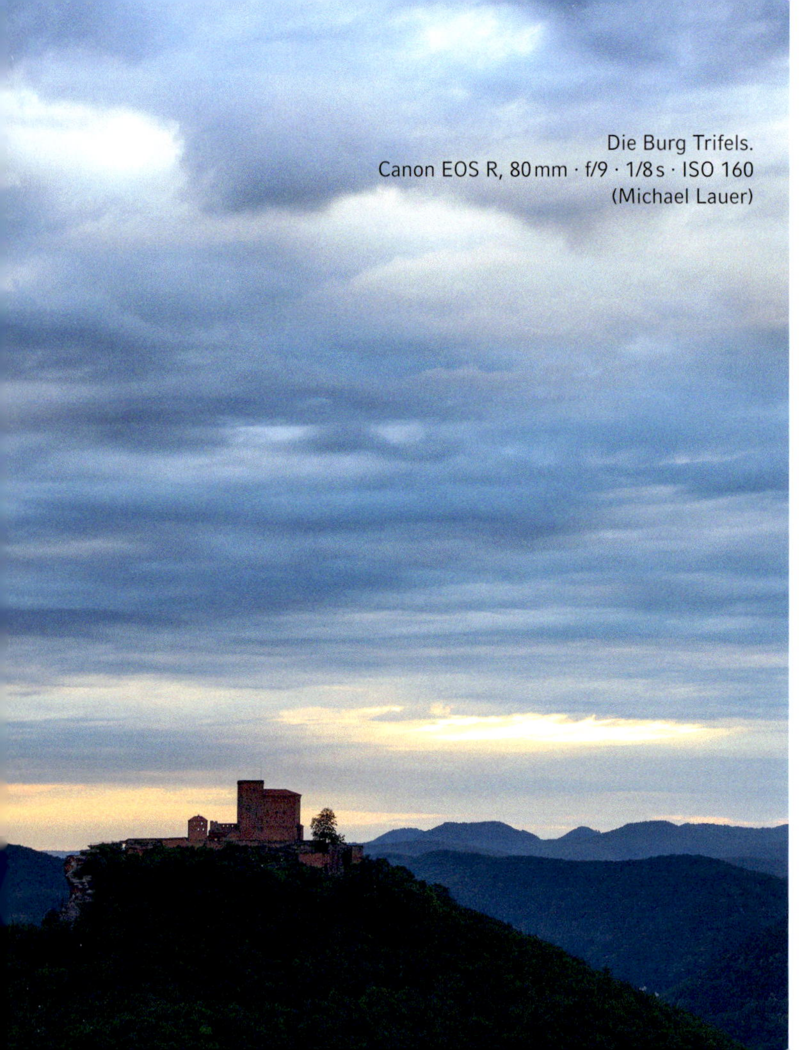

Die Burg Trifels.
Canon EOS R, 80 mm · f/9 · 1/8 s · ISO 160
(Michael Lauer)

ZEITEN

Der Aussichtspunkt am Wettereck taugt eigentlich das ganze Jahr als Location, um die Burg Trifels zu porträtieren. Wer den Sonnenuntergang möglichst nahe an oder gar hinter der Burg Trifels im Bild haben möchte, sollte diese Location entweder in der Zeit von Ende März bis Mitte April besuchen oder zwischen Ende August und Mitte September.

BRENNWEITEN

Um der Burg einerseits genügend Raum in der Landschaft zu geben, sie andererseits aber auch nicht zu klein und damit unscheinbar wirken zu lassen, empfehlen sich Brennweiten um 100 mm. Längere Brennweiten funktionieren hier auch, sie isolieren die Burg entsprechend mehr.

PLATZVERHÄLTNISSE

Eine Gruppe von bis zu fünf Fotografen findet hier genug Platz.

9 HOHENBERG *(MICHAEL)*

Beste Tageszeit: Sonnenaufgang
Beste Jahreszeit: September bis April
Anfahrt: Der Wanderparkplatz befindet sich bei Birkweiler, unterhalb der Weinberge. Die Gehzeit zur Location beträgt eine gute Stunde. Der Anstieg über 300 Höhenmeter erfordert etwas Fitness.
Koordinaten Parkplatz: 49.203957, 8.025952
Koordinaten Location: 49.201353, 8.001919
Entfernung Parkplatz: ca. eine Stunde Gehzeit

Parkplatz

Location

Der Hohenberg bietet einen erstklassigen Panoramablick in Richtung Westen über das Queichtal hinweg und auf die Burg Trifels. Dies ist eine erstklassige Location, um die Burg Trifels im Morgenlicht zu fotografieren. Wer Glück hat, erwischt einen Morgen, an dem das Queichtal mit Nebel gefüllt ist. Die Burg thront dann über dem mit Nebel gefüllten Tal. Besonders reizvoll finde ich den Moment, in dem die ersten Sonnenstrahlen auf die Burg treffen und den Sandstein aufleuchten lassen, während der Bereich unterhalb der Burg noch im Schatten liegt.

TIPP

Dieses Zeitfenster ist relativ klein, es dauert nur wenige Minuten. Deshalb sollten Sie Ihre Bildkomposition schon vorab eingerichtet und getestet haben. Dann heißt es nur noch »Auslösen«, und das Poster ist im Kasten bzw. auf der Speicherkarte.

Zum Sonnenuntergang ist der Blick vom Hohenberg auf die Burg Trifels etwas problematisch. Die Burg ragt von dort aus gesehen

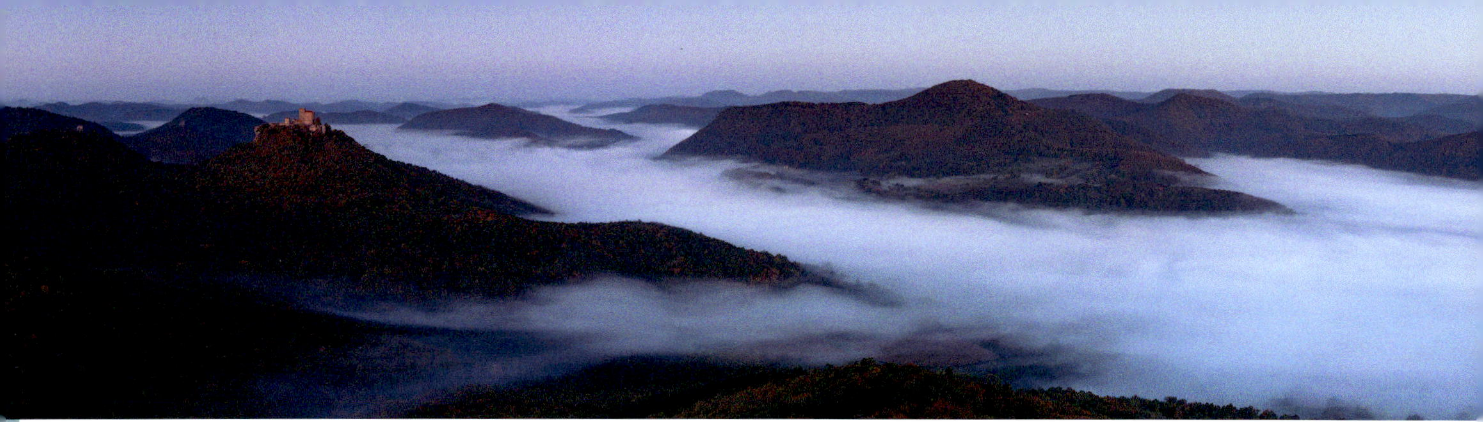

Panorama des nebelgefüllten Queichtals (Panorama aus mehreren Aufnahmen). Canon EOS 5DS R · 38 mm · f/8 · 10 s · ISO 400 (Michael Lauer)

nicht über die Horizontlinie und hebt sich damit nicht gegen den Himmel hab. Die sicher reizvolle Bildidee mit dem Sonnenuntergang nahe bei oder gar hinter Burg, der sie als Silhouette darstellt, kann an dieser Location leider nicht umgesetzt werden. Stattdessen gilt es zu warten, bis kurz nach dem Sonnenuntergang die Beleuchtung der Burg eingeschaltet wird. Wolken, die nach Sonnenuntergang rot glühen, machen das Bild perfekt.

Wer keine Angst davor hat, nass zu werden, kann es außerdem wagen, den Hohenberg bei einer abziehenden Regenfront aufzusuchen. Insbesondere in der wärmeren Jahreszeit steigen nach dem Regen die Nebelfetzen aus dem Wald rund um die Burg auf.

ZEITEN

Um das bestmögliche Ergebnis für die Aufnahmen am Morgen zu erzielen, müssen Sie mit den topografischen Besonderheiten der Location vertraut sein. Je nach Jahreszeit können nämlich zwei Berge verhindern, dass direkt bei Sonnenaufgang Licht auf die Burg Trifels fällt. Später ist das Licht schon nicht mehr so warm und bereits relativ hart. Es gibt aber bestimmte Zeitfenster, in denen die Sonne so aufgeht, dass ihr Licht möglichst früh auf die Burg fällt, und zwar in den Monaten September und November, sowie im Januar und von Mitte März bis Mitte April.

Es empfiehlt sich, mindestens eine Stunde vor Sonnenaufgang vor Ort zu sein. Wenn der Nebel im Queichtal die Ortschaft Annweiler verdeckt, haben Aufnahme zur blauen Stunde einen ganz besonderen Reiz.

Nach Sonnenaufgang lohnt es sich ebenfalls noch ein wenig zu bleiben. Wenn Bewegung in den Nebel kommt, zieht dieser durch das Tal direkt unterhalb des Hohenbergs. Mit dem Teleobjektiv lassen sich hier Landschaftsdetails herauspicken.

BRENNWEITEN

Für die klassische Panoramaansicht mit der Burg Trifels in der Landschaft bieten sich Brennweiten im leichten Weitwinkelbereich (ca. 30 mm) an. Brennweiten bis in den leichten Telebereich stellen die Burg mehr als Hauptmotiv heraus. Telebrennweiten von 200 mm und darüber nutze ich für die Aufnahmen des Nebels im Wald unterhalb des Hohenbergs.

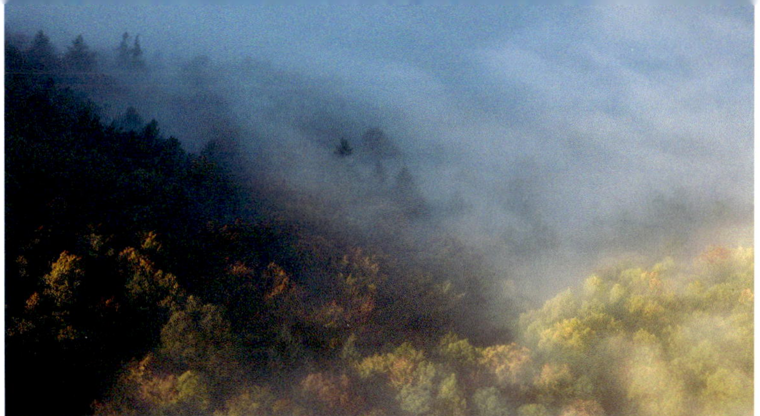

▲ Blick ins Tal. Canon EOS 5DS R · 200 mm · f/18 · 1/30 s · ISO 100 (Michael Lauer)

PLATZVERHÄLTNISSE

Sechs Fotografen können sich den Ausblick vom Hohenberg teilen, ohne sich gegenseitig im Weg zu stehen. Wie immer gilt auch hier: Wenn es doch mal eng wird, ermöglicht gegenseitige Rücksichtnahme ein angenehmes und entspanntes Miteinander.

Parkplatz

Location

10 REHBERGTURM *(RAIK)*

Besonderheiten: Unter der Woche wenig Betrieb.
Beste Tageszeit: perfekt bei Sonnenaufgang
Beste Jahreszeit: ganzjährig
Anfahrt: Sie verlassen die Bundesstraße B10 nach der Tunneldurchfahrt in Richtung B48, um direkt der Beschilderung in Annweiler in den Wald zur Burg Trifels zu folgen. Runde 50 Meter neben der Kletterhütte starten Sie dann auf dem rechter Hand gelegenen Wanderparkplatz in Richtung Süden auf dem leicht bergauf führenden Forstweg. Nach ca. 15 Minuten Gehzeit kreuzt ein Weg von links, Sie laufen aber weiter geradeaus und somit leicht im Kreis in Richtung Osten. Nach einigen Minuten biegt der Wanderweg in Richtung Norden ab, immer wieder leicht bergauf und spiralförmig. Nach runden 30 Minuten Gehzeit steht der Rehbergturm auf dem Bergrücken. Von hier geht es noch einige Stufen im Turm nach oben und durch eine knapp bemessene Austrittsöffnung auf die Empore.
Koordinaten Parkplatz: 49.187444, 7.964583
Koordinaten Location: 49.104158, 7.539217
Entfernung Parkplatz: ca. 1,8 km bzw. 25–35 Minuten

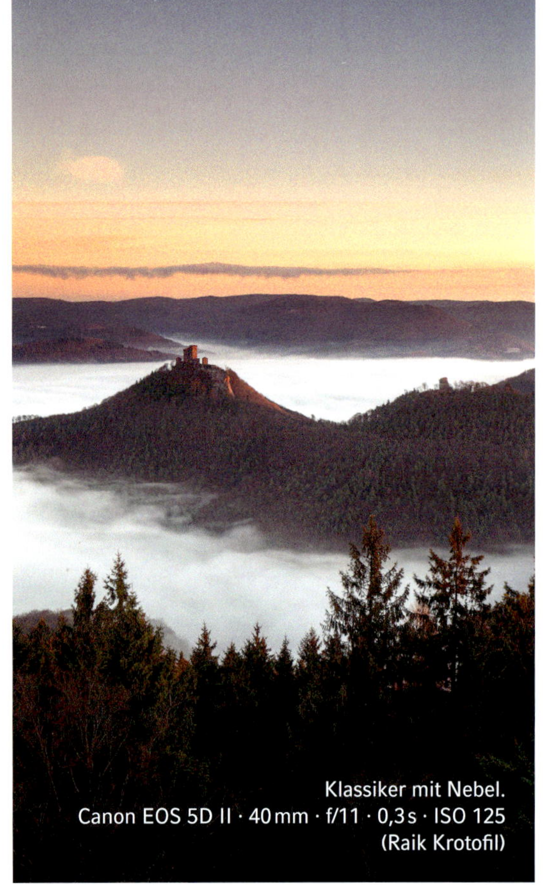

Klassiker mit Nebel.
Canon EOS 5D II · 40 mm · f/11 · 0,3 s · ISO 125
(Raik Krotofil)

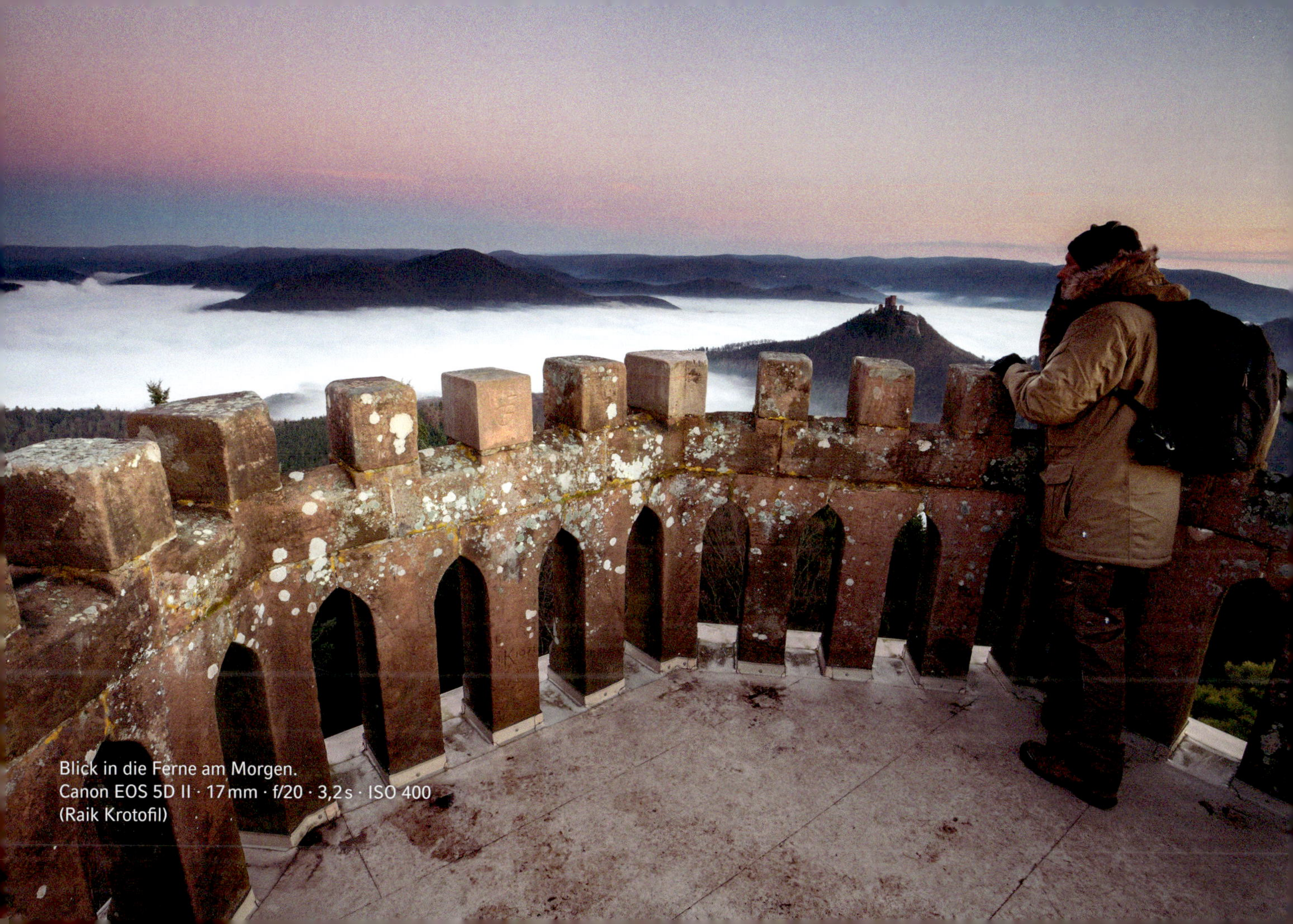

Blick in die Ferne am Morgen.
Canon EOS 5D II · 17 mm · f/20 · 3,2 s · ISO 400
(Raik Krotofil)

▲ Ende Nautische Dämmerung. Canon EOS 5D II · 18 mm · f/9 · 30 s · ISO 400 (Raik Krotofil)

Unweit des Slevogtfelsens ist ein weiterer Aussichtsturm bei Annweiler in den Wald gebaut worden. Dieser vierzehn Meter hohe Turm, auf dem gleichnamigen Rehberg wurde um 1862 aus behauenem Sandstein erbaut.

ZEITEN

Dieser Aussichtspunkt eignet sich am besten für den Sonnenaufgang. Gerade im Herbst und Frühjahr, wenn der Morgennebel die urbanen Spuren in den Tälern bei Annweiler überdeckt und die Sonne golden auf den Hügeln liegt, entstehen die stimmungsvollsten Fotos. Aber auch im Winter, wenn Schnee liegt, ist der Rehbergturm ein hervorragender Allroundspot. Wenn man nicht gerade an einem Wochenende oder Feiertag hier hoch will, ist man oft allein.

BRENNWEITEN

Das klassische Bild gelingt mit einem Weitwinkelobjektiv, mit den drei Hügeln unterhalb der Burg Trifels. Wenn die Sonne etwas höher steht, empfiehlt sich der Einsatz einer starken Telebrennweite, um die Strukturen in den Hügeln oder die Lichtstrahlen im Nebel herauszuarbeiten.

PLATZVERHÄLTNISSE

Der Platz hier oben reicht aus für maximal drei Fotografen, die in eine Richtung und mit Stativ fotografieren. Wenn dann noch drei Fotorucksäcke im Weg liegen, haben andere Besucher nicht mehr viel Bewegungsfreiraum.

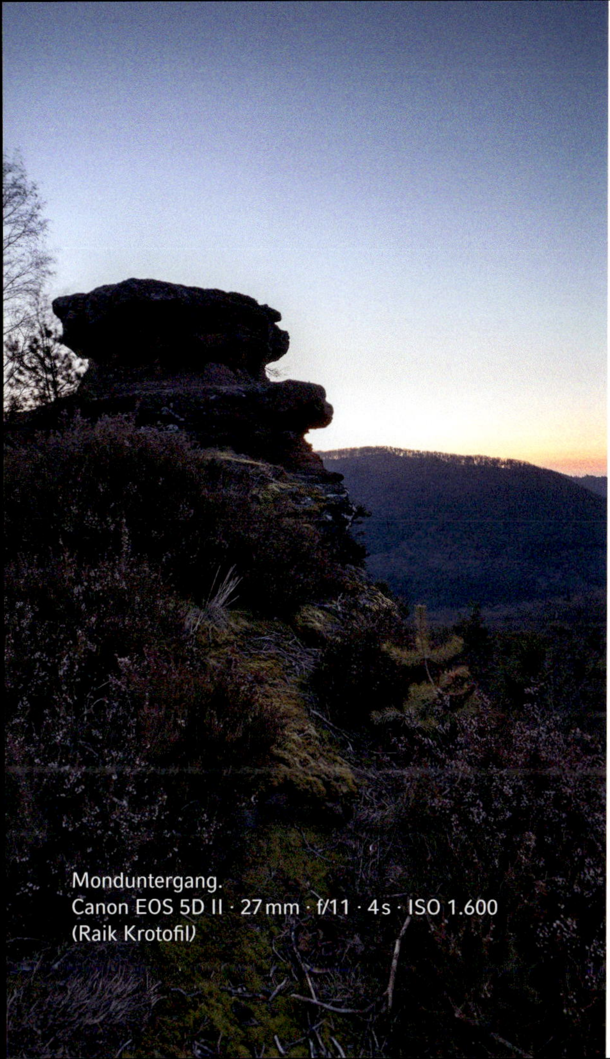

Monduntergang.
Canon EOS 5D II · 27 mm · f/11 · 4 s · ISO 1.600
(Raik Krotofil)

11 KLEINER HAHNSTEIN *(RAIK)*

Besonderheiten: Vorsicht Absturzgefahr, nicht gesichert, leichtes Klettern zum Gipfel.
Beste Tageszeit: Sonnenauf-/untergang, Monduntergang
Beste Jahreszeit: ganzjährig
Anfahrt: Sie verlassen die Bundesstraße B10 nach der Tunneldurchfahrt in Richtung B48 und folgen in Annweiler direkt der Beschilderung zur Burg Trifels in den Wald. Am Waldparkplatz gehen Sie auf dem Wanderweg in Richtung Süden. Nach runden 600 Meter geht links ein Weg ab und führt leicht bergauf. Nach ca. weiteren 300 Meter zweigt nach rechts ein bergauf führender Weg ab – Sie umrunden sozusagen den Hahnstein. Um auf den Gipfel zu kommen, müssen Sie sich an den Felsen nach oben ziehen, was mit Unterstützung etwas besser geht.
Koordinaten Parkplatz: 49.182222, 7.977639
Koordinaten Location: 49.176333, 7.971833
Entfernung Parkplatz: ca. 1,1 km bzw. 20 Minuten Gehzeit

Parkplatz

Location

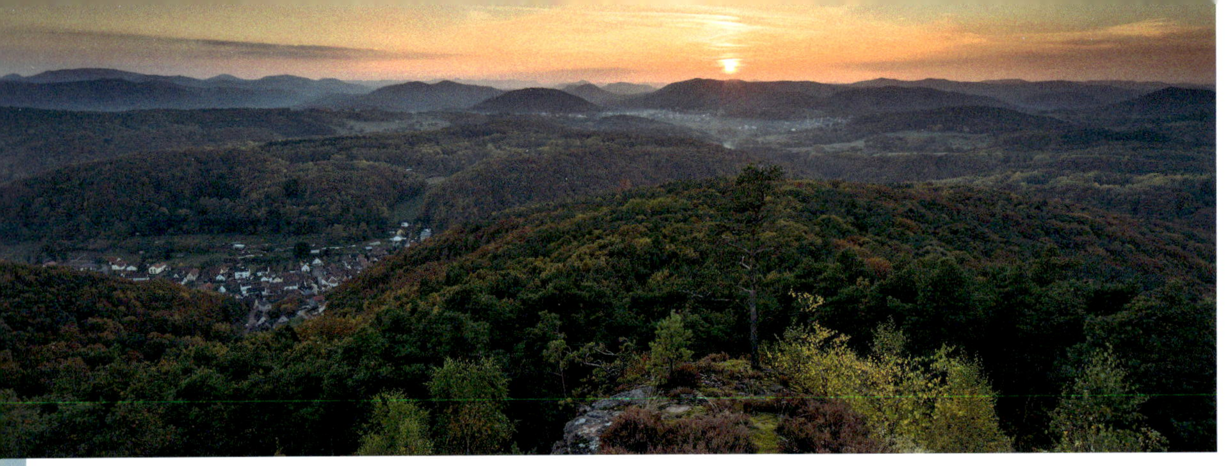

Kalter Winterabend. Pentax K-1 · 19 mm · f/13 · 1/5 s · ISO 100 (Raik Krotofil)

Wer am Morgen ganz allein sein will, der sollte den Kleinen Hahnstein besuchen. Nicht so populär und etwas versteckt, findet man diesen kleine Aussichtsfels östlich hinter dem Rehbergturm bei Annweiler. Man muss schon ein wenig klettern, um auf den oberen Teil zu gelangen. Aber dann bietet sich eine wunderschöne Aussicht nach Osten und Norden, zur Burg Trifels.

ZEITEN

Der Kleine Hahnstein ist im Morgenlicht winters wie sommers ein schönes Motiv – zum Sonnenuntergang eignet sich dieser Fotospot eher von Mitte November bis Mitte Februar. Um den Mond mit der Landschaft bildlich festzuhalten, bietet sich der Monduntergang an.

BRENNWEITEN

Weitwinkelbrennweiten und Telebrennweiten sind auch hier gut zu verwenden.

PLATZVERHÄLTNISSE

Auf dem Gipfel des kleinen Felsens ist Platz für zwei Fotografen und ihre Rucksäcke.

12 STÄFFELSBERGTURM *(MICHAEL)*

Beste Tageszeit: Sonnenauf-/untergang
Beste Jahreszeit: Herbst und Sommer (Sonnenuntergang)
Anfahrt: Der Wanderparkplatz liegt etwas versteckt im Wald hinter Dörrenbach an einer Wegespinne. Von dort geht es zu Fuß weiter und nach ca. 15 Minuten und 60 Höhenmetern erreichen Sie den Fuß des Turms.
Koordinaten Parkplatz: 49.087021, 7.95188
Koordinaten Location: 49.088206, 7.948978
Entfernung Parkplatz: ca. 15 Minuten Gehzeit

Parkplatz

Location

Gäbe es eine Auszeichnung für den hässlichsten Aussichtsturm im Pfälzerwald, so hätte der Stäffelsbergturm wohl gute Chancen auf den ersten Preis. Dem Besucher zeigt sich ein 24 Meter hoher Turm, der auf den ersten Blick mehr an ein Raketensilo erinnert, als an einen Aussichtsturm, und auf dessen Plattform zahlreiche Antennen für den Besucher sprichwörtlich »zum Greifen nah« sind. Seinen Reiz verdankt der Turm also keinesfalls seinem Aussehen, dafür aber der Aussicht, die er bietet und die braucht sich vor dem, was andere Aussichtspunkte in der Pfalz zu bieten haben, keinesfalls zu verstecken.

Was den Stäffelsbergturm fotografisch besonders interessant macht, ist der Blick nach Süden entlang des Haardtrandes mit dem Übergang des Pfälzerwalds in die Rheinebene, sowie der Blick nach West und Nordwest über die Hügel des Pfälzerwalds. Die Höhe, knapp über den Baumwipfeln, erlaubt einen Bildaufbau, der sehr viel Tiefe ins Bild bringt.

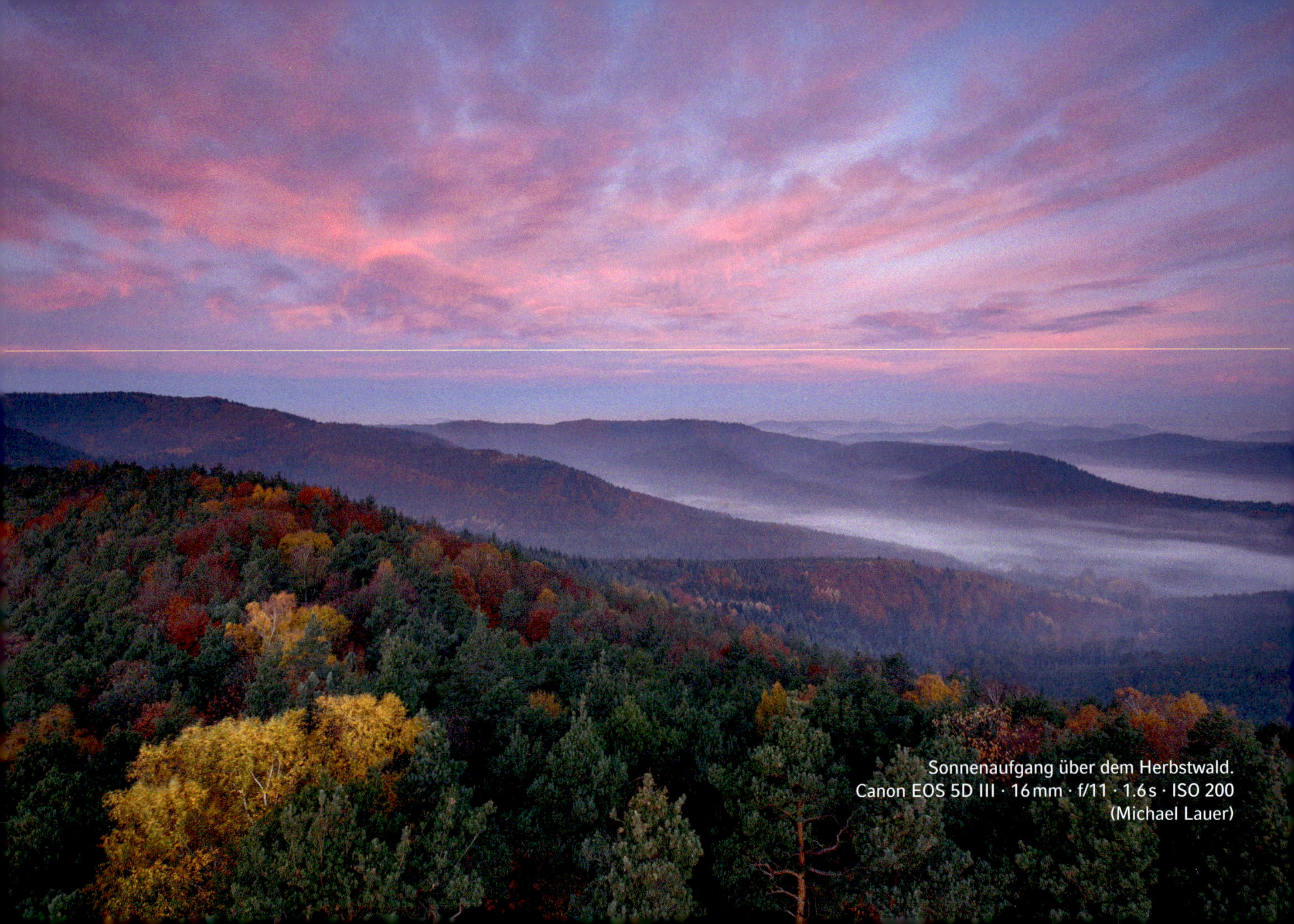

Sonnenaufgang über dem Herbstwald.
Canon EOS 5D III · 16 mm · f/11 · 1.6 s · ISO 200
(Michael Lauer)

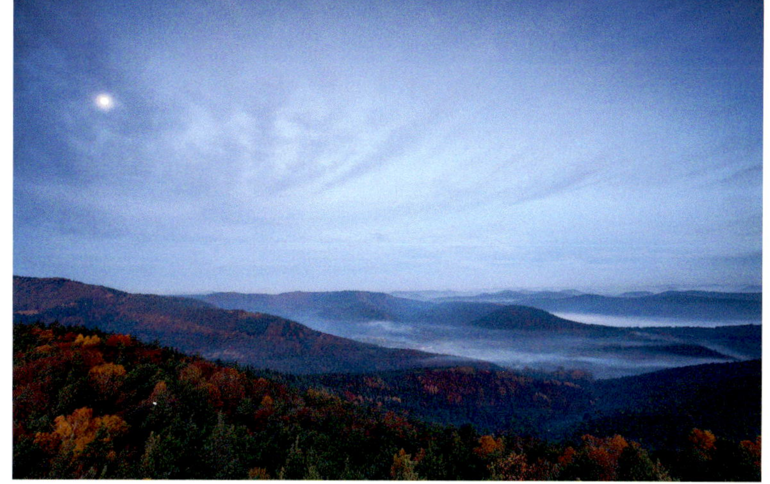

▲
Tagesanbruch mit Mond.
Canon EOS 5D III · 16 mm · f/9 · 3 s · ISO 200
(Michael Lauer)

ZEITEN

Der Stäffelsbergturm eignet sich sowohl zum Sonnenauf-, als auch zum Untergang. Mein Favorit ist der Zeitraum der Laubfärbung im Herbst, wenn sich vom Vordergrund bis zum Horizont die bunten Tupfen des Herbstlaubs fortsetzen.

TIPP

In den Sommermonaten haben Sie vom Stäffelsbergturm über die Hügel der Pfalz hinweg einen direkten Blick in Richtung Sonnenuntergang.

BRENNWEITEN

Auf dem Stäffelsbergturm bietet sich der Einsatz von Weitwinkelbrennweiten bis hinunter in den Ultraweitwinkelbereich an. Auch Telebrennweiten können hier sinnvoll eingesetzt werden, um die Hügelstaffelung optisch zu verdichten.

PLATZVERHÄLTNISSE

Auf dem Stäffelsbergturm finden vier Fotografen ausreichend Platz.

Exkurs Grauverlaufsfilter

Raik Krotofil

Die meisten Fotos in diesem Buch sind unter Zuhilfenahme von Grauverlaufsfiltern entstanden. Doch warum setzen wir diese Filter ein, wofür brauchen wir sie? Ein Grauverlaufsfilter (auch »GND-Filter« – »GND« steht für »Gradual Neutral Density«) ist zunächst einmal kein Effektfilter – er dient nicht dazu, den Himmel grundsätzlich dunkler zu gestalten. Er ist vielmehr ein Werkzeug zur Formung des vorhandenen Lichts.
Unter »Dynamikumfang« versteht man die Fähigkeit, eine Bandbreite von Tonwerten zwischen reinem Schwarz und reinem Weiß gleichzeitig darstellen zu können. Das menschliche Auge hat einen hohen Dynamikumfang – es vermag Helligkeitsabstufungen von etwa 20 Blendenstufen zu unterscheiden (das wären über eine Million Tonwerte). Unsere heutigen Kameras und die darin verbauten Sensoren sind jedoch nicht so leistungsfähig.

Astronomische Dämmerung – Grauverlauf 0.6 soft.
Pentax K-1 · 17 mm · f/2.8 · 20 s · ISO 1.600
(Raik Krotofil)

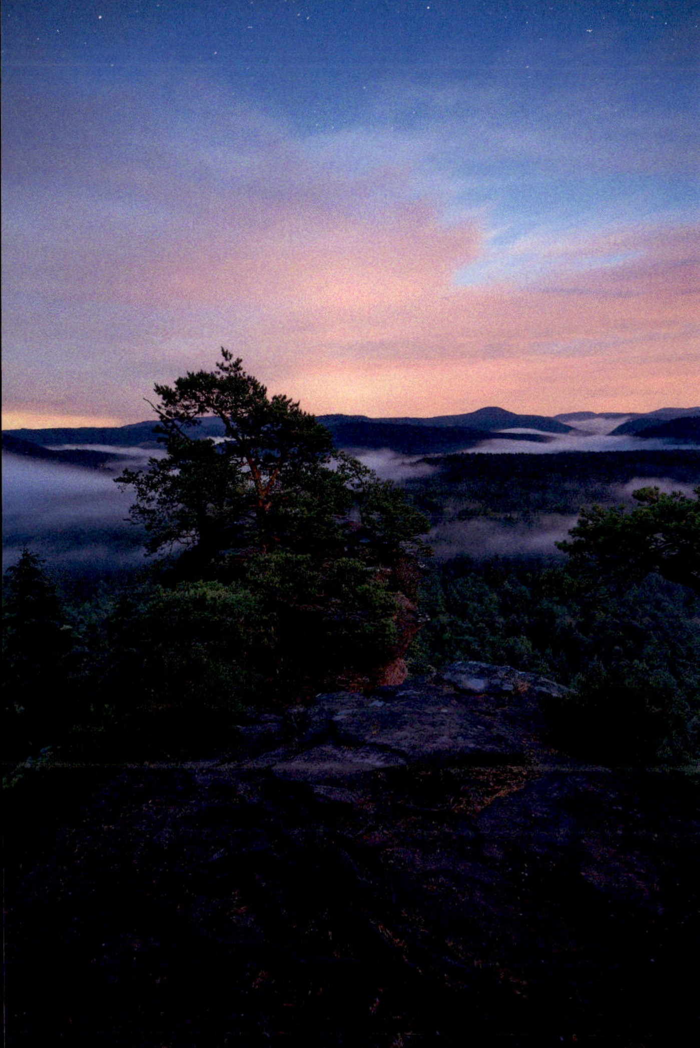

Je nach Kamera, Sensortyp, Sensorgröße und abhängig von der gewählten ISO-Empfindlichkeit können im Raw-Format im Idealfall Tonwerte im Umfang von bis zu 14 Blendenstufen gespeichert werden (= 16.384 verschiedene Tonwerte pro Farbkanal).

Der Einfachheit halber vergleiche ich Tonwerte gerne mit der Einheit Liter und den Kamerasensor mit einem Wassereimer.

Das Motiv auf dem Bild hatte vor Ort sehr dunkle Bildbereiche im Vordergrund: Den Felsen mit den Wurzeln, die im Bild später ja noch durchzeichnet sein sollten. Und es hatte sehr helle Bereiche im Himmel: die Nachtwolken am Horizont, die im Bild ebenfalls möglichst durchzeichnet sein sollten. In Summe hatte das Motiv also einen hohen Motivkontrast – sagen wir, von 15 Blendenstufen. Der Abstand von den dunklen

Bereichen zu den hellen Bereichen im Motiv, also die Spanne der Tonwerte von Hell zu Dunkel, entspräche gemäß meiner obigen Analogie 15 Liter.

Wir wollen nun dieses Motiv vollständig einfangen, also unsere Kamera mit diesen 15 Litern Tonwerten füllen. Der Sensor (bzw. Eimer) hat aber nur 12 Liter Fassungsvermögen. Also laufen 3 Liter Tonwerte über und gehen verloren – drei Liter, die wir nicht aufzeichnen und auch niemals wieder herstellen können. Das hat oft zur Folge, dass entweder der dunkle Vordergrund richtig belichtet ist und somit Zeichnung hat, der Himmel aber überstrahlt (Bild links). Oder der Himmel ist richtig belichtet, seine Farben und Zeichnung bleiben erhalten, aber der Vordergrund wird zu dunkel, die Schatten haben also keine Zeichnung mehr (Bild rechts). Nachträgliches Aufhellen bringt nur Rauschen und im Extremfall Tonwertabrisse zum Vorschein.

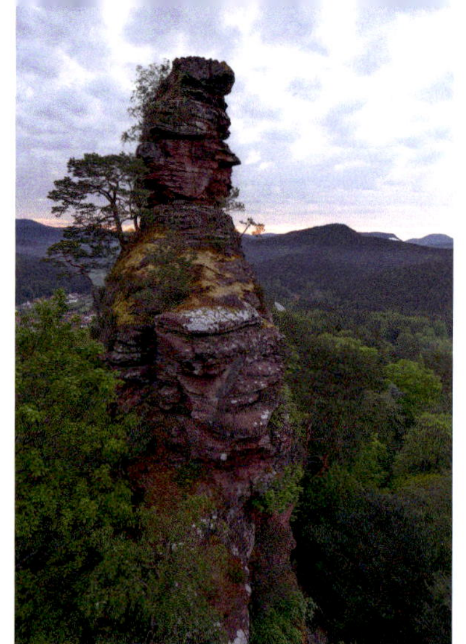

Belichtung auf den Vordergrund (ohne Filter).
Pentax K-1 · 20 mm · f/14 · 5 s · ISO 100
(Raik Krotofil)

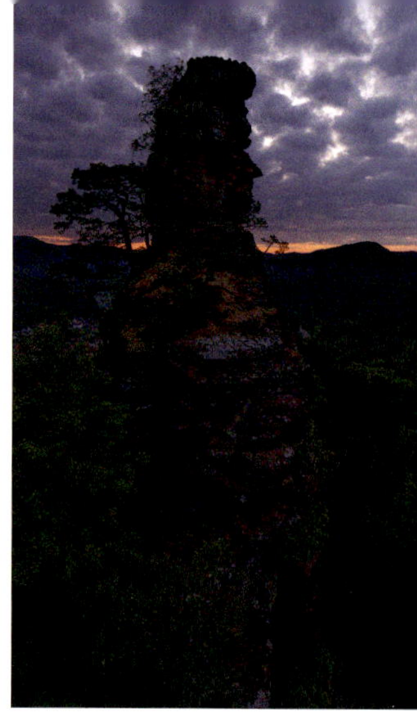

Belichtung auf den Himmel (ohne Filter).
Pentax K-1 · 20 mm · f/11 · 1 s · ISO 100
(Raik Krotofil)

Wir versuchen nun also, aus 15 Litern 12 zu machen, die unser Kamerasensor aufnehmen kann – und dazu dient der Grauverlaufsfilter. Er ist im oberen Teil dunkel eingefärbt und wird zur Mitte hin heller bis

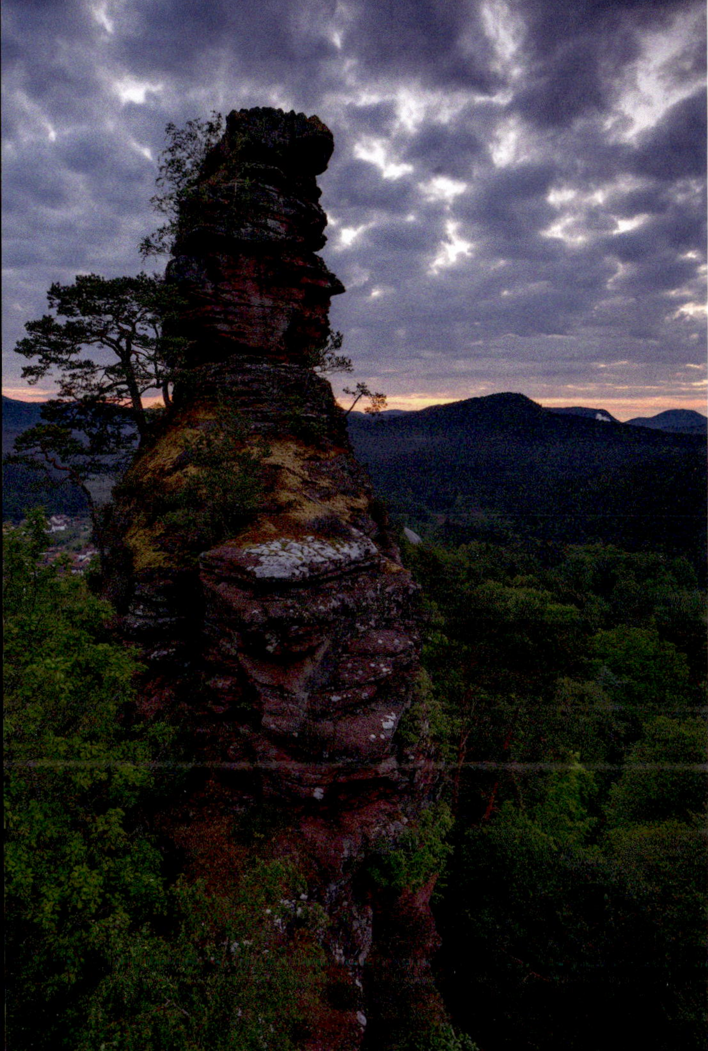

◀ Grauverlaufsfilter 0.9 soft.
Pentax K-1 · 20 mm · f/11 · 5 s · ISO 100
(Raik Krotofil)

transparent. Dieser dunkle Teil wird nun so vor das Objektiv gesetzt, dass er den für unsere Kamera zu hellen Himmel abdunkelt und somit die Lichtmenge dort reduziert. Die Stärke der Reduktion beziehungsweise die Dichte der Filter wird in vollen Blendenstufen ausgedrückt (siehe den Exkurs »Langzeitbelichtung« ab Seite 132). Ein Grauverlaufsfilter mit dem Nennwert von 0.9 nimmt im dunkelsten Bereich 3 Blendenstufen Licht weg.

Setzen wir den Filter nun bei diesem Motiv vor das Objektiv, dann reduzieren wir die vorhandene Menge an Licht in einem graduellen Verlauf, von ND 0.9 bis ND 0. Da wir im Himmel Licht wegnehmen, können wir das Bild nun etwas länger belichten, wodurch der vorhin zu dunkle Bildvordergrund das nötige Mehr an Belichtung erhält. Wir drücken – einfach gesagt – die 15 Liter Tonwerte des Motivs zusammen auf 12 Liter, die nun in unseren Eimer bzw. auf den Kamerasensor »passen«. Wir können so exakt den vorhandenen Motivkontrast auf unser Bild bannen. Ziel hierbei ist es, alle vorhandenen Tonwerte und Farben aufzuzeichnen – so, dass nichts von der Menge an Licht, den Tonwerten und Farben durch »Überlaufen« unrettbar verloren geht. Der Vorteil dieser Methodik: Wir sehen am Kameradisplay sofort unser fertiges Bild – und das entspricht nun genau dem, wie unser Auge das Motiv sieht.

Der Workflow bei Einsatz des Filters ist ähnlich dem beim Arbeiten mit ND-Filtern (siehe den Exkurs »Langzeitbelichtung« ab Seite 132): Zuerst arrangiere ich meine Bildkomposition. Danach wähle ich die angemessene Dichte des Filters aus und ziehe diesen im Filterhalter langsam ins Bild. Dabei beobachte ich im Sucher oder Live-View die Wirkung des Filters und achte darauf, keine Berge oder in den Himmel ragende Objekte zu stark abzudunkeln.

Der Einsatz eines Grauverlaufsfilters ist für mich ein unschätzbarer Vorteil. Er bedeutet weniger Arbeit vor Ort und in der Nachbearbeitung zu Hause am Rechner. Ich spare mir den Aufwand des sogenannten »Brackeytings«, bei dem ich eine Belichtungsreihe erstelle, deren Einzelbilder ich dann in der Nachbearbeitung ineinander blende. Natürlich ist ein Grauverlaufsfilter kein Allheilmittel. Es gibt einige Situationen, wo er schlichtweg nicht das richtige Werkzeug ist – wenn Objekte wie z. B. Leuchttürme, hohe Berge oder Bäume

Grauverlaufsfilter Vergleich. ▶
rechts mit 0.9 Medium · Pentax K-1 ·
15 mm · f/14 · 1/5 s · ISO 100
(Raik Krotofil)

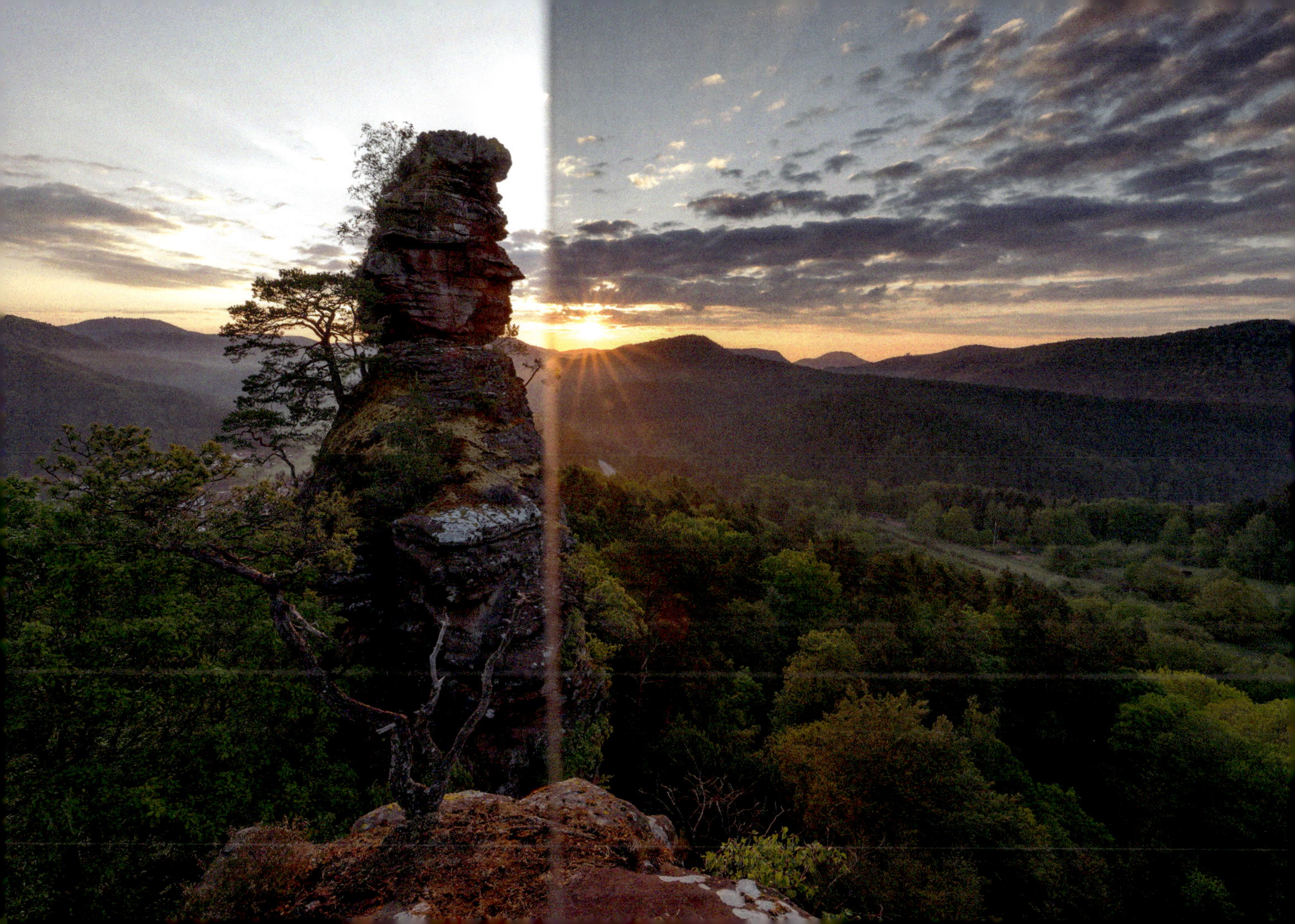

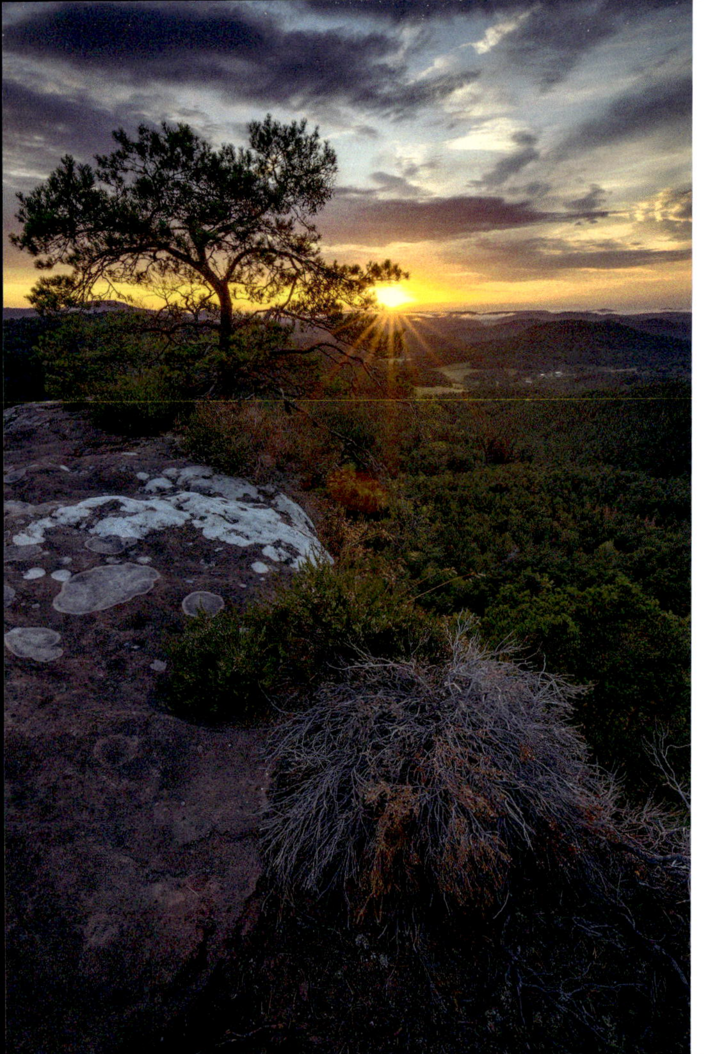

Grauverlauf 0.9 Medium.
Pentax K-1 · 18 mm · f/18 · ISO 100
(Raik Krotofil)

weit in den Himmel ragen, dunkelt das Filterglas diese sichtbar ab. Hier hilft mir oft ein Kompromiss aus zwei Belichtungen mit Grauverlauf, eine für das Motiv und eine weitere, ca. eine Blende heller, welche ich später in der Nachbearbeitung im Bereich der abgedunkelten Objekte händisch überblende.

Es gibt durchaus Situationen, in denen ich dieses Verfahren – das sogenannte »Exposure-Blending« – oder die HDR-Technik bevorzuge, das ist aber eher selten der Fall.

Um das komplette Potential (»Volumen«, um im obigen Bild zu bleiben) meines Kamerasensors auszuschöpfen, fotografiere ich grundsätzlich im Raw-Format. Der Unterschied zwischen dem komprimiertem JPEG- und dem Raw-Format meiner Pentax K-1 sieht wie folgt aus:

- Raw mit 14-Bit bedeutet 16.384 Abstufungen pro Farbkanal
- JPEG mit 8-Bit bedeutet 256 Abstufungen pro Farbkanal

Das Raw-Format enthält somit fast 60-mal mehr Tonwertabstufungen pro Farbkanal als ein JEPG und damit deutlich mehr an Reserven. Die Differenzierung der Farben ist somit sehr fein, es gibt beim Versuch das Bild später zu bearbeiten, keine Tonwertabrisse oder Artefakte. Zudem versuche ich, wenn das Motiv sowie die vorherrschenden Bedingungen es mir ermöglichen, die niedrigste ISO-Empfindlichkeit zu verwenden. Jede Kamera hat ihre eigene, sogenannte »Base-ISO« (werfen Sie dazu einen Blick in das Handbuch Ihrer Kamera). Denn mit zunehmender ISO-Empfindlichkeit schwindet auch der Dynamikumfang des Sensors signifikant.

Gerade im High-ISO-Bereich ist es extrem wichtig, korrekt zu belichten. Nur korrekt belichtete Bilder bedürfen in der Nachbearbeitung weniger Korrekturen. So vermeiden Sie, das mit dem erhöhten ISO-Wert einhergehende Bildrauschen zu verstärken und schaffen so die Basis für möglichst rauscharme Bilder.

TIPP

Ich belichtet außerdem nach dem ETTR-Prinzip (Exposure to the right). Das heißt ich belichte so, dass mein Histogramm deutlich zum rechten Rand tendiert, allerdings ohne überzubelichten (da ich hier wieder durch »Überlaufen« Tonwerte verlieren würde). Ich schöpfe also das Potential meines Sensors voll aus.

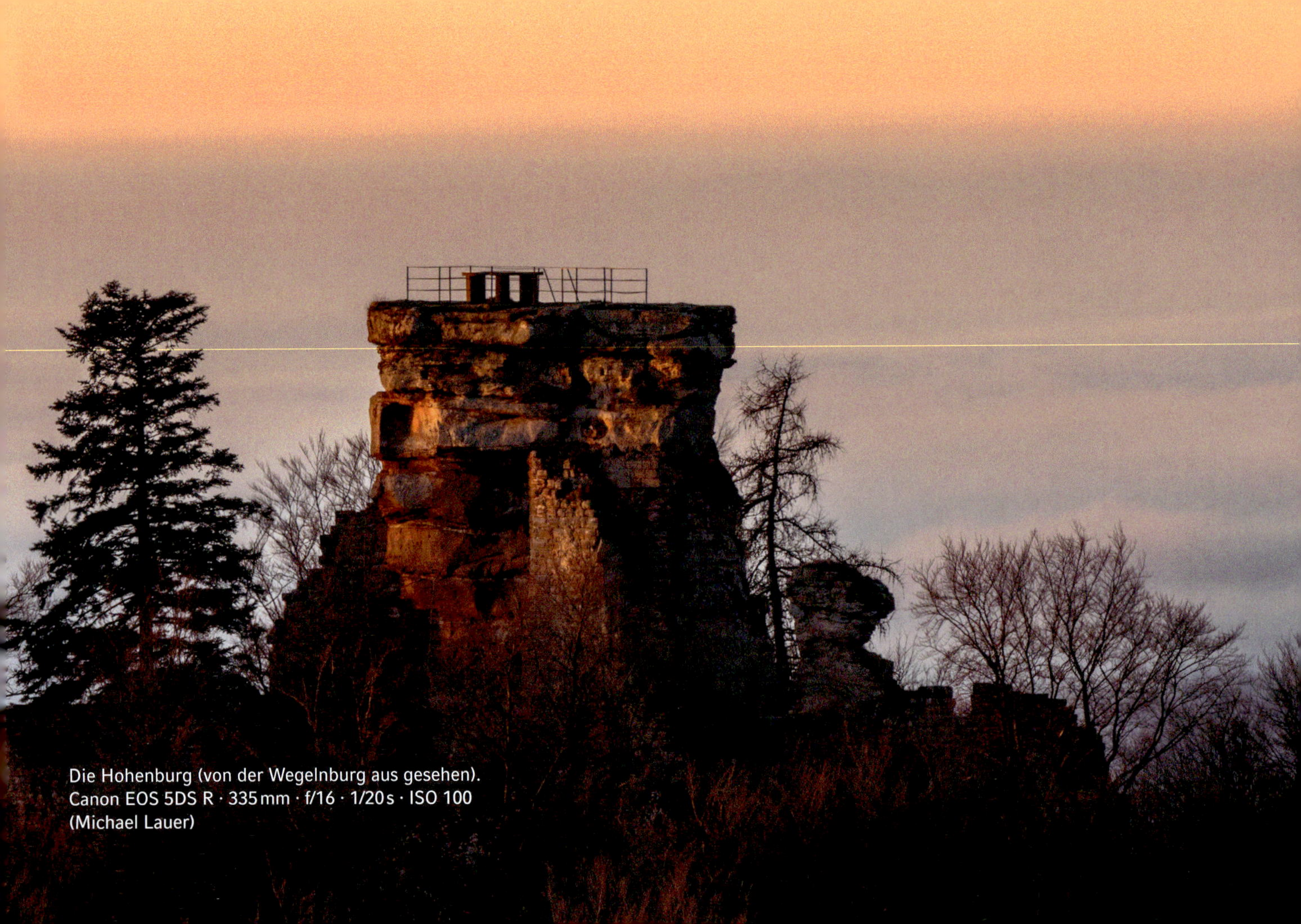

Die Hohenburg (von der Wegelnburg aus gesehen).
Canon EOS 5DS R · 335 mm · f/16 · 1/20 s · ISO 100
(Michael Lauer)

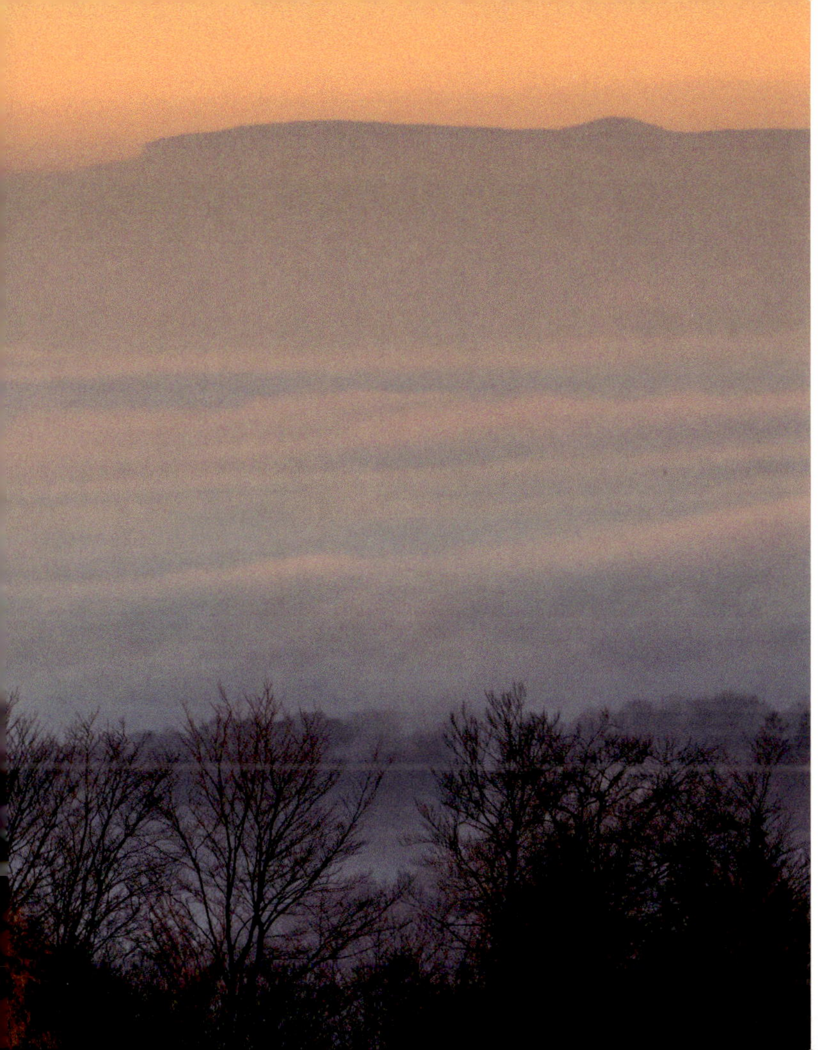

TOUR SÜD

TOUR 3

Im Süden des Pfälzerwaldes verläuft die Grenze zu Frankreich. Jenseits der Grenze findet die Waldlandschaft in den Vosges du Nord (Nordvogesen) ihre Fortsetzung. Der Naturraum bleibt dabei über die Grenzen hinweg der gleiche und so haben Sie mit den Ruinen Hohenburg und Burg Löwenstein zwei Locations in dieser Tour, die bereits in Frankreich liegen. Auf deutscher Seite besuchen wir mit der Wegelnburg eine der spektakulärsten Locations der Pfalz überhaupt. Ebenfalls im deutsch-französischen Grenzgebiet befinden sich die Altschlossfelsen – das größte Buntsandsteinmassiv im Pfälzerwald.

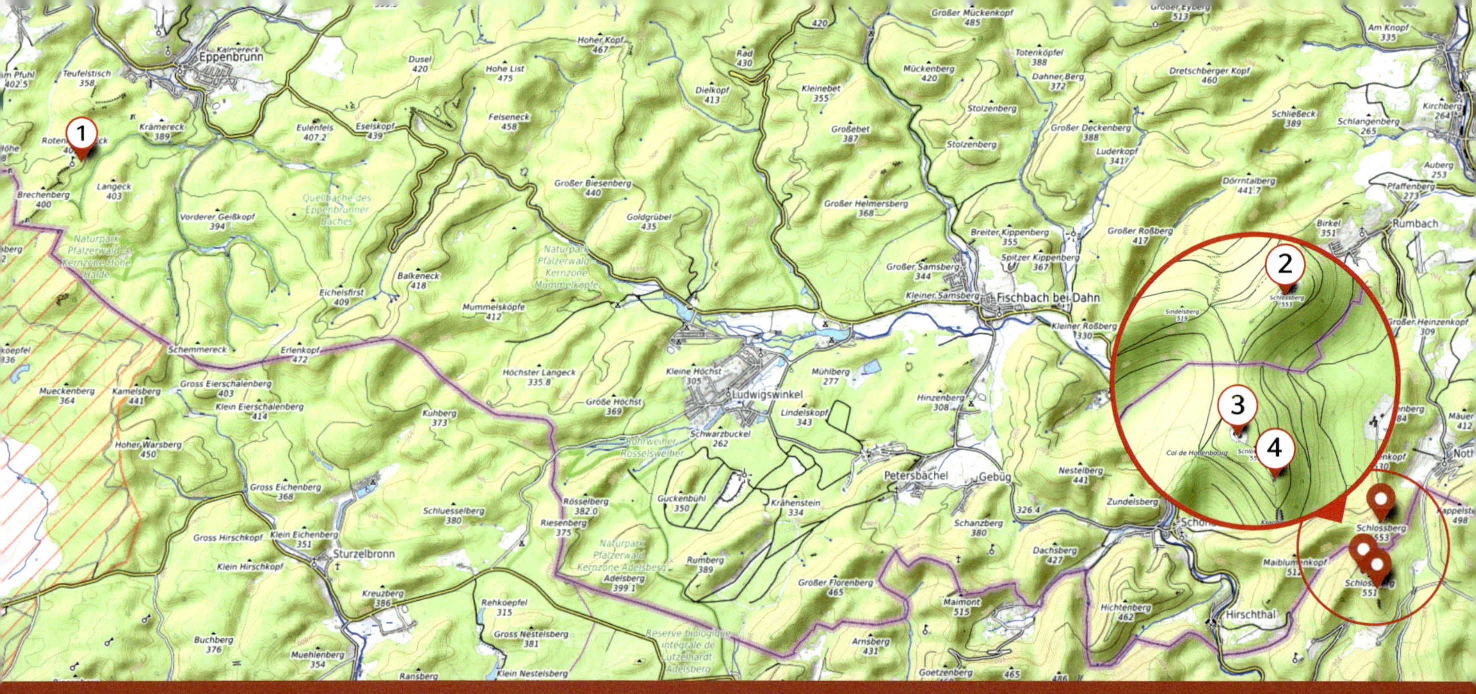

TOUR SÜD

TOUR 3

1 ALTSCHLOSSFELSEN

2 WEGELNBURG

3 HOHENBURG (F)

4 BURG LÖWENSTEIN (F)

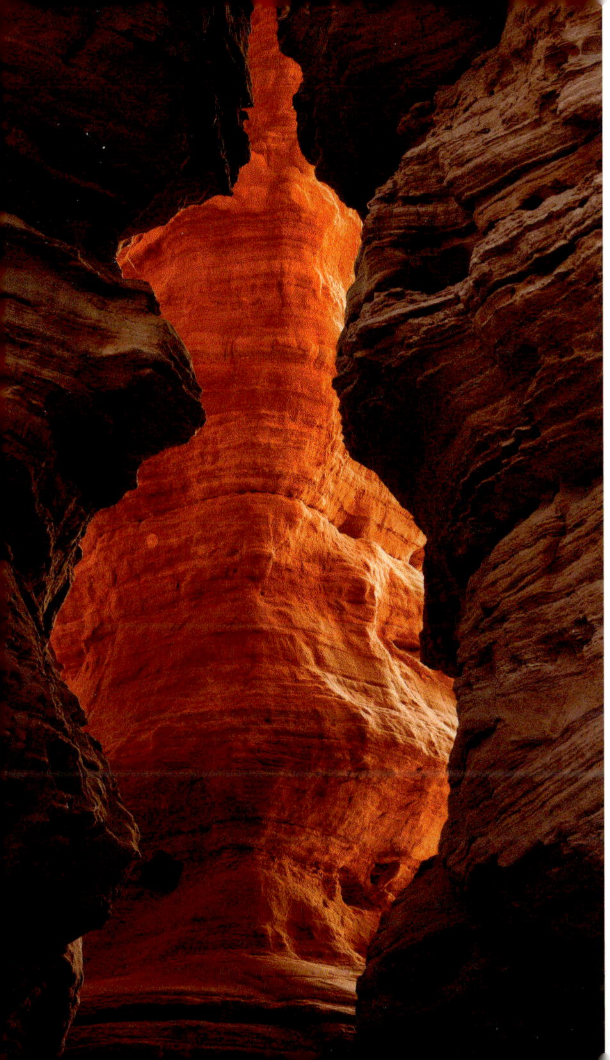

1 ALTSCHLOSSFELSEN *(MICHAEL)*

Beste Tageszeit: Morgens, nach Sonnenaufgang und abends, vor Sonnenuntergang

Beste Jahreszeit: Frühjahr und Herbst, Felsenglühen im April

Anfahrt: Verlassen Sie Eppenbrunn auf der L478 in Richtung Schöntal und biegen Sie nach ca. 350 Meter rechts in einen asphaltierten Weg ab. Diesem folgen Sie und biegen nach 100 Meter noch einmal rechts ab. Jetzt sind es noch ca. 500 Meter bis zum großen Wanderparkplatz am Spießweiher. Vom Parkplatz aus geht ein ebener, breiter und gut befestigter Weg in ca. 25 Minuten bis fast an die Felsen – nur die letzten 200 Meter führen über einen schmalen, verwurzelten Pfad.

Koordinaten Parkplatz: 49.106923, 7.560771

Koordinaten Location: 49.104218, 7.539598

Entfernung Parkplatz: ca. 25 Minuten Gehzeit

Parkplatz

Location

◀ Der Klassiker: Felsenglühen an den Altschlossfelsen.
Canon EOS 5D · 170 mm · f/18 · 3.2 s · ISO 100
(Michael Lauer)

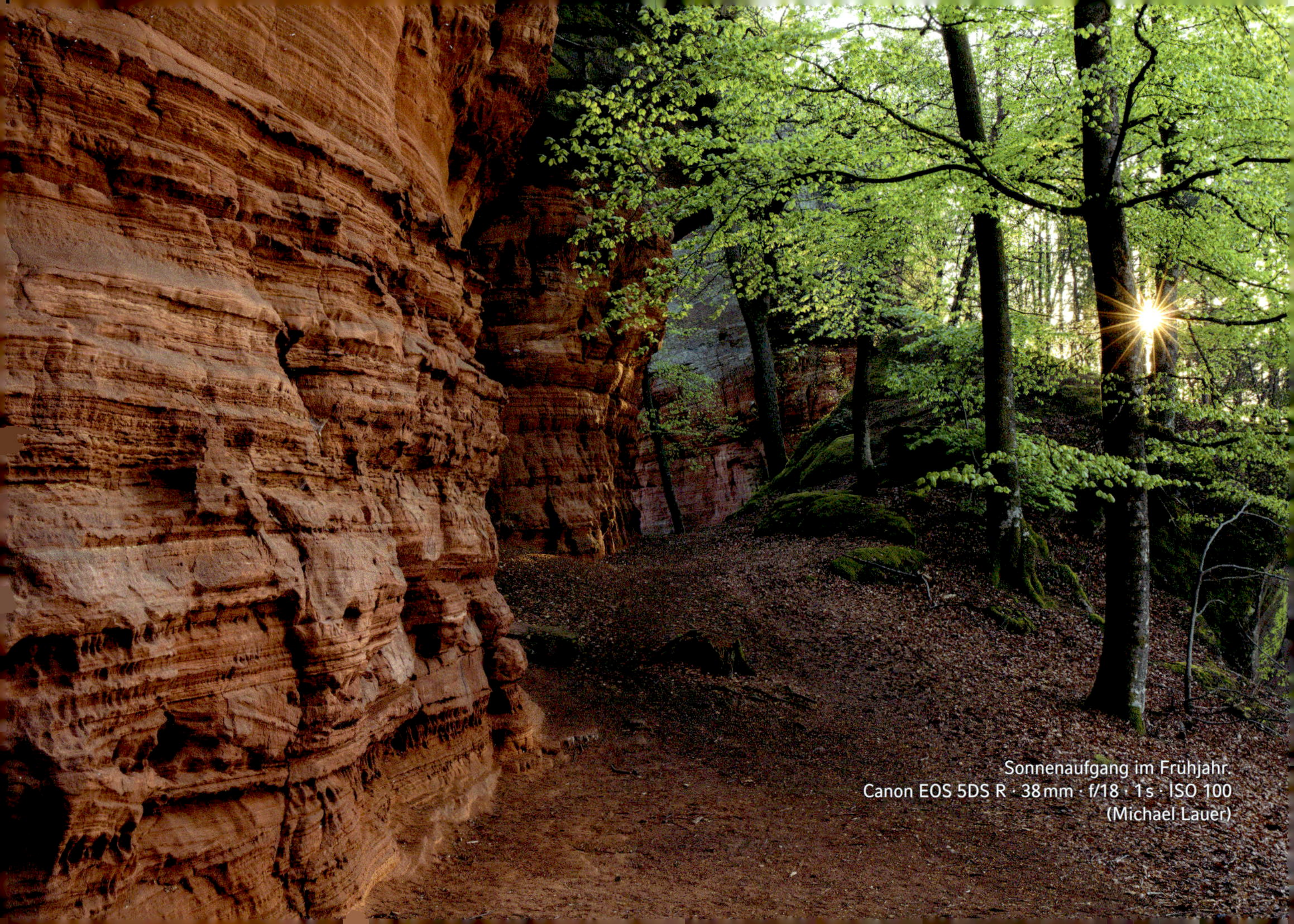

Sonnenaufgang im Frühjahr.
Canon EOS 5DS R · 38 mm · f/18 · 1 s · ISO 100
(Michael Lauer)

Ein Buntsandsteinmassiv von 30 Meter Höhe und ca. 1,5 km Länge, immer wieder durchbrochen von Spalten, Löchern und Durchgängen zwischen den Felsen, Flechten und Moose an den Felsen und drum herum der Wald: Fertig ist der Abenteuerspielplatz für Fotografen direkt an der deutschfranzösischen Grenze.

FELSENGLÜHEN – DAS AUSHÄNGESCHILD DER ALTSCHLOSSFELSEN

Jedes Jahr im April lockt eine besondere Lichtsituation zahlreiche Fotografen an eine bestimmte Stelle der Altschlossfelsen: Am dritten Felsblock wird das Licht der untergehenden Sonne von den Felswänden auf eine Felssäule reflektiert. Schaut man von der gegenüberliegenden, der Sonne abgewandten Seite des Felsens durch einen Felsspalt auf diese Säule, so sieht es aus, als würde der Fels glühen.

Voraussetzung für ein Glühen ist, dass die tiefstehende Sonne möglichst ungehindert auf den Felsen scheint. Ideal dafür ist ein möglichst wolkenloser Himmel aus der Richtung, aus der die Sonne scheint. Das intensivste Glühen habe ich bisher erlebt, nachdem es den ganzen Tag geregnet hatte und erst kurz vor Sonnenuntergang die Wolkendecke aufriss. Die Luft war zu diesem Zeitpunkt unglaublich klar und entsprechend intensiv war das Glühen. Das Schauspiel startet ab Anfang April und endet, wenn das Laub der Bäume dichter wird und die untergehende Sonne nicht mehr direkt auf den Felsen trifft.

Das typische Bild vom Abendglühen bietet sich von einem kleinen Hang aus, ca. 10 Meter entfernt vom Felsen und mit einer Brennweite zwischen 85 mm und 170 mm (ideal ist hier ein Zoom im Bereich 70–200 mm).

Die exakte optische Ausrichtung der Felssäule im Felsspalt ist hier wichtig. Nur ein kleiner Bereich bietet die dazu notwendige optimale Position – wenn mehrere Fotografen gleichzeitig am Werk sind, muss man kooperieren und sich abwechseln. Mit einem starken

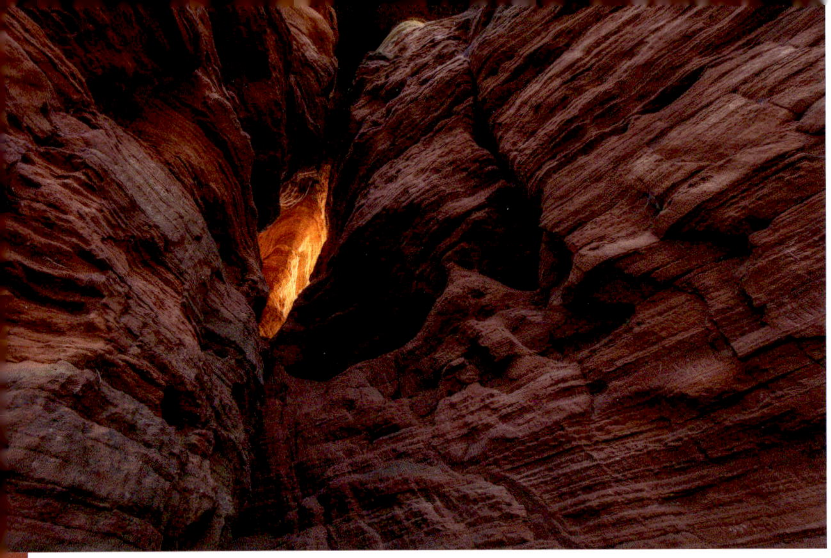

Das Spiel mit der Sonne, die durch Spalten im Fels leuchtet, funktioniert auch an vielen anderen Stellen entlang des Sandsteinmassivs zu ganz unterschiedlichen Jahreszeiten. Darüber hinaus sind natürlich auch die Felsen selbst ein Motiv, besonders im Kontrast mit frischem, grünem Laub.

Auch ein Besuch am frühen Morgen hält eine Fülle von neuen Motiven bereit und an bedeckten Tagen sind Nahaufnahmen von Details wie Verwitterungen, Moosen und Flechten eine Option.

▲ Bodennahe Weitwinkelaufnahme am bekannten Fotospot. Canon EOS 5DS R · 38 mm · f/18 · 1 s · ISO 100 (Michael Lauer)

Weitwinkel bietet sich ebenfalls ein interessantes Motiv vom Fuß des Felsens. Mir persönlich gefällt diese Perspektive sogar noch besser als die klassische Ansicht.

VIEL MEHR ALS NUR DAS FELSENGLÜHEN

Neben dem Felsenglühen warten zahllose weitere Motive an den Altschlossfelsen nur darauf, entdeckt zu werden.

ZEITEN

Für das Felsenglühen liegt das Zeitfenster in etwa von Anfang bis Ende April (abhängig vom Laub). Sonst bieten die Felsen ganzjährig viele Motive. Das Abendglühen findet ab ca. eine Stunde vor Sonnenuntergang statt. Am Morgen findet man in dieser Zeit ab ca. halb neun sehr spannende Lichtkonstellationen.

BRENNWEITEN

Für das Motiv vom Glühen: 70–200-mm-Zoom oder alternativ ein starkes Weitwinkel (ca. 16 mm). Darüber hinaus bieten die Altschlossfelsen ganzjährig Motive für Brennweiten vom Weitwinkel- bis zum Teleobjektiv.

PLATZVERHÄLTNISSE

Am Fotospot für das Glühen kann es im April schon mal eng werden. Bei mehr als drei Fotografen muss man sich hier gut abstimmen. Abgesehen davon gibt es an den Altschlossfelsen keine besonderen »Engstellen«. Auch größere Gruppen verteilen sich hier meist sehr gut.

NATURSCHUTZ

Regelmäßig im Frühjahr ist ein Teil der Altschlossfelsen zum Schutz der Vogelbrut gesperrt. Dieser Bereich ist oft nahe der beliebten Stelle, an der das Felsenglühen beobachtet werden kann. Die Ausschilderung ist deutlich und es gibt keinen Grund, sie nicht zu beachten.

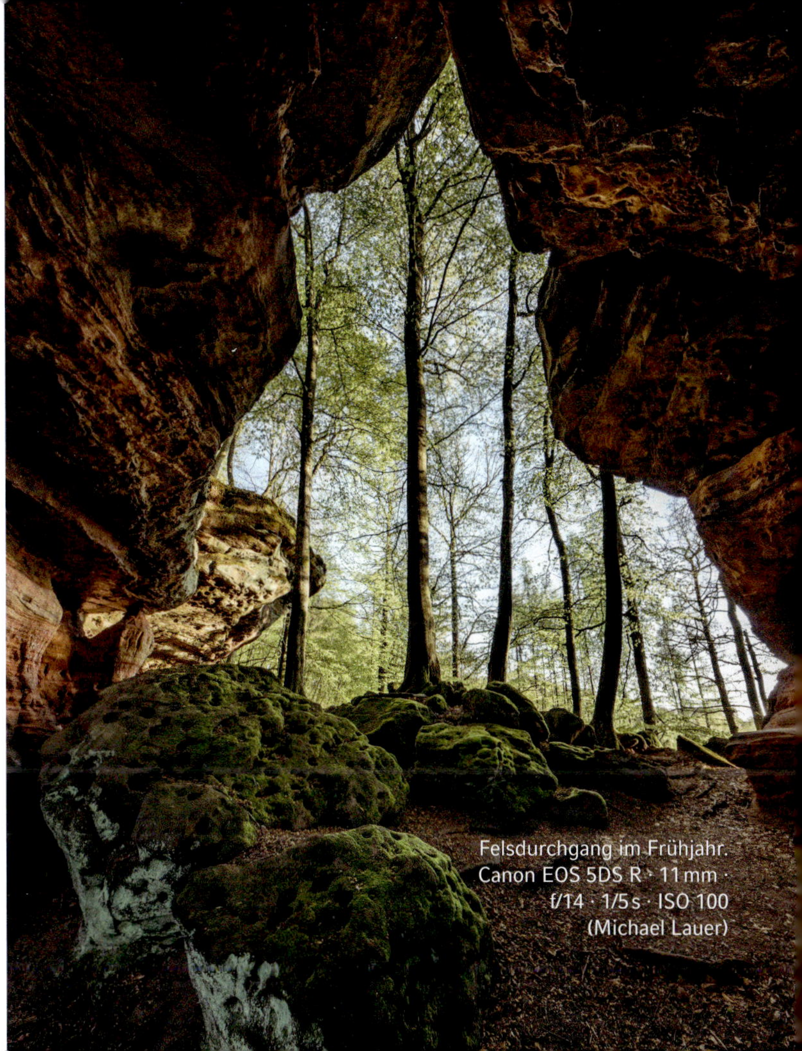

Felsdurchgang im Frühjahr. Canon EOS 5DS R · 11 mm · f/14 · 1/5 s · ISO 100 (Michael Lauer)

Parkplatz

Location

2 WEGELNBURG *(MICHAEL)*

Beste Tageszeit: Sonnenaufgang
Beste Jahreszeit: Frühjahr und Herbst
Anfahrt: Nothweiler ist der Startpunkt für den Aufstieg zur Wegelnburg. Der Wanderparkplatz befindet sich etwas versteckt, wenige Meter oberhalb von Nothweiler, gleich am Waldrand. Dazu biegt man in der Ortsmitte auf die Graf-Zeppelin-Straße ab und folgt dieser bis in den Wald. Gleich am Waldeingang macht die Straße einen scharfen Rechtsknick und mündet auf den Parkplatz.

Ein gleichmäßiger Aufstieg von ca. 2,2 km Länge führt unterhalb der Burg vorbei und dann in einem letzten Anstieg zurück zur Burg. Dieser letzte Anstieg führt durch einen Buchenwald, der gerade im Herbst oft eine sehr schöne Laubfärbung zeigt. Die Gehzeit vom Parkplatz bis zum Fuß der Burg beträgt ungefähr 50 Minuten. Die Wege sind gut zu laufen.

Von der Wegelnburg aus erreicht man in kurzer Zeit auch die beiden benachbarten Burgen auf der französischen Seite, die Ruine Hohenburg und die Ruine Burg Löwenstein. Beide sind mit ihrem Motivangebot eine sehr schöne Ergänzung zur Wegelnburg.

Koordinaten Parkplatz: 49.070397, 7.793088
Koordinaten Location: 49.061401, 7.787144
Entfernung Parkplatz: ca. 50 Minuten Gehzeit

◀ Tagesanbruch mit Sichelmond. Canon EOS 5D III · 70 mm · f/11 · 1/2 s · ISO 200 (Michael Lauer)

Der Landschaftsfotograf Ansel Adams soll einmal auf die Frage, wie er einem Besucher die Schönheit der Sierra Nevada am besten zeigen kann, geantwortet haben: »Ich führe ihn in einer mondlosen Nacht noch vor Tagesanbruch hinauf auf den Glacier Point und wenn es hell wird, breitet sich vor ihm die Landschaft in all ihrer Schönheit aus«. Würde man mir diese Frage, übertragen auf die Pfalz, stellen, so wäre meine spontane Antwort: »Die Wegelnburg bei Tagesanbruch!«.

DER BLICK NACH NORDOST – DIE HÜGEL DER PFALZ

Die Wegelnburg ist der Balkon der Pfalz. Mit ihrer Lage auf 544 Meter Höhe ist sie die am höchsten gelegene Burg in der Pfalz. Von ihrem Nordende aus bietet sie einen grandiosen Überblick über die Hügel des Pfälzerwaldes bis hin zur Rheinebene. Die Staffelung der Hügelketten findet man so kein zweites Mal in der Pfalz und wer genau hinschaut, wird die eine oder andere bekannte Burg auf einem der Hügel entdecken.

Perfekt wird diese Szenerie, wenn sich Nebel in den Tälern gesammelt hat und der Himmel zum Tagesanbruch zu leuchten beginnt. Dabei ist vor Sonnenaufgang, wenn der Himmel bereits leuchtet, der Platz ganz vorne an der Burgmauer meine erste Wahl. Mit Brennweiten vom leichten Weitwinkel bis zum mittleren Tele entstehen hier Aufnahmen, die sowohl die Staffelung der Hügel betonen als auch die Weite der Landschaft zeigen.

DAS ERSTE LICHT TRIFFT DIE BURG

Ist der Horizont in Richtung Sonnenaufgang wolkenlos oder nur leicht bewölkt, sollten sie rechtzeitig zum mittleren Teil der Burg zurückgehen – zu der Stelle, an der die Treppe auf das obere Plateau trifft. Die Sandsteinmauern der Burg leuchten regelrecht auf, wenn die ersten Sonnentrahlen direkt darauf treffen. Brennweiten im (leichten) Weitwinkelbereich sind hier eine gute Wahl.

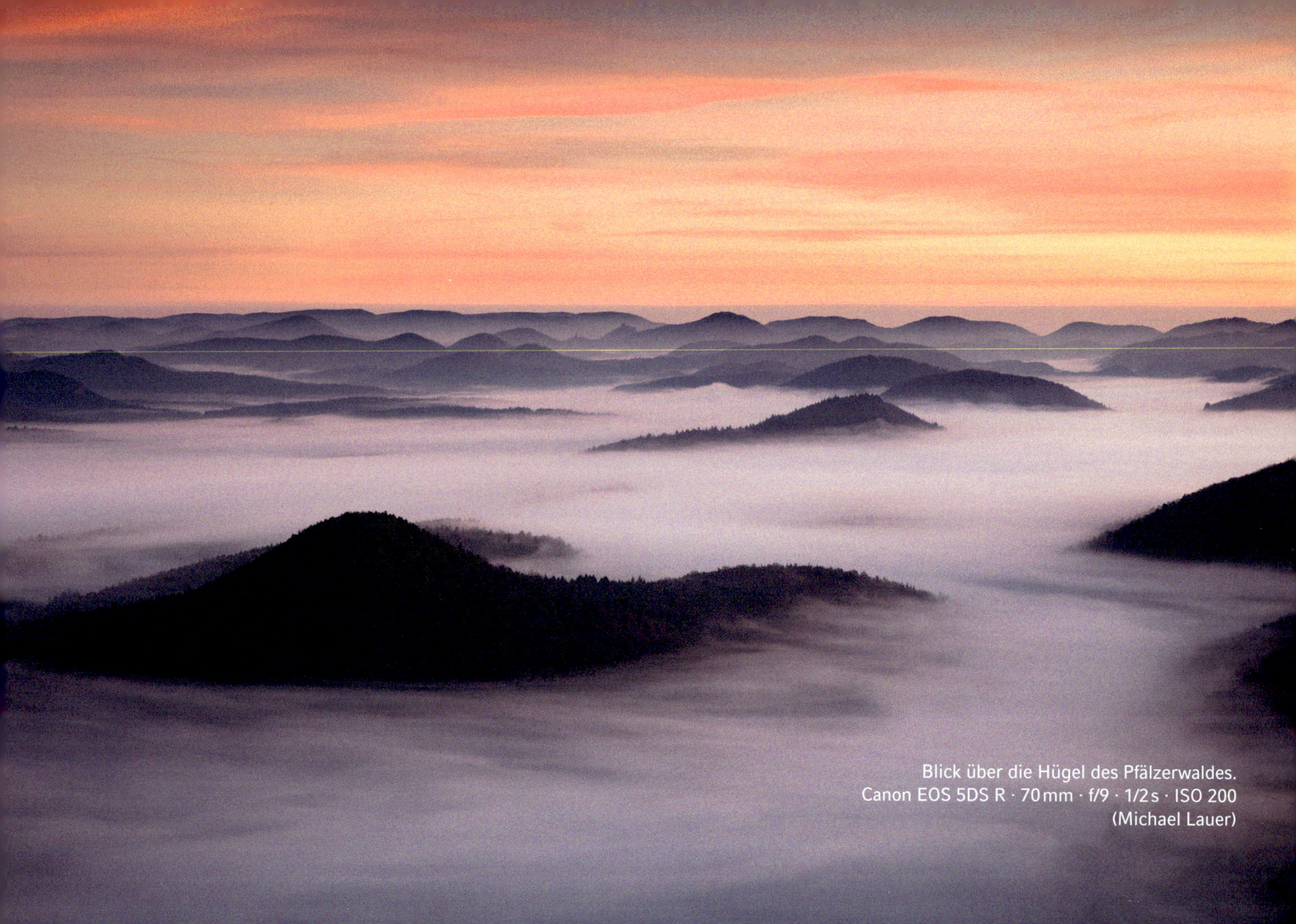

Blick über die Hügel des Pfälzerwaldes.
Canon EOS 5DS R · 70 mm · f/9 · 1/2 s · ISO 200
(Michael Lauer)

DER BLICK NACH SÜDOSTEN – NEBEL UND WALD IN FRANKREICH

Wie das oft so ist mit einem Balkon: Man sieht auch zum Nachbarn rüber. So ist das auch bei der Wegelnburg. Die Lage der Burg, nur wenige hundert Meter von der Grenze zu Frankreich entfernt, bietet einen Blick hinüber in die angrenzenden Waldgebiete auf französischer Seite. Bei klarem Wetter reicht der Blick bis zu den weit entfernten Gipfeln der Vogesen, die sich knapp über dem Wald am Horizont abzeichnen. Fotografisch besonders spannend wird es aber gleich unterhalb der Burg: Wenn der Nebel den Wald und das Tal um den Litschhof gefüllt hat, findet man hier die besten Bedingungen für Nebelaufnahmen. Es dauert zunächst ein paar Minuten, bis nach dem Sonnenaufgang direktes Licht in den Wald auf der französischen Seite unterhalb der Burg trifft. Diese Zeit sollte man nutzen, um zum Südende auf die höchste Ebene der Burg zu gehen, das Weitwinkelobjektiv gegen das Teleobjektiv zu tauschen und die Kamera in Richtung Tal zu positionieren. Sobald die Sonne in den Nebel trifft, kommt Bewegung in die Sache und die Motive verändern sich recht schnell. Es bildet sich eine Strömung im Nebel, die wie ein Fluss wirkt, der durch die Wälder und das Tal fließt. Ein Zoomobjektiv, das den Bildbereich von 200–400 mm abdeckt, ist ideal, um auf die sehr dynamische Veränderung der Motive reagieren zu können.

ZEITEN

Die Wegelnburg ist eine klassische Morgenlocation. Die beste Zeit ist ca. eine Stunde vor Sonnenaufgang (Morgendämmerung) bis ca. eine Stunde nach Sonnenaufgang für Aufnahmen vom Nebel im Tal auf französischer Seite.

Die Burg eignet sich das ganze Jahr als Aussichtspunkt, jedoch bieten sich das Frühjahr und der Herbst aufgrund der höheren Nebelwahrscheinlichkeit am ehesten für stimmungsvolle Bilder an.

BRENNWEITEN

30–100 mm sind gut geeignet für den Blick über die Hügel, mit leichtem Tele verdichtet sich die Perspektive nochmals und die Staffelung der Hügel wirkt besonders imposant.

150–400 mm sind meine Empfehlung für Ausschnitte aus dem Nebel im Tal um den Litschhof (F).

PLATZVERHÄLTNISSE

Die Wegelnburg bietet ausreichend Platz für Fotografen. Der Platz auf der Mauer des Nordbalkons ist besonders bei Instagrammern sehr beliebt. Rein vom Platz sind auf der Burg mehr als zehn Personen kein Problem. Mit etwas Rücksicht aufeinander und solange niemand die Mauer auf dem Nordbalkon belagert, kommt jeder zu seiner Aufnahme.

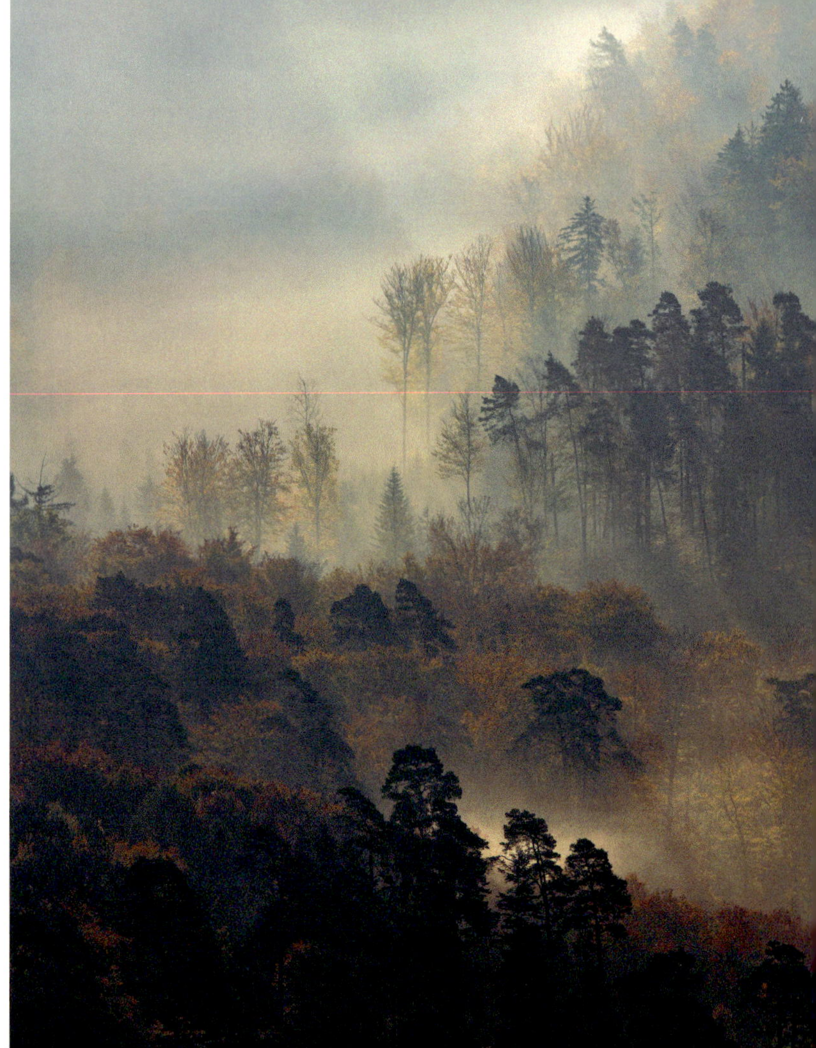

Hügelstaffelung im Tal um den Litschhof (F). ▶
Canon EOS 5DS R · 400 mm · f/20 · 1/60 s · ISO 100
(Michael Lauer)

3 HOHENBURG (F) *(MICHAEL)*

Beste Tageszeit: Sonnenuntergang
Beste Jahreszeit: Frühjahr und Herbst
Anfahrt: Ausgangspunkt ist entweder der gleiche Parkplatz, der auch für die Wegelnburg empfohlen wird (siehe Wegelnburg), oder aber die Wegelnburg selbst. Vom Parkplatz aus beträgt die Gehzeit ca. 50 Minuten auf gut zu laufenden Wegen. Von der Wegelnburg aus erreicht man die Hohenburg in ca. 15 Minuten.
Koordinaten Parkplatz: 49.070397, 7.793088 (identisch mit Parkplatz Wegelnburg)
Koordinaten Location: 449.055288, 7.783904
Entfernung Parkplatz: ca. 50 Minuten Gehzeit

Parkplatz

Location

In unmittelbarer Nähe zur Wegelnburg, aber bereits auf französischer Seite, liegt die Hohenburg. Von der Spitze der Burg bietet sich ein 360°-Rundumblick, der an klaren Tagen bis an die Höhen des Schwarzwaldes reicht.

ZEITEN

Während die Wegelnburg eine Morgenlocation ist und zum Sonnenuntergang wenig Spannendes zu bieten hat, ist das bei der Hohenburg genau umgekehrt. Die Hohenburg bietet am Abend einen grandiosen Blick über die Hügel der Vogesen hinweg in Richtung Sonnenuntergang. Dabei reichen die Bäume bis an die Burg heran. Das ergibt besonders im Herbst, wenn das Laub bunt gefärbt ist, ein schönes Motiv mit dem Blick über die Landschaft, in der sich diese Herbstfarben als Tupfen wiederholen.

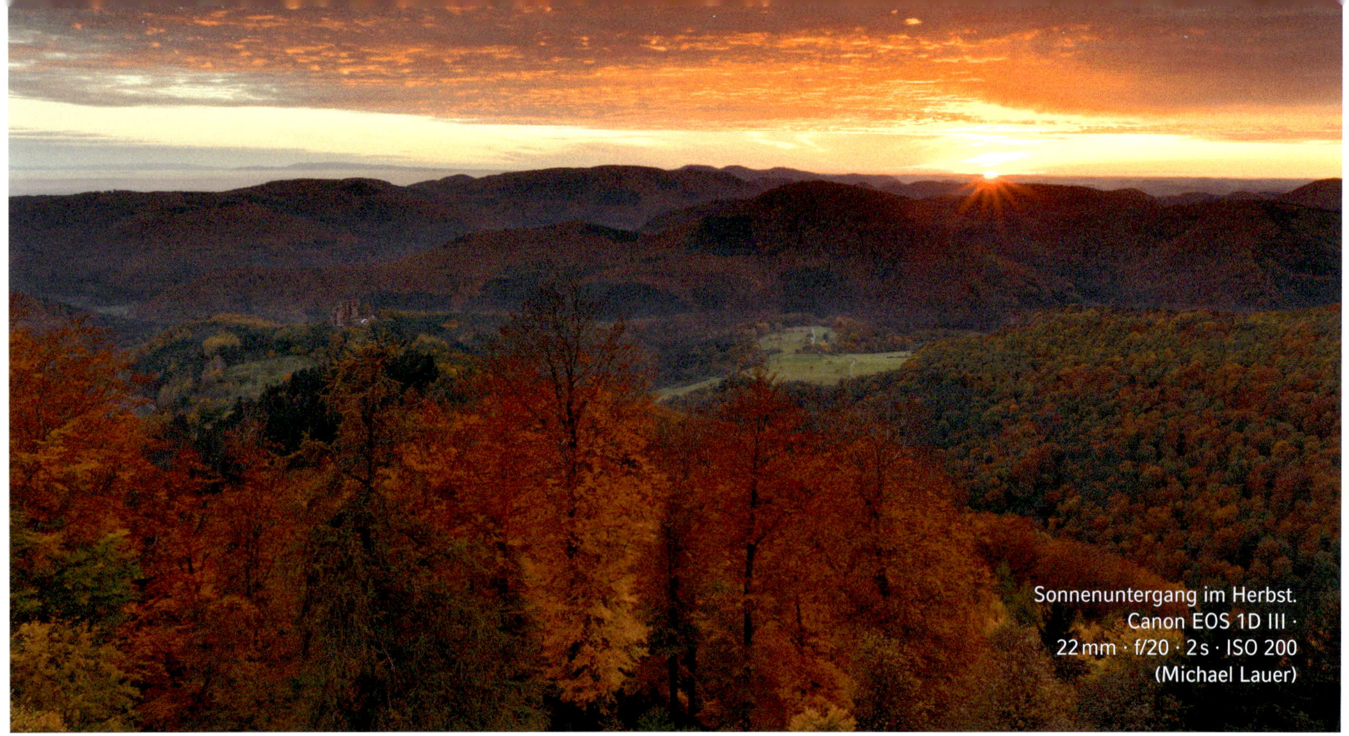

Sonnenuntergang im Herbst. Canon EOS 1D III · 22 mm · f/20 · 2 s · ISO 200 (Michael Lauer)

BRENNWEITEN

Auf der Hohenburg nutze ich gerne Weitwinkel-Brennweiten, um die Bäume im Vordergrund zusammen mit der Landschaft abzubilden.

PLATZVERHÄLTNISSE

Auf der oberen Terrasse der Hohenburg können bis zu vier Fotografen gleichzeitig arbeiten, ohne sich dabei zu sehr in die Quere zu kommen.

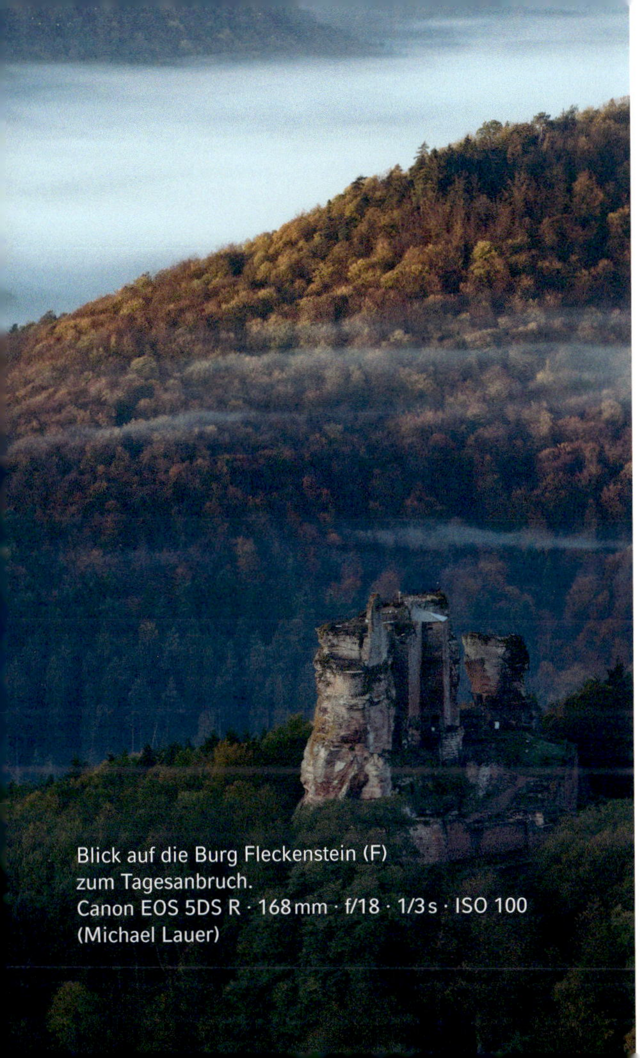

Blick auf die Burg Fleckenstein (F) zum Tagesanbruch.
Canon EOS 5DS R · 168 mm · f/18 · 1/3 s · ISO 100
(Michael Lauer)

4 BURG LÖWENSTEIN (F) *(MICHAEL)*

Beste Tageszeit: Sonnenaufgang
Beste Jahreszeit: Frühjahr und Herbst
Anfahrt: Ausgangspunkt ist entweder der gleiche Parkplatz, der auch für die Wegelnburg empfohlen wird (siehe Wegelnburg), oder aber die Wegelnburg selbst. Vom Parkplatz aus beträgt die Gehzeit ca. 55 Minuten auf gut zu laufenden Wegen. Von der Wegelnburg aus erreichen Sie die Hohenburg in ca. 20 Minuten.
Koordinaten Parkplatz: 49.070397, 7.793088 (identisch mit Parkplatz Wegelnburg)
Koordinaten Location: 449.053251, 7.786444
Entfernung Parkplatz: Ca. 55 Minuten Gehzeit

Parkplatz

Location

In unmittelbarer Nachbarschaft zur Hohenburg und ebenfalls auf französischer Seite liegt die Burgruine Löwenstein. Sie ist die dritte der Burgen bei Nothweiler. Fotografisch besonders interessant ist der fast senkrechte Blick hinab auf die Wälder beim Litschhof sowie der Blick nach Südwesten auf die Burgruine Fleckenstein (F) vor den bewaldeten Hügeln der Vogesen.

ZEITEN

Bei der Burg Löwenstein ist wieder der Morgen die bessere Wahl. Dann ist zunächst, besonders im Herbst, der Blick hinab in nebelgefüllte Wälder möglich, die von ersten Sonnenstrahlen durchdrungen werden. Am besten gefällt mir auf der Burg Löwenstein jedoch der Blick hinüber zur Ruine Fleckenstein, wenn diese im Herbstwald steht und Nebel an der Burg vorbeiziehen. Der beste Moment ist hier, wenn die ersten Sonnenstrahlen direkt auf die Burg treffen.

BRENNWEITEN

Sowohl für den Blick hinab ins Tal als auch auf die Ruine Fleckenstein sind Telebrennweiten die beste Wahl.

PLATZVERHÄLTNISSE

Bis zu vier Fotografen können sich auf der Burg Löwenstein gleichzeitig ihrem Motiv widmen, ohne dass es dabei zu besonderen Einschränkungen käme.

Nebel im Tal unterhalb der Burg Löwenstein. Canon EOS 1D III · 105 mm · f/13 · 1/80 s · ISO 200 (Michael Lauer)

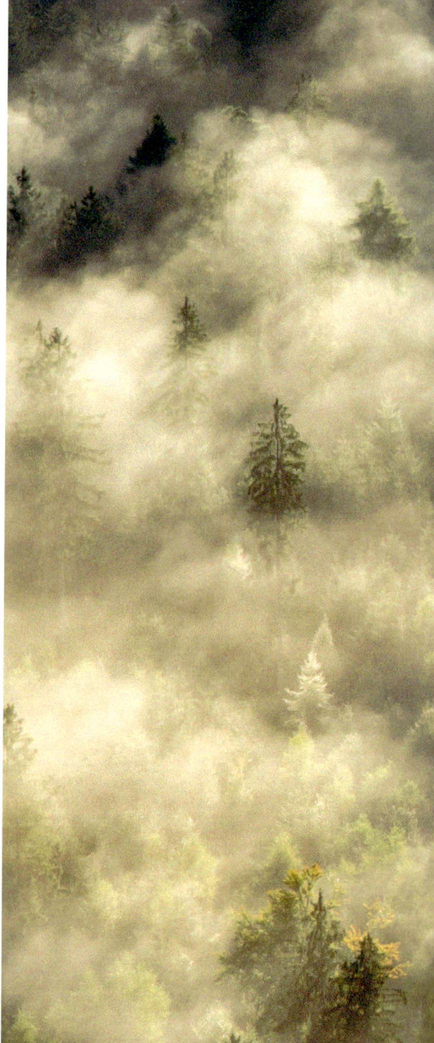

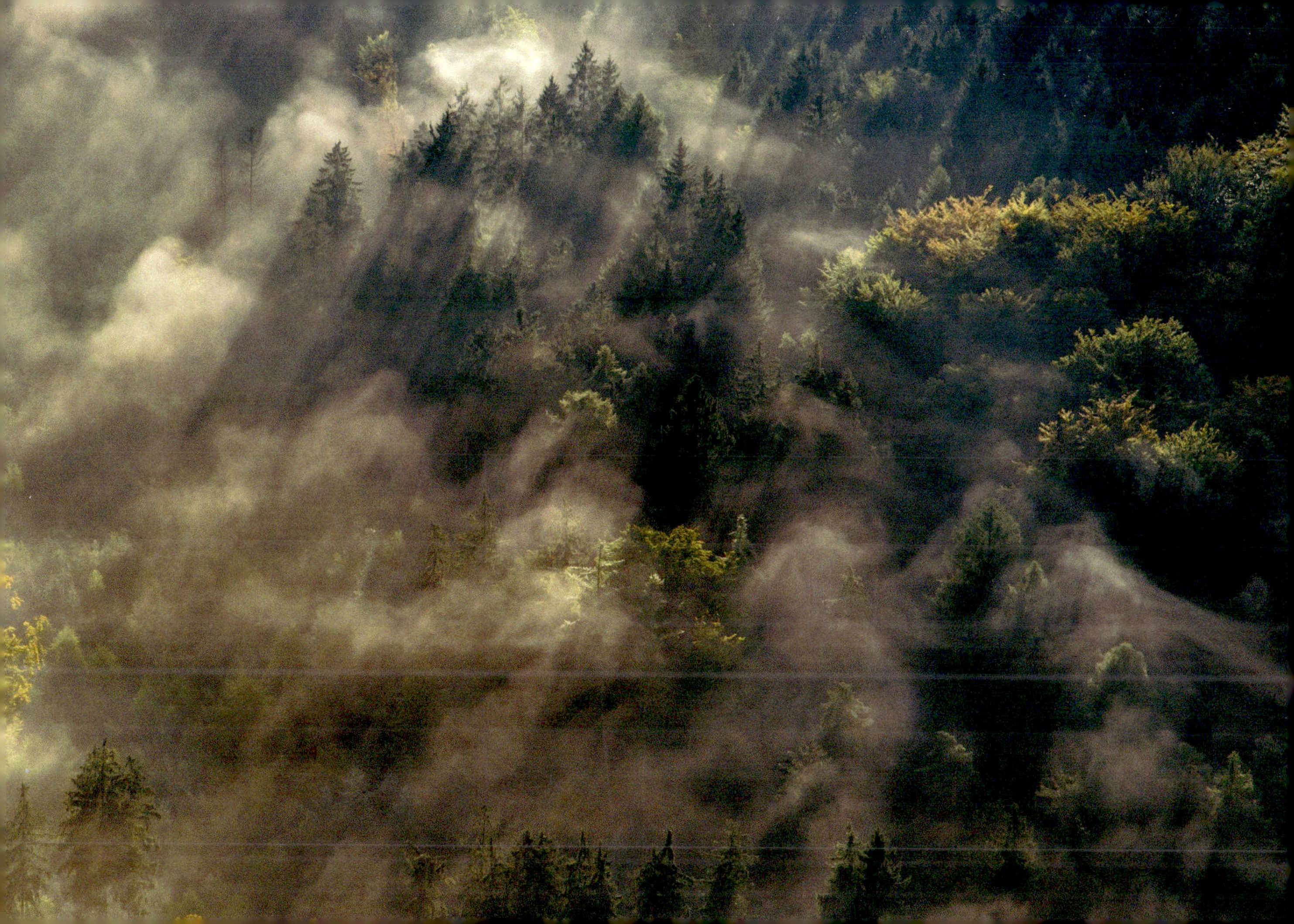

Exkurs Wälder fotografieren

Michael Lauer

Der Titel dieses Fotoscouts – »Pfälzerwald« – trägt es bereits im Namen: Wald ist hier (fast) immer Teil unserer Motive. Wenn wir über die Fotografie von Wald reden, sprechen wir im Wesentlichen über zwei Motivgebiete: Wald als (wesentlicher) Teil der Landschaft und die innere Landschaft des Waldes selbst. In den folgenden Abschnitten werde ich diese beiden Motivgebiete näher betrachten, erläutern, was die wesentlichen Merkmale von Bildern dieser Motive sind, eine Checkliste aufstellen und das wenige Equipment beschreiben, das für die Fotografie diese Motive notwendig ist.

DER WALD ALS TEIL DER LANDSCHAFT

Alle Elemente in einem Bild transportieren Information. Der Wald in einer Landschaft vermittelt (zu einem bestimmten Grad) den Eindruck von Natur, Wildnis und Ruhe.

Blick vom Buhlsteinpfeiler über die bewaldeten Hügel der Pfalz.
Canon EOS 5DS R · 40 mm · f/9 · 15 s · ISO 100
(Michael Lauer)

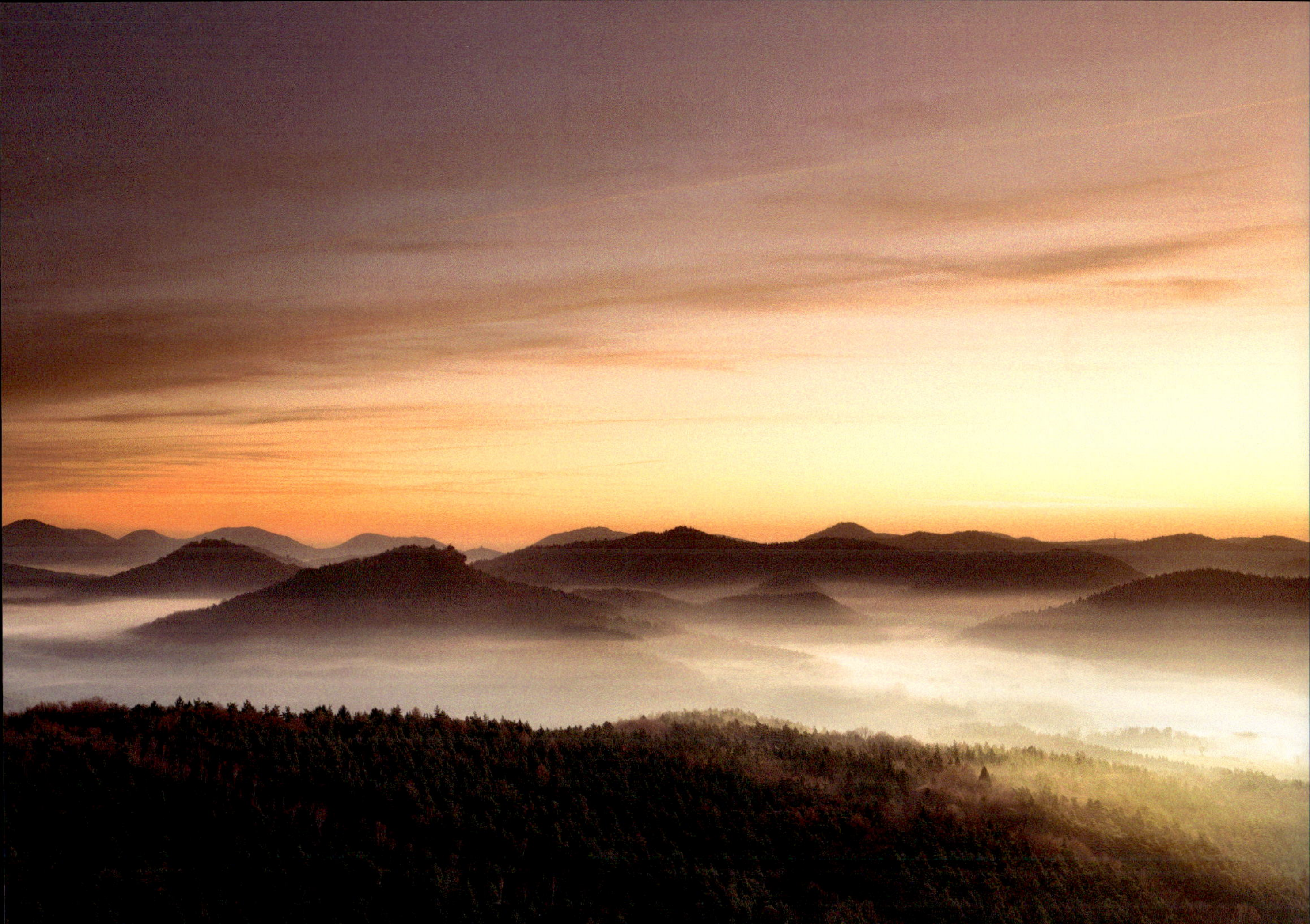

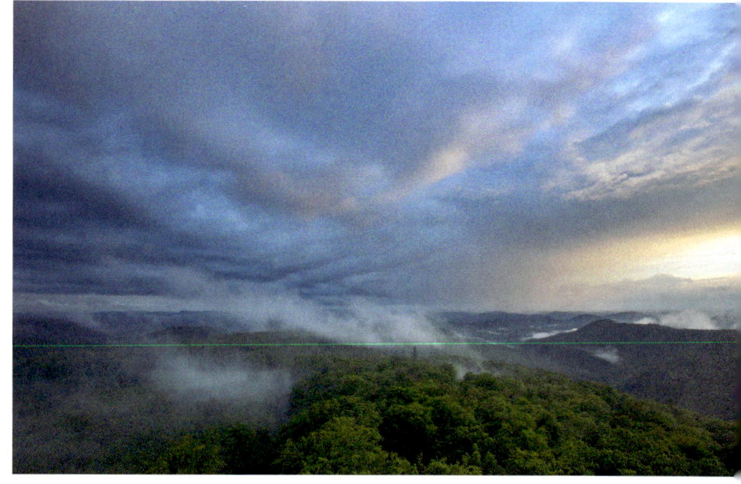

Aufsteigender Nebel nach einem Wetterwechsel am Luitpoldturm. Canon EOS R · 16 mm · f/13 · 1/10 s · ISO 160 (Michael Lauer)

Verstärkt wird das Ganze durch die Abwesenheit menschlicher Einflüsse, wie Siedlungen, Straßen, Strommasten etc. im Bild.

Aber was sind die typischen Zutaten, die ein Bild von einem Wald zu einem Hingucker machen? Was braucht es dabei über den Wald hinaus?

Licht: Das Licht formt die Landschaft für uns. Zu den Tagesrandzeiten finden wir gewöhnlich das beste Licht. Auch die Zeiten vor dem Sonnenaufgang oder dem Sonnenuntergang sollten Sie unbedingt nutzen. Im Pfälzerwald empfiehlt es sich, mindestens 45 Minuten vor Sonnenaufgang an der Location zu sein. Umgekehrt sollten Sie die Location zum Sonnenuntergang nicht verlassen, bevor es wirklich dunkel ist.

Ein abrupter Wechsel in den Wetterbedingungen, wie zum Beispiel das Aufreißen des Himmels, nachdem eine Regenfront durchgezogen ist, kann ebenfalls besondere Lichtbedingungen mit sich bringen.

Farbe (optional): Unser Gehirn zeigt uns beim Wort »Wald« sofort ein Bild von grünen Bäumen. Das ist das was wir automatisch mit dem Begriff »Wald« verbinden. Für uns ist das der Normalzustand und alles, was davon abweicht, erscheint uns ungewöhnlich und erregt zunächst einmal unsere Aufmerksamkeit. Machen Sie sich das zunutze! Eine (unerwartete) Farbe kann das Extra bei einem Bild und den Unterschied zwischen »Ok« und »Wow!« ausmachen. Genau das ist

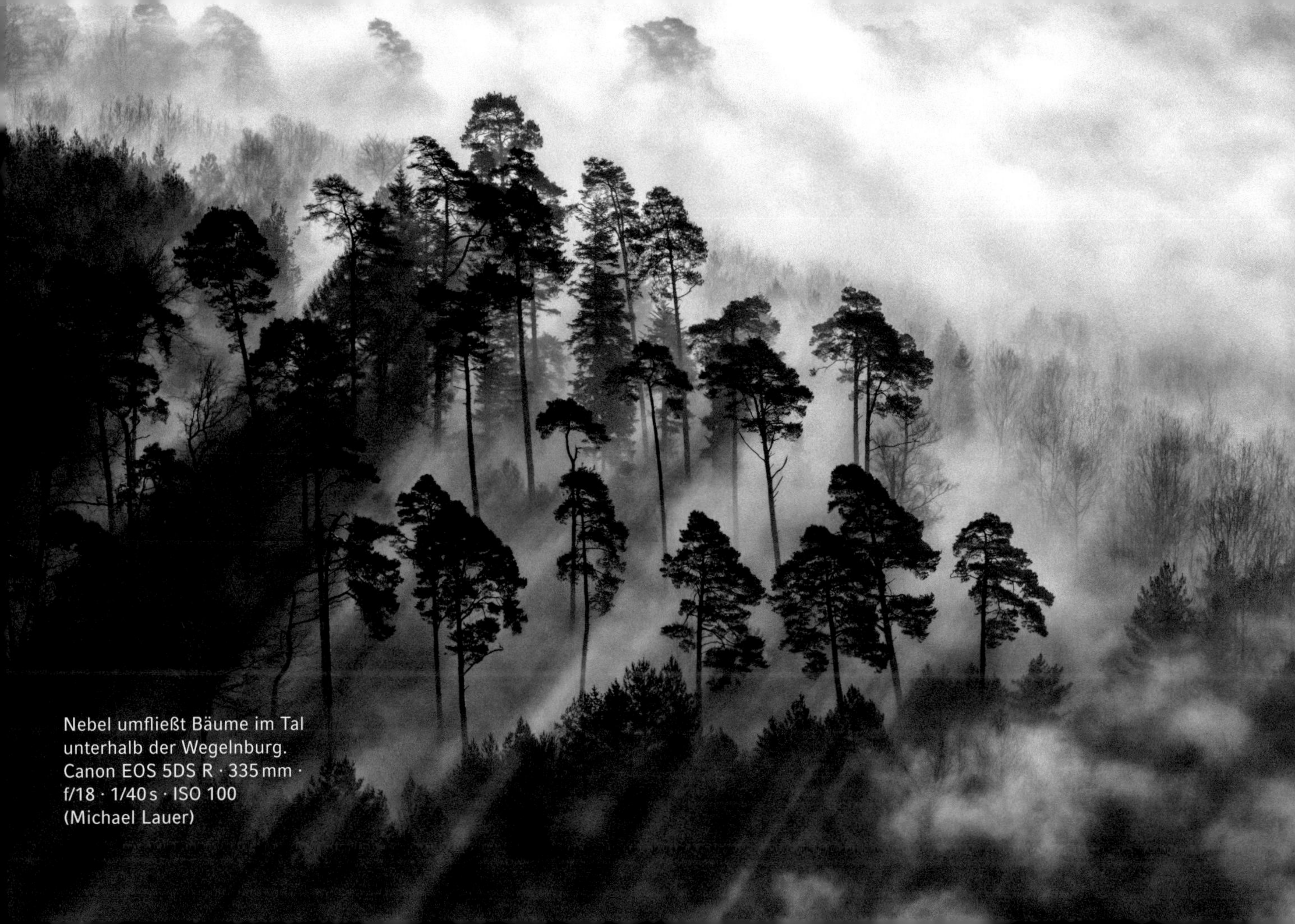

Nebel umfließt Bäume im Tal unterhalb der Wegelnburg.
Canon EOS 5DS R · 335 mm · f/18 · 1/40 s · ISO 100
(Michael Lauer)

Hügelstaffelung am Buhlsteinpfeiler.
Canon EOS 5DS R · 400 mm · f/25 · 1/5 s · ISO 100
(Michael Lauer)

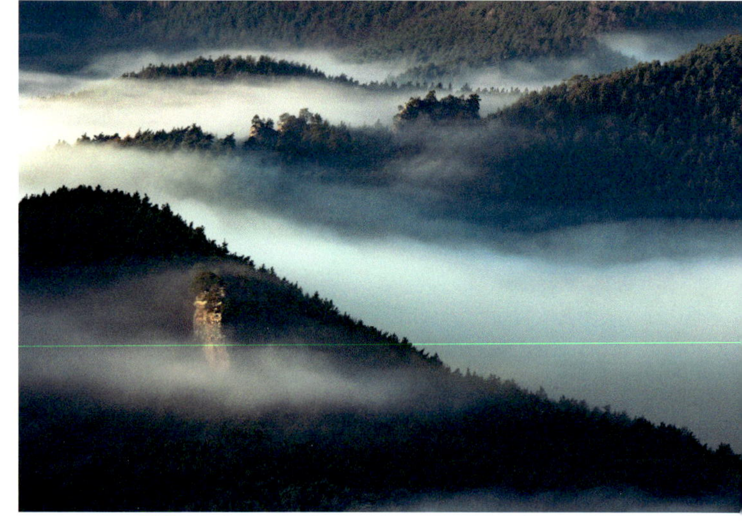

es übrigens auch, was beispielsweise bunt gefärbte Herbstwälder zum Eyecatcher macht.

Dennoch ist eine farbige Abbildung von Wäldern rein optional. Auch Schwarzweiß-Aufnahmen haben ihren Reiz und können viel stärker wirken als eine Farbaufnahme desselben Motivs.

Nebel und Wolken: Ein Sprichwort sagt, dass der Nebel der Atem der Wälder ist und die Wolken die Seele des Himmels sind. In einem Bild lässt Nebel die Landschaft mystisch wirken, während es die Wolken sind, die den Himmel erst betrachtenswert machen.

Elemente, die Tiefe geben: Als Fotografen stehen wir vor der Herausforderung, eine dreidimensionale Geschichte in einem zweidimensionalen Medium zu erzählen. Dabei geht zunächst die Information über die räumliche Tiefe verloren. Es gibt aber einige Hilfsmittel, die es uns erlauben, diesen Tiefeneindruck im Bild für den Betrachter wiederherzustellen:

- *Staffelungen von Elementen*, wie beispielsweise hintereinander liegende Hügelketten. Ein Teleobjektiv hilft hier die Staffelung optisch zu verdichten.
- *Führende Linien*, z. B. ein Bachlauf, die den Blick des Betrachters in die Tiefe führen.

Die *Betonung eines Elements im Vordergrund*, beispielsweise einer Wurzel auf einem Felsen.

Wichtig ist es, diese Aspekte zu kennen und bereits bei der Aufnahme zu berücksichtigen, da sie sich in der Nachbearbeitung nicht mehr umsetzen lassen.

DIE INNERE LANDSCHAFT DES WALDES – FOTOGRAFIE IM WALD

Mindestens so spannend, wie den Wald als Teil der Landschaft abzubilden, ist die Fotografie im Inneren des Waldes. Bei passenden Bedingungen zeigen die Wälder ihre ganze innere Magie.

Im Folgenden möchte ich auf die typischen Zutaten eingehen, die es braucht, um zu faszinierenden Aufnahmen im Inneren von Wäldern zu gelangen.

Das Licht im Wald: Mit Ausnahme greller Mittagssonne gibt es kein »schlechtes« Licht für die Fotografie im Wald. Dabei verändert sich das Motiv mit dem Licht. Ein bedeckter Himmel, Hochnebel oder sogar leichter Regen sind exzellent für das Fotografieren im Wald! Aber auch das Morgen- oder Abendlicht kann uns an einem klaren Tag wunderbare Motive schenken, wenn es im tiefen Winkel in den Wald hineinscheint.

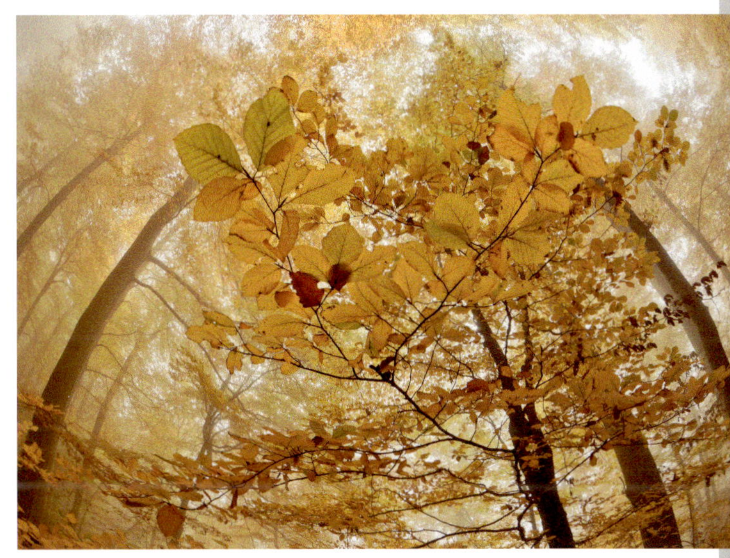

Herbstwald unterhalb der Wegelnburg.
Canon EOS 1D III · 12 mm · f/11 · 1/40 s · ISO 800
(Michael Lauer)

Bildwinkel: Verlassen sie bewusst die konventionellen Blickwinkel, die dem ähneln, was sie mit Ihren Augen sehen. Suchen sie stattdessen nach neuen Ansichten. Nehmen Sie beispielsweise eine bodennahe Perspektive ein oder blicken Sie mit der Kamera senkrecht nach oben in Richtung der Baumkronen. In den Location-Beschreibungen zum Donnersberg (ab Seite 119) und zur Wegelnburg (ab Seite 94) finden sie weitere Beispiele dafür.

Struktur: Unser räumliches Sehen sorgt dafür, dass wir das, was wir mit unseren Augen sehen, automatisch in die richtige räumliche Relation zueinander setzen. Auf einem Bild fehlen diese Informationen und die Objekte wirken wie willkürlich übereinandergelegt. Oft ist man dann enttäuscht vom fertigen Bild, weil die Aufnahme aus dem Wald chaotisch und wenig bedacht wirkt: Äste ragen kreuz und quer, versperren den Blick und auf dem Waldboden findet das Auge des Betrachters ebenfalls keine Ruhe. Hier gelten ähnliche Hinweise, wie ich sie weiter oben zur Tiefenwirkung gegeben habe. Zusätzlich gilt hier der Rat, bei der Motivwahl auf einen möglichst homogenen Waldboden zu achten. Das können beispielsweise Farne sein, im Frühjahr ein Bärlauchteppich oder im Winter ein schneebedeckter Waldboden.

Bärlauch bedeckt den Waldboden im Bienwald bei Kandel.
Canon EOS R · 13 mm · f/11 · 2 s · ISO 160
(Michael Lauer)

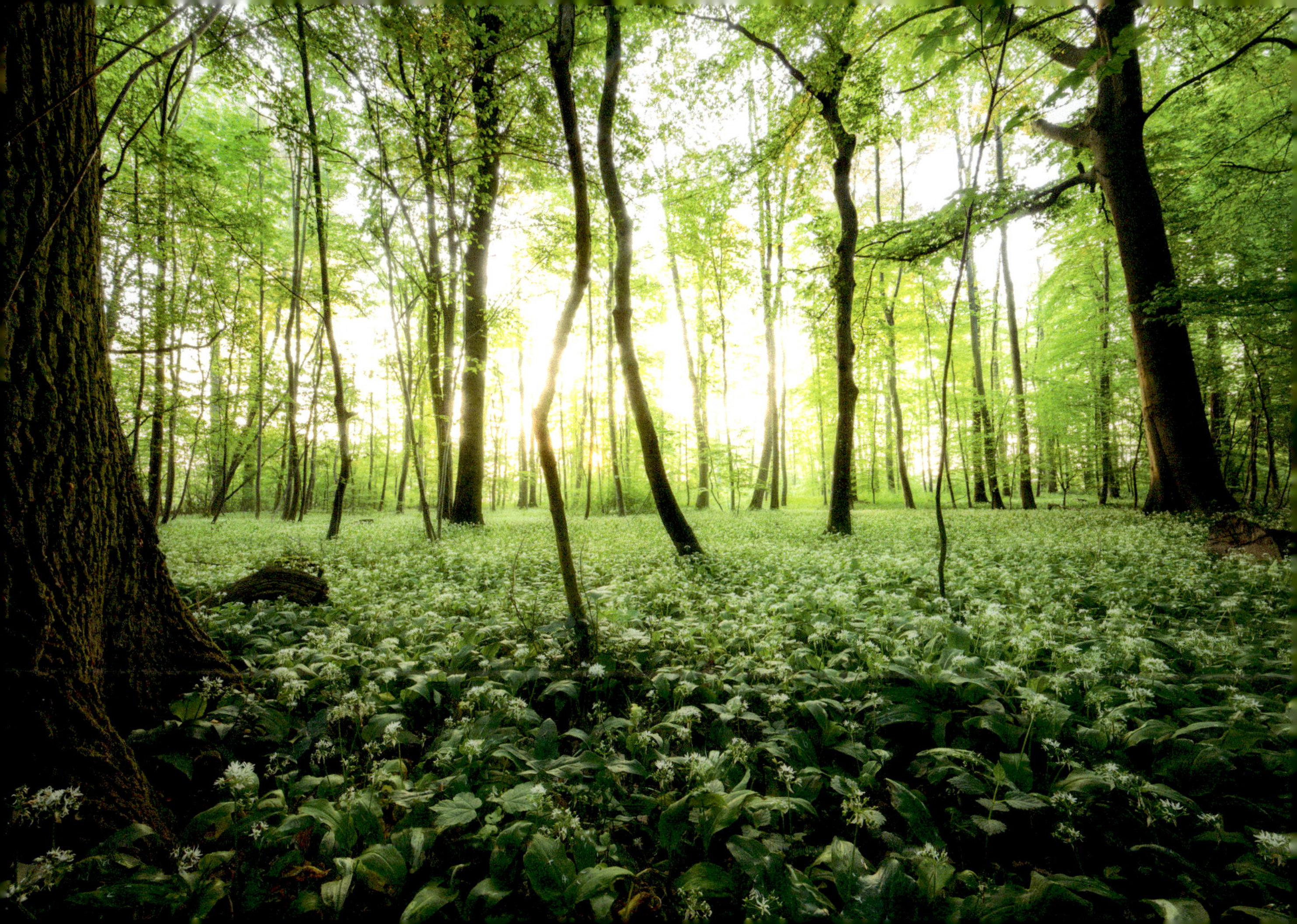

NEBEL UND NÄSSE

Nebel im Wald ist praktisch ein Garant für außergewöhnliche Aufnahmen. Er schafft eine mystische Stimmung und blendet sanft den Hintergrund aus. Dabei wird der Blick auf die Elemente im Vordergrund gelenkt. Gleichzeitig wirkt der Nebel wie eine große Softbox. Das Licht wird weich, verliert seine harten Schatten und lädt dazu ein, sich den Details zu widmen. Und wenn Sonnenlicht durch den Nebel fällt, bilden sich magische Strahlen.

TIPP

Am besten gelingen diese Strahlen, wenn das Zentrum der Lichtquelle (in diesem Fall die Sonne) verdeckt wird, zum Beispiel von einem Baum.

Gerade im Frühjahr, wenn das Grün der Blätter besonders saftig ist, lohnt es sich direkt nach oder auch bei Regen im Wald zu fotografieren. Nutzt man dabei einen Polfilter, beginnt das nasse, grüne Laub regelrecht zu leuchten.

ALLGEMEINE TIPPS FÜR WALDAUFNAHMEN

Wetter und Licht lassen sich in der Landschaftsfotografie nicht beeinflussen und gerade das macht den Reiz aus. Wir können uns aber vorbereiten, damit wir das Wetter und das Licht in der jeweiligen Situation optimal nutzen können. Die wesentlichen Punkte in der Vorbereitung der Landschaftsfotografie sind:

Kennen Sie die Location: Wenn man eine Location zum Sonnenaufgang besuchen will, ist es wichtig und vor allem auch eine Frage der Sicherheit, dass man vertraut ist mit dem Weg zur Location und den Gegebenheiten,

Abendsonne fällt durch den verschneiten Winterwald unterhalb des Luitpoldturms.
Canon EOS 5D III · 200 mm · f/18 · 1/15 s · ISO 400
(Michael Lauer)

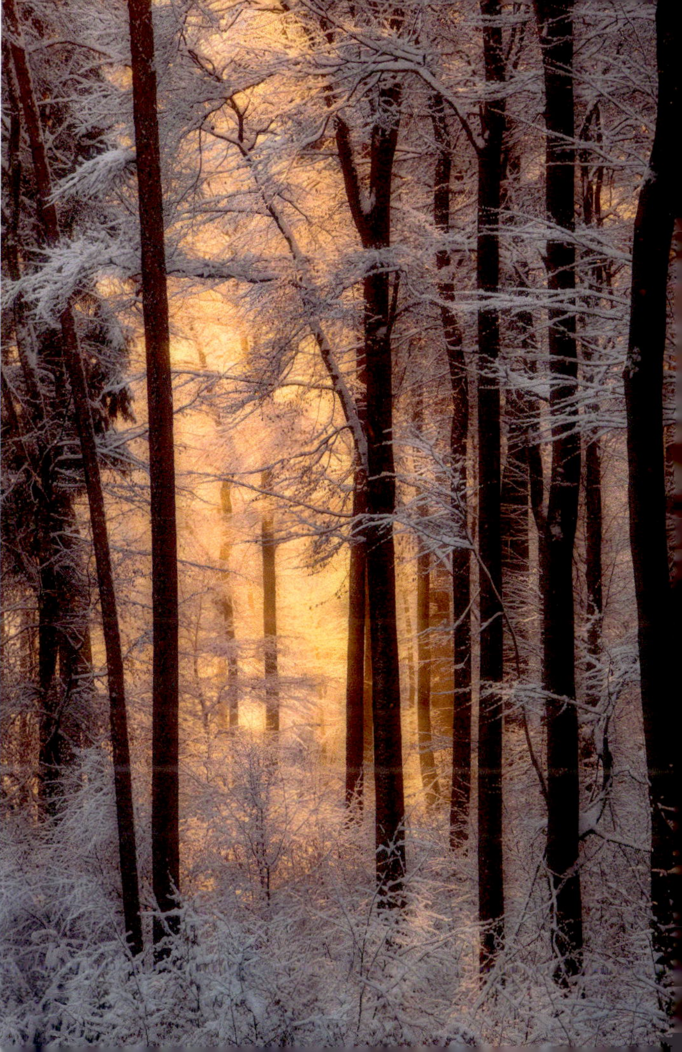

die man an der Location selbst vorfindet. Viele Aussichtspunkte im Pfälzerwald sind einfach nur Felsvorsprünge, die nicht durch ein Geländer gesichert sind. Wer im Dunkeln zum ersten Mal an so einer Location ankommt, geht ein sehr hohes Risiko ein, das er unter Umständen mit seinem Leben bezahlt.

Überprüfen Sie den Stand von Sonne, Mond und Sternen: Nutzen Sie Planungswerkzeuge, um den richtigen Zeitpunkt für Ihren Besuch der Location zu bestimmen. Apps wie beispielsweise »The Photographers Ephemeris« oder »PhotoPills« sind wichtig, um die Aufnahme entsprechend zu planen. Es geht dabei nicht immer darum, den Tag im Jahr zu ermitteln, an dem die Sonne genau durch einen Spalt im Felsen scheint. Die Information, welchen Lauf die Sonne an einer Location den Tag über nimmt, hilft ebenfalls bei der Entscheidung für oder gegen diese Location.

Lernen Sie, das Wetter für die Location zu »lesen«: Nahezu jede Location hat eine Art von Wettermuster, auf Basis dessen man die Wetterbedingungen zu einem gewissen Grad vorhersagen kann. Dies ist eine gute Ergänzung zu den verfügbaren regionalen Wettervorhersagen. Beobachten Sie das Wetter an Ihrer Location, um diese Muster zu erkennen und für sich zu nutzen.

Geduld ist der Schlüssel zum Erfolg – besuchen Sie ihre Location mehrmals: Jedes Mal, wenn sie eine Location besuchen, wird die Szenerie anders aussehen als bei Ihrem letzten Besuch. Unterschiede in der Vegetation, Unterschiede im Sonnenstand, Unterschiede im Grad der Bewölkung sind nur einige Gründe dafür. Ein

Herbstnebel staut sich an einer Hügelflanke am Luitpoldturm.
Canon EOS 5DS R · 370 m · f/18 · 1/15 s · ISO 200
(Michael Lauer)

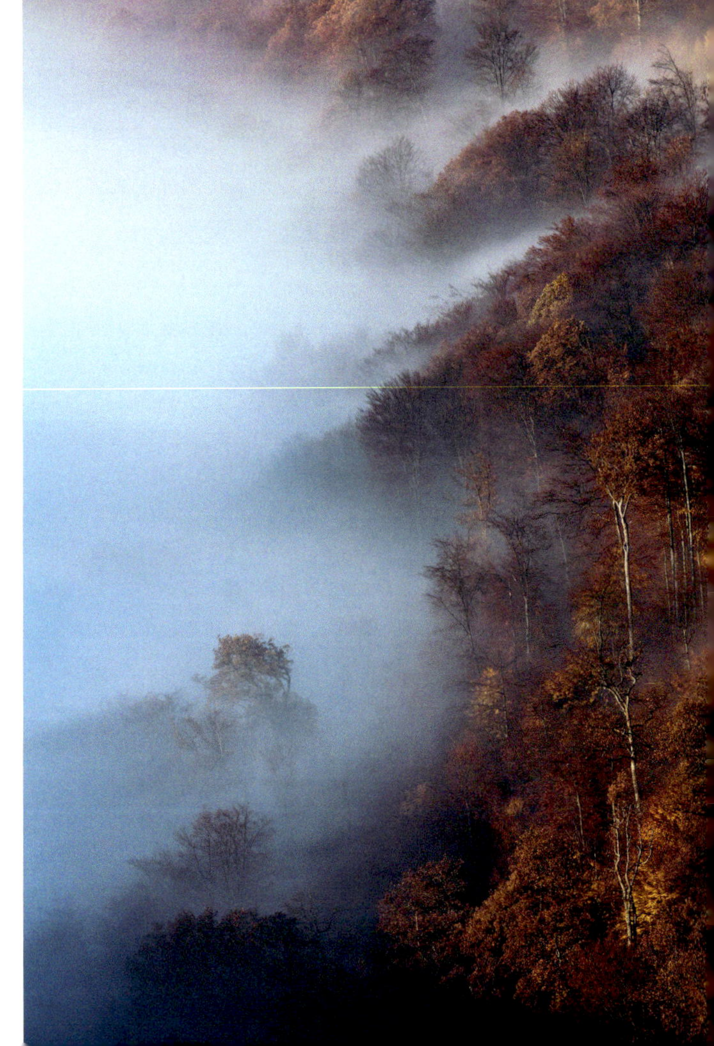

Bachlauf im Wald wird nach einem ergiebigen Regen ganz andere Motive bieten als während einer Trockenperiode. Geduld ist hier stets Ihr Schlüssel, um zum gewünschten Bild zu gelangen.

NOTWENDIGES EQUIPMENT

Ein stabiles Stativ: Besonders bei Aufnahmen, die zu den Tagesrandzeiten entstehen, können die Belichtungszeiten sehr schnell viel zu lang werden, um vernünftig aus der Hand zu fotografieren. Ein Stativ erleichtert zudem den Einsatz eines Grauverlaufsfilters.

Kabelauslöser/Fernauslöser: Vermeiden Sie Verwackler an der Kamera, indem sie den Auslöser über eine Fernbedienung (Kabel, Infrarot, WLAN) betätigen.

Polfilter: Gerade beim Arbeiten mit längeren Brennweiten kann ein Polfilter sehr hilfreich sein, wenn es darum geht, den Dunst in der Luft ein wenig zu reduzieren. Das hängt vom Winkel zum Licht ab und funktioniert nicht unter allen Bedingungen, aber es ist einen Versuch wert. Beim Arbeiten mit Weitwinkelobjektiven sollte man vorsichtig mit dem Einsatz eines Polfilters sein. Es kann zu einer unschönen Teil-Polarisation – also Abdunklung – im Himmel kommen, die sich nachträglich nicht mehr korrigieren lässt.

Im Wald verhilft Ihnen der Polfilter zu besonders satten Farben von nassem Laub. Hier kann der Polfilter auch an Weitwinkelobjektiven bedenkenlos eingesetzt werden, da eine Teilpolarisation nicht weiter auffällt.

Grau- und Grauverlaufsfilter: Dazu lesen Sie mehr im Exkurs »Langzeitbelichtung« ab Seite 132 und im Exkurs »Grauverlaufsfilter« ab Seite 78.

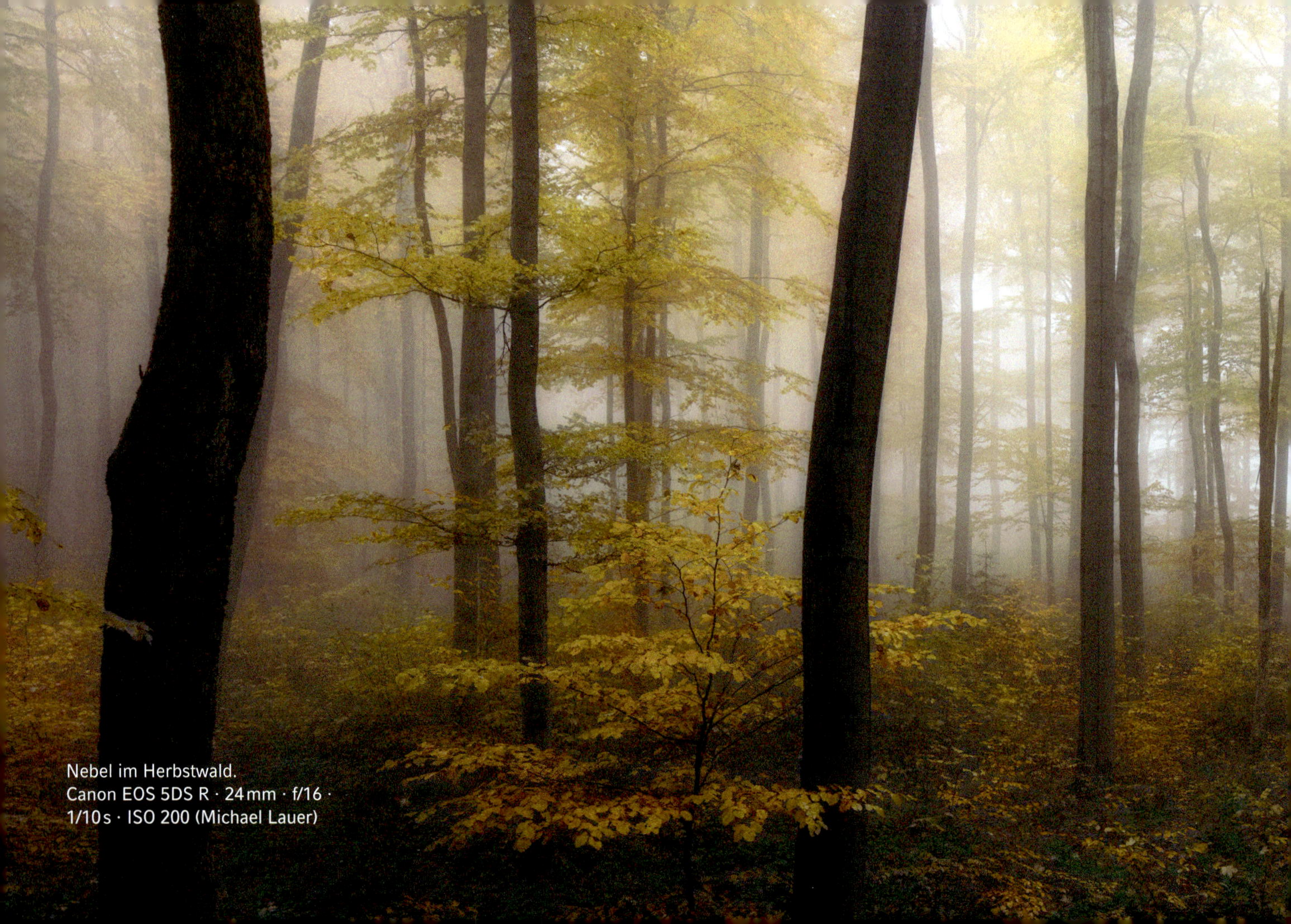

Nebel im Herbstwald.
Canon EOS 5DS R · 24 mm · f/16 · 1/10 s · ISO 200 (Michael Lauer)

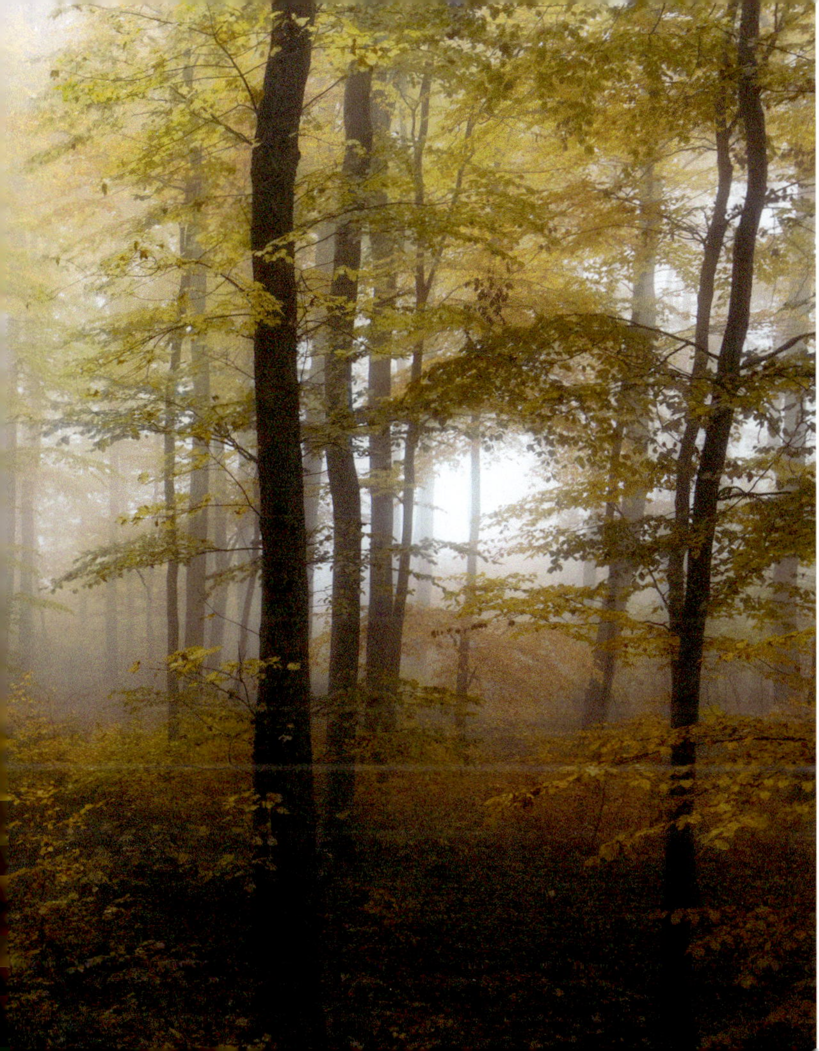

TOUR NORD
TOUR 4

Unsere Tour im Norden führt uns zu drei Locations, die unterschiedlicher nicht sein könnten. Mit dem Donnersberg als nördlichstem Punkt besuchen wir auch gleichzeitig den höchsten Berg der Pfalz. Er lädt uns ein, im Herbst seine bunten Laubwälder zu entdecken. Südlich finden wir mit der Mehlinger Heide die größte Heidelandschaft im süddeutschen Raum. Das Karlstal bei Trippstadt schließlich bietet uns eine Bachlandschaft, wie aus dem Bilderbuch und eine bevorzugte Location für Regentage.

TOUR NORD

TOUR 4

1. DONNERSBERG
2. MEHLINGER HEIDE
3. KARLSTAL

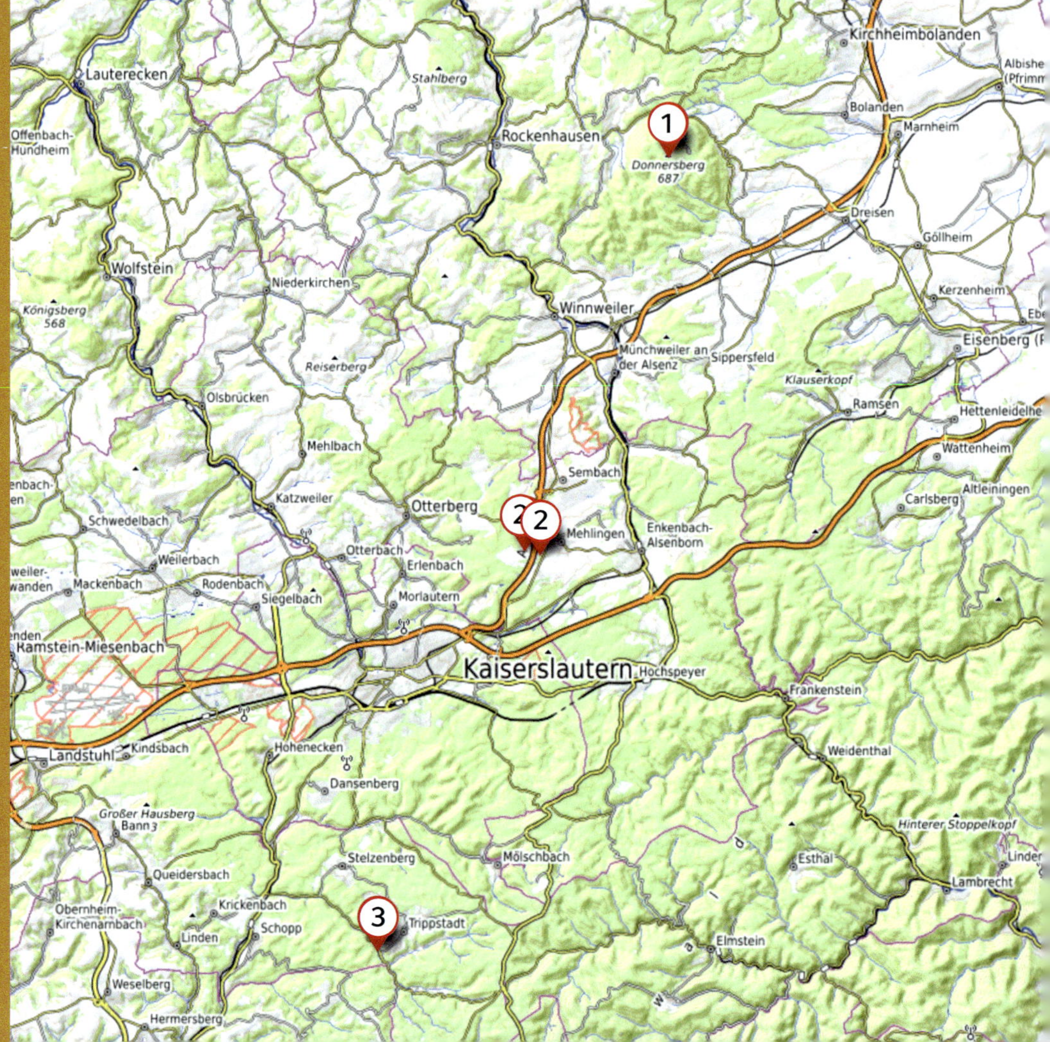

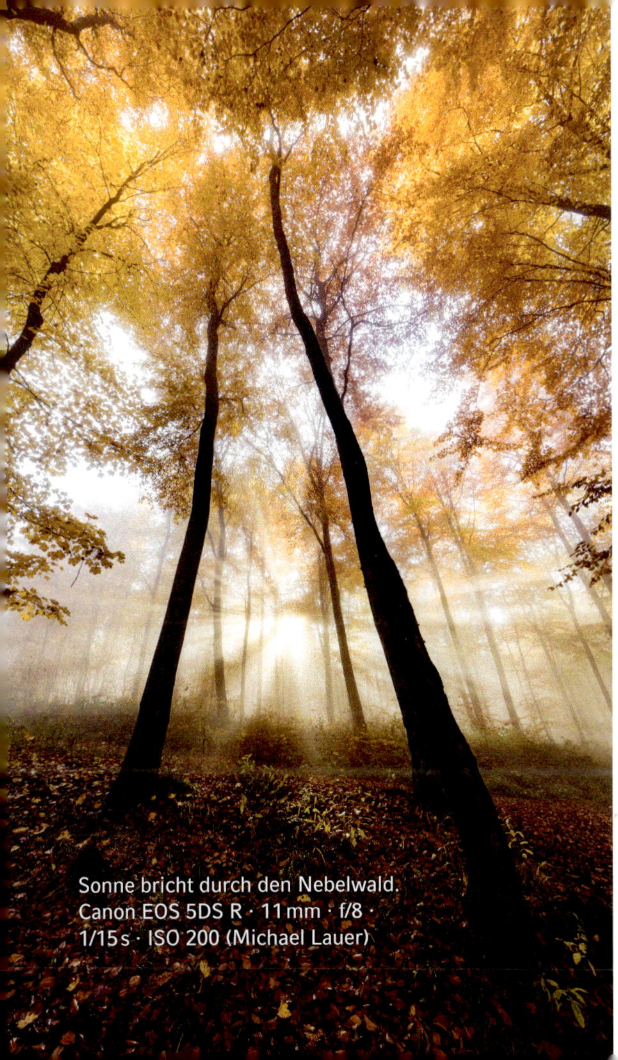

Sonne bricht durch den Nebelwald.
Canon EOS 5DS R · 11 mm · f/8 · 1/15 s · ISO 200 (Michael Lauer)

1 DONNERSBERG *(MICHAEL)*

Parkplatz und Location

Beste Tageszeit: Bei bedecktem Himmel ganztags

Beste Jahreszeit: Frühjahr und Herbst

Anfahrt: Die Zufahrt zum Donnersberg liegt im Ort Dannenfels. Zur Anfahrt bietet sich die A63 an, von deren Ausfahrt Nr. 12 es etwa 10 km bis in den Ort sind. Ca. 1,5 km hinter dem Ortsausgang von Dannenfels zweigt die Straße auf den Donnersberg nach links ab. Sie führt durch den Wald bergauf bis zum Parkplatz auf dem Gipfelplateau. Vom Parkplatz führen zahlreiche Wege in den umliegenden Wald.

TIPP

Je nach Höhe des Nebels kann man über die Zufahrtstraße gezielt die Nebelgrenze suchen.

Koordinaten Parkplatz: 49.626154, 7.926464
Koordinaten Location: 49.626154, 7.926464 (identisch mit Parkplatz)
Entfernung Parkplatz: weniger als 5 Minuten Gehzeit

Die Waldlandschaft am Donnersberg bietet einen der schönsten Wälder in der Pfalz. Der hohe Anteil an Laubbäumen macht den Donnersberg gerade im Herbst zur Laubfärbung fotografisch besonders attraktiv. Dazu kommt, dass der Donnersberg mit einer Höhe von 686 Metern komplett bewaldet ist. Bei einer Nebellage hat man am Donnersberg beste Voraussetzungen, um das Herbstlaub im Nebel zu fotografieren.

ZEITEN UND WETTER

Bei bedecktem Himmel oder einer Nebellage kann man am Donnersberg entspannt den ganzen Tag dem Fotografieren im Wald widmen. Bei diesen Wetter- und Lichtbedingungen bringt ein Polfilter die Laubfarben nochmals satter aufs Bild.

Direkt einfallendes Sonnenlicht hingegen lässt die Kontraste im Wald explodieren – bei gutem Wetter sind die Aufnahmezeiten im Wesentlichen auf den Morgen und Abend eingeschränkt. Sie können hier etwas Zeit gewinnen, in dem Sie auf die jeweils sonnenabgewandte Seite des Berges ausweichen. Für mich so etwas wie der Jackpot in der Waldfotografie ist, wenn die Sonne den Nebel durchbricht und dabei wunderbare Strahlen in den Wald zaubert. Hier funktionieren Motive im Gegenlicht besonders gut.

BRENNWEITEN

Meine favorisierten Brennweiten für das Fotografieren im nebeligen Wald reichen vom Fisheye-Objektiv bis in den leichten Telebereich. Hauptsächlich bewege ich mich dabei im unteren Weitwinkelbereich.

PLATZVERHÄLTNISSE

Auch mehrere Fotografen verteilen sich hier ohne Probleme.

Herbstwald am Donnersberg. ▶
Canon EOS 5DS R · 24 mm · f/16 · 1/4 s · ISO 200
(Michael Lauer)

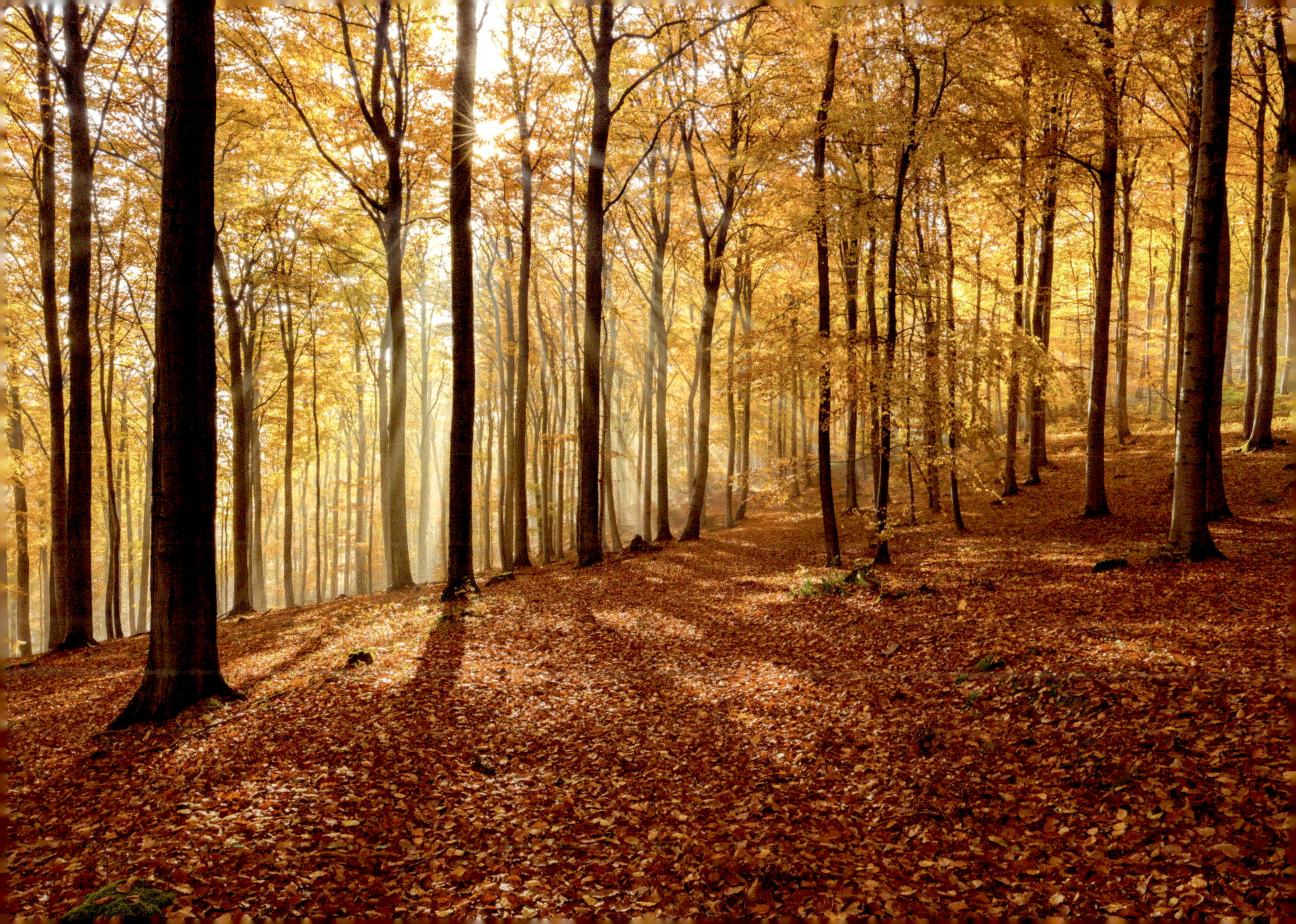

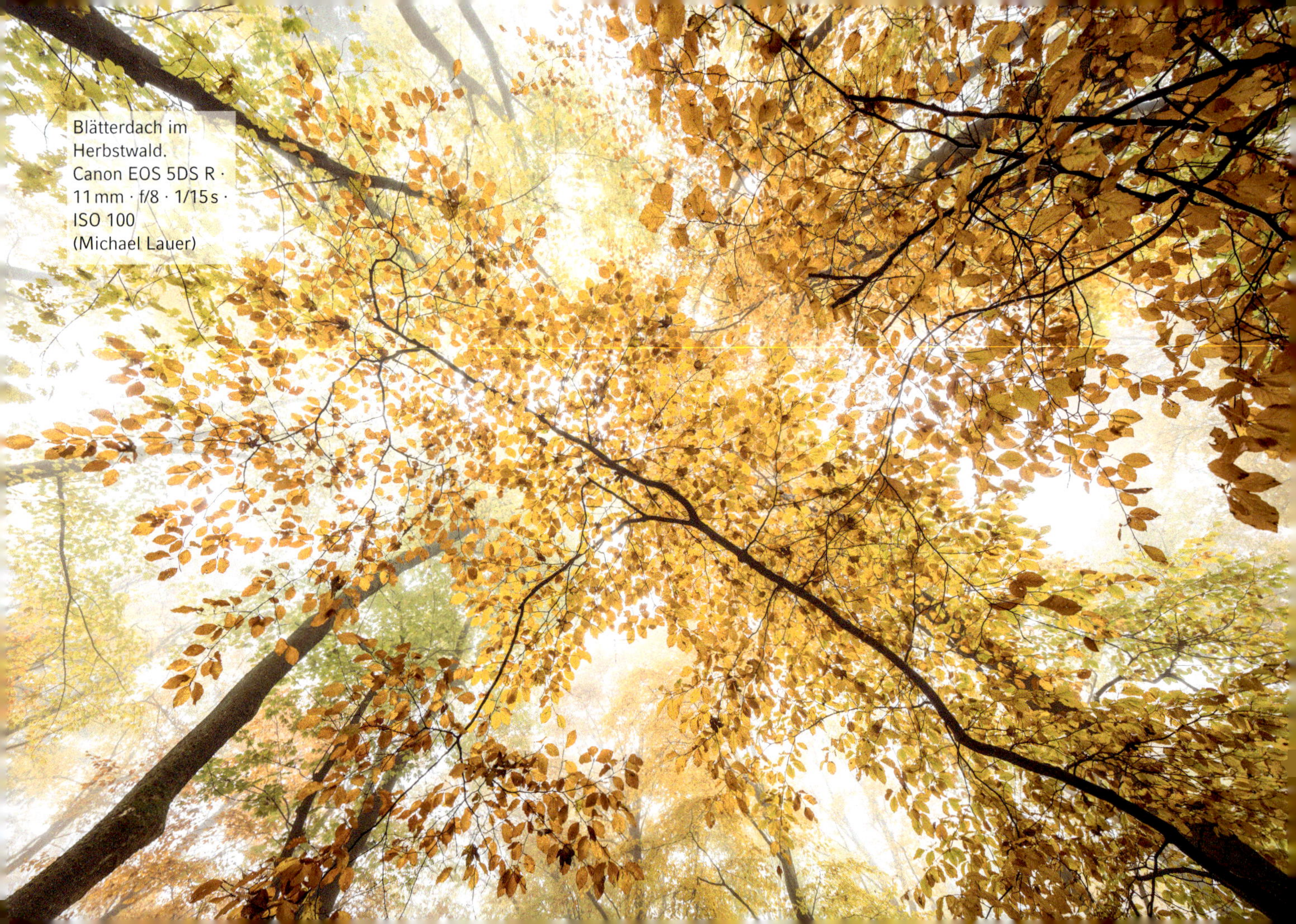

Blätterdach im Herbstwald.
Canon EOS 5DS R · 11 mm · f/8 · 1/15 s · ISO 100
(Michael Lauer)

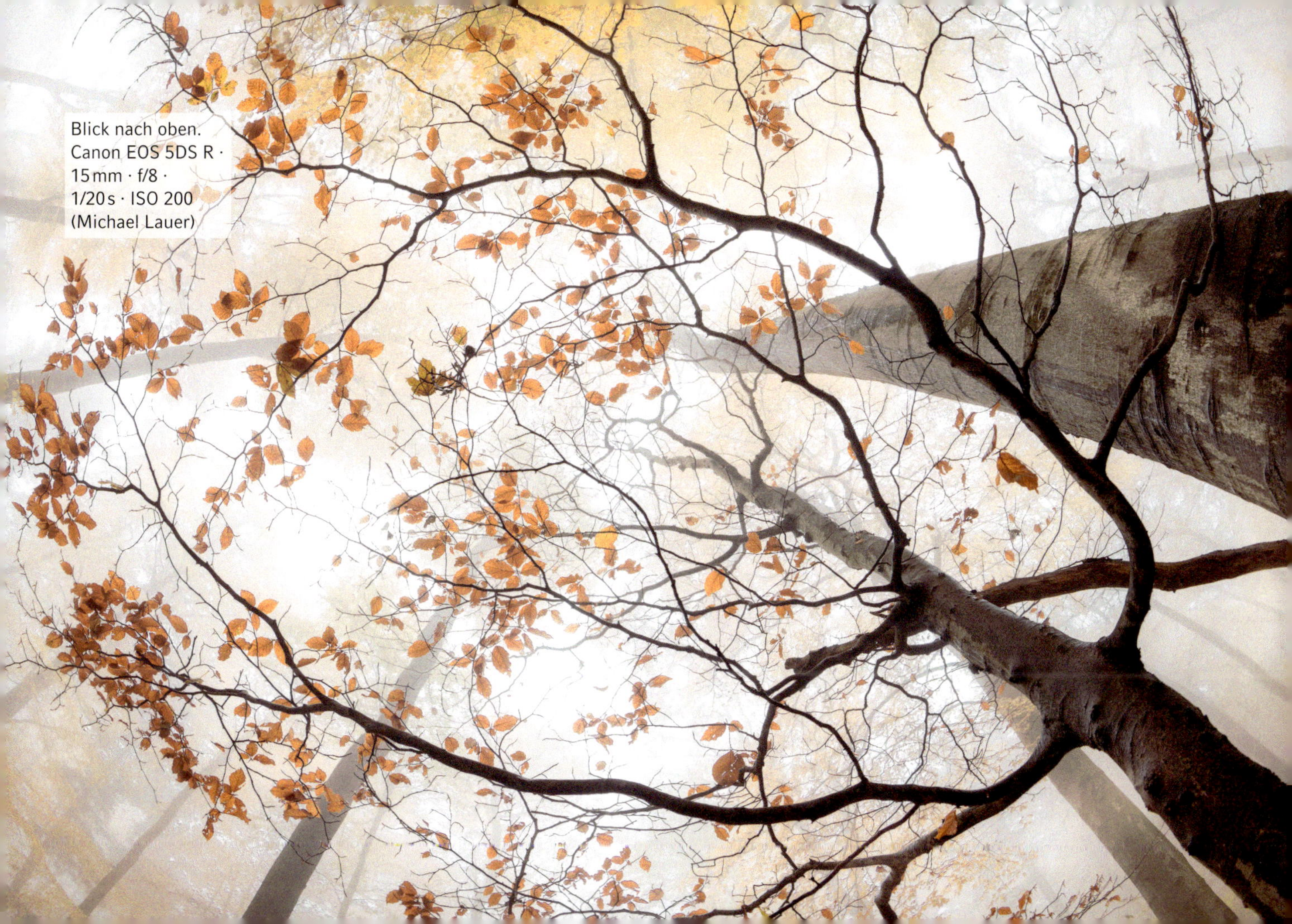

Blick nach oben.
Canon EOS 5DS R ·
15 mm · f/8 ·
1/20 s · ISO 200
(Michael Lauer)

Parkplatz (Hpt.)

Parkplatz (Ind.)

Location (klein)

Location (groß)

2 MEHLINGER HEIDE *(MICHAEL)*

Beste Tageszeit: Sonnenaufgang
Beste Jahreszeit: Heideblüte (meist ab Mitte August bis Anfang September), Herbst
Anfahrt: Sie erreichen Mehlingen sehr bequem über die Autobahn A6 (Ausfahrt »Kaiserslautern-Ost« Richtung Mehlingen) oder über die A63 (Ausfahrt »Sembach«) und folgen dann jeweils der Beschilderung nach Mehlingen.

Es gibt im Wesentlichen zwei Zugänge zur Mehlinger Heide. Vom Parkplatz an der Durchgangsstraße (L401, Kaiserstraße) gelangen Sie zu Fuß in wenigen Minuten zunächst in den kleineren Teil der Mehlinger Heide westlich der A63 (»kleine Heide«). Von dort geht es weiter über eine Fußgängerbrücke, die über die A63 in den großen Teil der Mehlinger Heide führt (»große Heide«, östlich der A63). Wer direkt in den größeren Teil der Heide will, parkt ca. 1,5 km weiter im Industriegebiet und folgt dem Wirtschaftsweg über die A63 am alten Friedhof vorbei in die Heide.

Koordinaten Parkplatz (Hauptstraße): 49.48491, 7.844935
Koordinaten Parkplatz (Industriegebiet): 49.493043, 7.844823
Koordinaten Location (kleine Heide): 49.487918, 7.842698
Koordinaten Location (große Heide): 49.490367, 7.836384
Entfernung Parkplatz: weniger als 5 Minuten Gehzeit

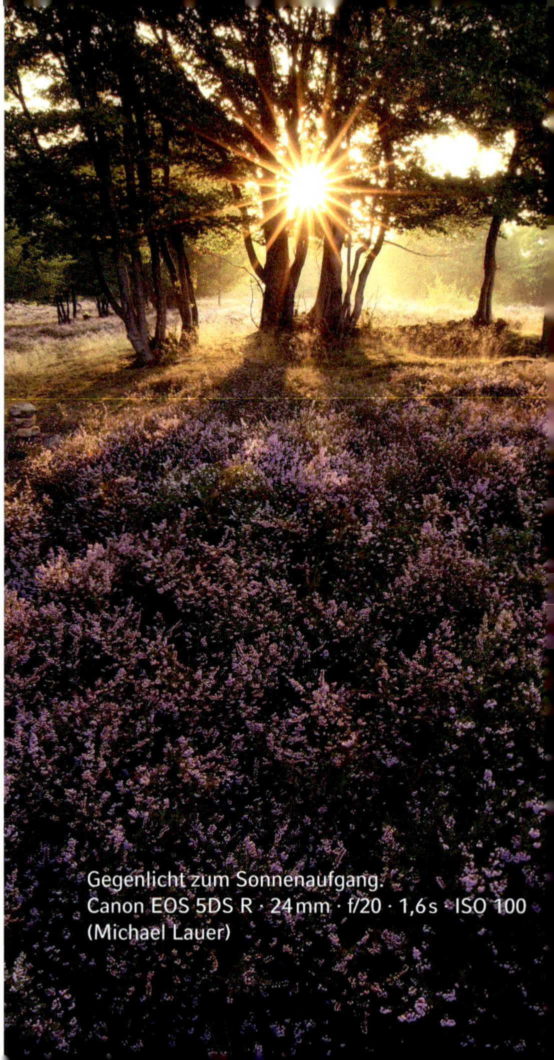

Gegenlicht zum Sonnenaufgang.
Canon EOS 5DS R · 24 mm · f/20 · 1,6 s · ISO 100
(Michael Lauer)

Eine Landschaft, wie man sie in der Pfalz nicht unbedingt erwartet.

Wer denkt bei dem Begriff »Heide« nicht an die Heidelandschaften im Norden Deutschlands? Dabei findet man in der Pfalz, nur wenige Kilometer nördlich von Kaiserslautern und nahe der Ortschaft Mehlingen, eine Heidelandschaft wie aus dem Bilderbuch.

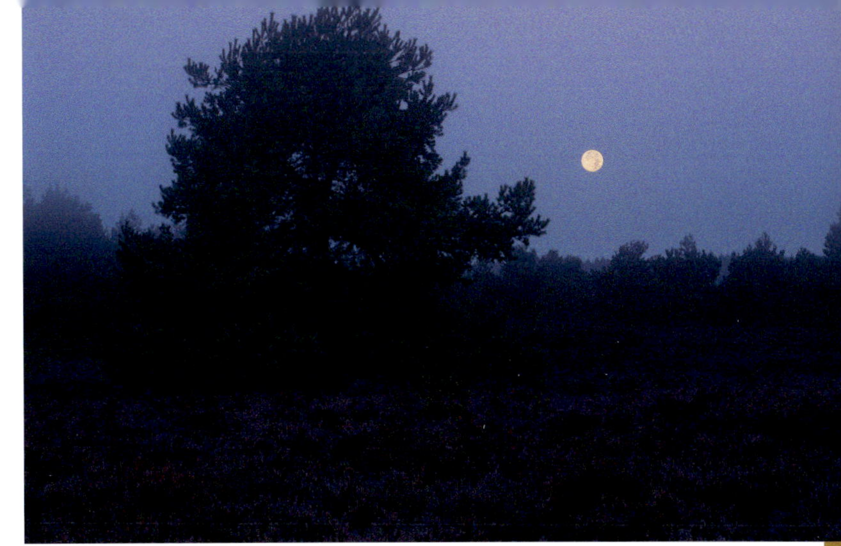

Vollmonduntergang in der Mehlinger Heide.
Canon EOS 5D III · 102 mm · f/9 · 1/5 s · ISO 200
(Michael Lauer)

ZEITEN

Es lohnt sich unbedingt, die Heide während der Blüte zu besuchen. Das intensive Violett der Blüten zaubert eine Märchenstimmung in die Landschaft.

Die Heideblüte beginnt jedes Jahr im August und ist so etwas wie der Startschuss für die Fotosaison in der Mehlinger Heide. Als Faustregel taugt der Zeitraum vom »8.8.« bis »9.9.« eines Jahres. Der genaue Beginn der Blüte hängt jedoch von den Wetterbedingungen in den Vormonaten ab. Je nachdem ob es eher wärmer oder eher kälter war, ob es eher trocken oder eher nass war, kann der Zeitpunkt der Vollblüte gerne zwei oder drei Wochen variieren. Am besten ist es, sich ab Anfang August umzuhören und die Situation für das aktuelle Jahr in Erfahrung zu bringen.

Aber auch in den Wochen nach der Blüte hat die Mehlinger Heide ihren fotografischen Reiz. Es bildet sich auch im Herbst oft Frühnebel und zum Sonnenaufgang lassen sich faszinierende Stimmungen beobachten, wenn die Sonnenstrahlen auf den Nebel treffen. Die Zeit für stimmungsvolle Sonnenaufgänge im Nebel geht bis in den späten Oktober.

Die Mehlinger Heide ist eine klassische Morgenlocation. Dann hat man mit etwas Glück Bodennebel und der Sonnenaufgang bietet zahlreiche Motive. Am Abend fehlt der Heide ein wenig der Zauber. Was Nachtaufnahmen angeht, ist die Lichtverschmutzung am Horizont durch die Stadt Kaiserslautern ein deutlich störender Faktor.

WETTER

Wer in der Heide fotografieren will, ganz gleich ob zur Blüte oder in der Zeit danach, der will in aller Regel auch den Bodennebel haben. Die Mehlinger Heide ist zwar ein regelrechtes Nebelloch, aber es braucht auch hier ein paar Parameter, damit sich Morgennebel bildet. Die Heide selbst hat ein Mikroklima, welches von den Wettermodellen in den Vorhersagen nicht erfasst wird. Gute Chancen auf Nebel hat man immer dann, wenn es ein oder zwei Tage vorher geregnet hat, wenig Bewölkung vorhergesagt ist und die Temperatur in der Nacht 10° C oder weniger beträgt.

BRENNWEITEN

Die Mehlinger Heide bietet Motive für jede Brennweite. Mit dem Weitwinkel kann der Vordergrund betont werden, was gerade zur Blütezeit reizvoll ist. Mit längerer Brennweite lassen sich im Gegenlicht Landschaftsdetails und spannende Ausschnitte finden. Die Zeit für das Makroobjektiv kommt dann, wenn nach Sonnenaufgang der Tau seine Perlen in den Tausenden von Spinnennetzen hinterlässt.

PLATZVERHÄLTNISSE

In dem sehr weitläufigen Gebiet der Mehlinger Heide verteilen sich auch größere Gruppen von Fotografen.

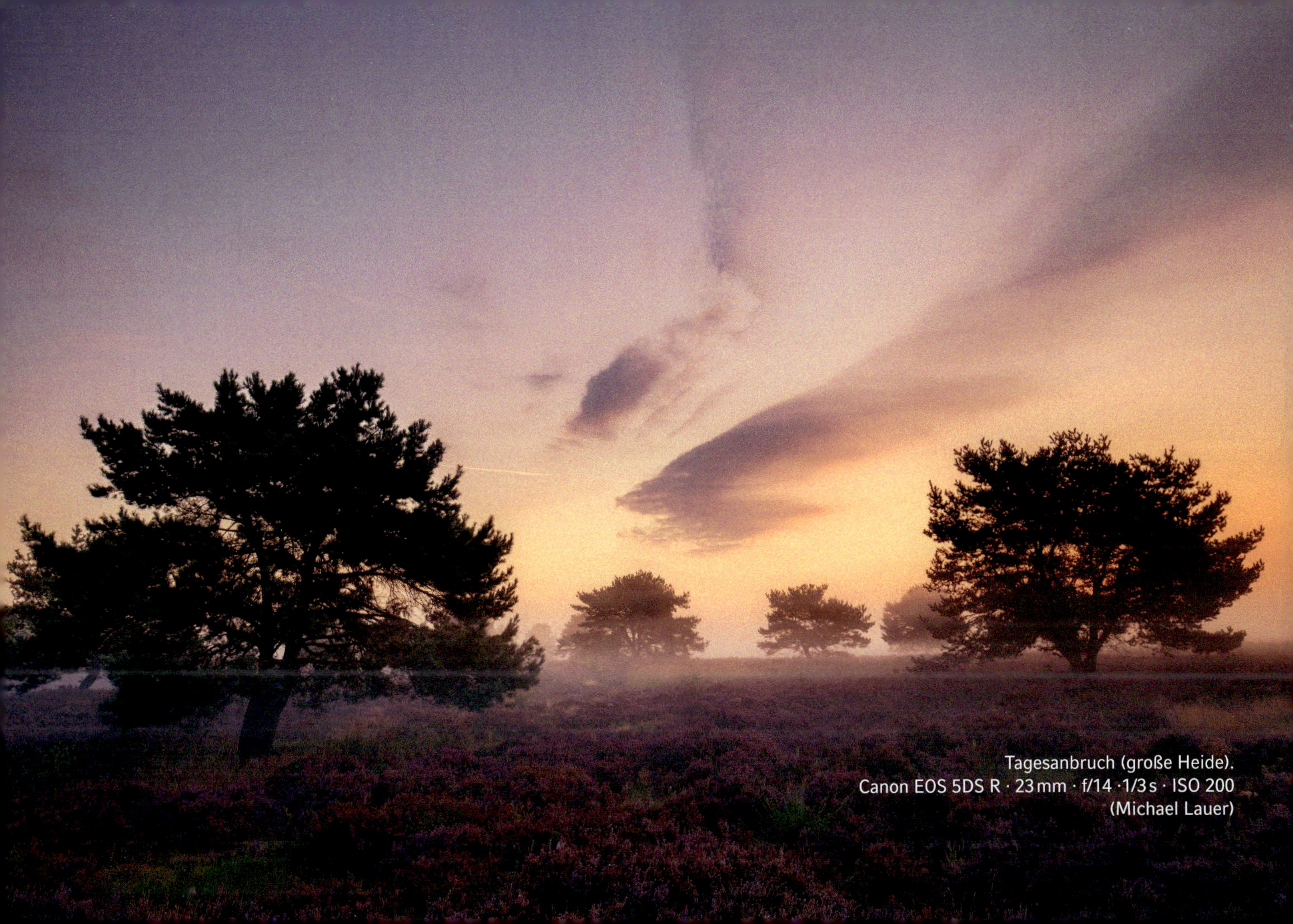
Tagesanbruch (große Heide).
Canon EOS 5DS R · 23 mm · f/14 · 1/3 s · ISO 200
(Michael Lauer)

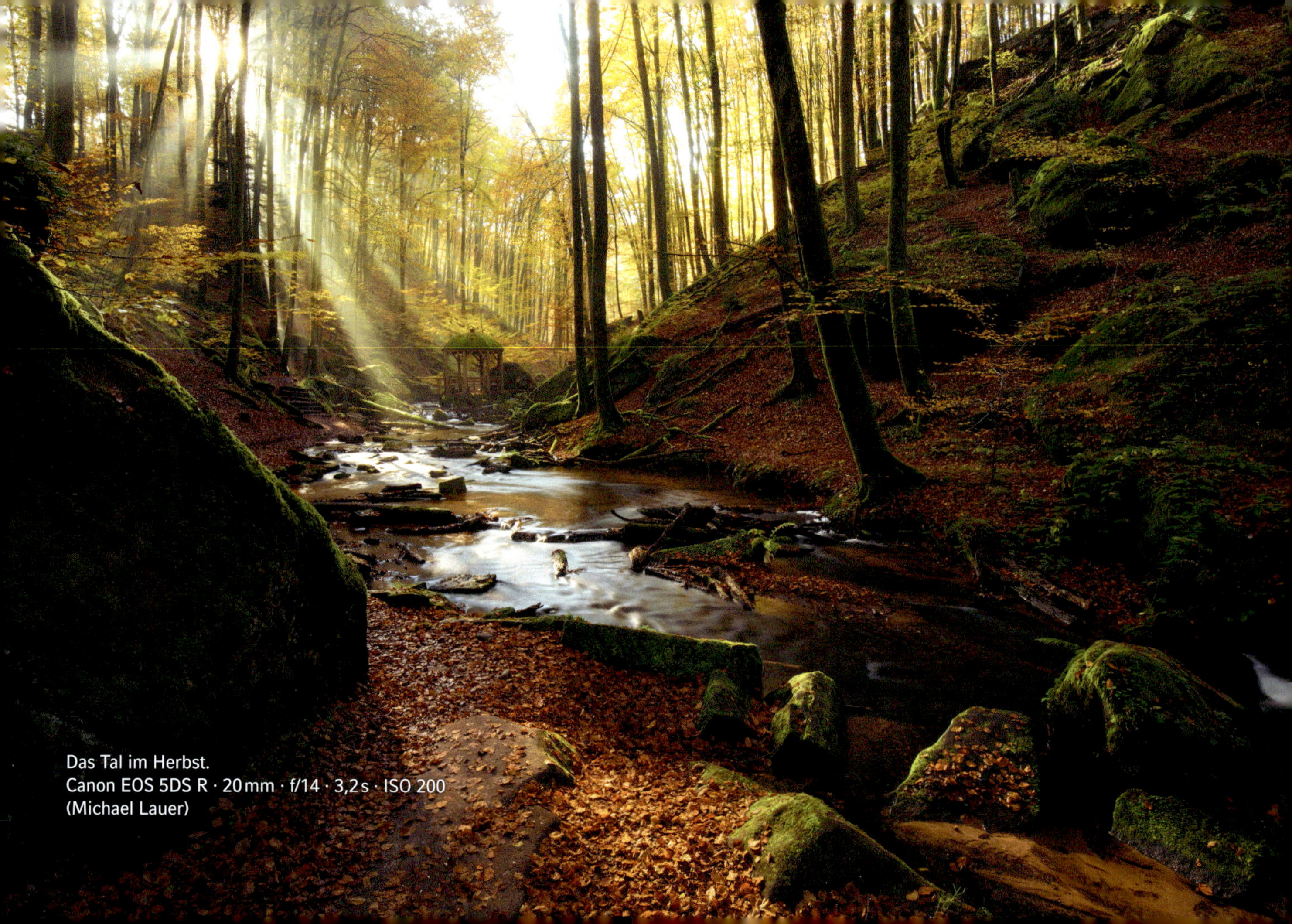

Das Tal im Herbst.
Canon EOS 5DS R · 20 mm · f/14 · 3,2 s · ISO 200
(Michael Lauer)

3 KARLSTAL *(MICHAEL)*

Beste Tageszeit: Morgenstunden, bei bedecktem Himmel auch ganztags

Beste Jahreszeit: Frühjahr und Herbst

Anfahrt: 5 km nach dem Abzweig von der B270 erreichen Sie auf der L500 den Eingang zur Karlstalschlucht. Wenige Meter zuvor befindet sich auf der rechten Seite der Straße eine kleine Parkbucht. Ein größerer Parkplatz befindet sich ca. 150 Meter davor, ebenfalls auf der rechten Seite der Straße.

Koordinaten Parkplatz: 49.353401, 7.753866

Koordinaten Parkplatz: 49.351117, 7.756546

Entfernung Parkplatz: weniger als 5 Minuten Gehzeit

Parkplatz

Location

Unweit von Trippstadt fließt die Moosalb durch einen ca. 2 km langen Einschnitt – die Karlstalschlucht. In der weitgehend naturbelassenen Felsenschlucht bieten sich dem Fotografen zahlreiche kleinere Wasserfälle. Ein Fußweg führt durch die Schlucht und kleinere Brücken kreuzen immer wieder den Bachlauf. Ein Pavillon auf einer kleinen Insel in der Bachmitte ist ein beliebtes Fotomotiv.

ZEITEN

An einem Regentag, oder zumindest bei bedecktem Himmel, ist das Karlstal zu jeder Tageszeit ein lohnendes Motiv.

TIPP

Bei nassem Laub verwende ich gerne einen Polfilter. Das Grün der Blätter wird dadurch unglaublich intensiv.

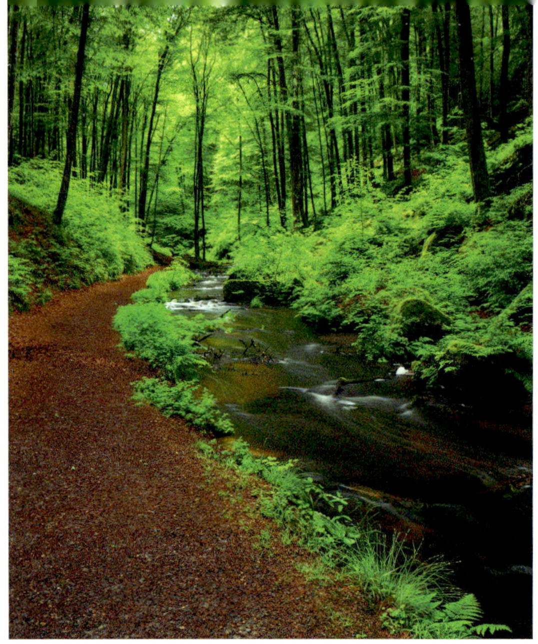

Frühjahrswald nach dem Regen.
Canon EOS 5DS R · 35 mm · f/16 · 4 s · ISO 200
(Michael Lauer)

Das Karlstal ist, wie jede Waldlandschaft, besonders auf dem Höhepunkt der herbstlichen Laubfärbung sehr reizvoll. Noch besser gefällt es mir allerdings im späten Frühjahr nach einem Regen, wenn das Grün an den Bäumen besonders saftig wirkt.

An sonnigen Tagen sollten Sie früh am Morgen unterwegs sein, bevor das Sonnenlicht den Boden des Tals erreicht und direkt auf das Wasser trifft. Besonders interessant ist hier der Moment, wenn im Herbst leichter Dunst im Tal liegt und die ersten Sonnenstrahlen den Weg über die Talränder finden.

BRENNWEITEN

In der Karlstalschlucht funktionieren Brennweiten vom extremen Weitwinkel bis in den leichten Telebereich besonders gut. Zahlreiche Details warten zudem darauf, mit dem Makroobjektiv entdeckt zu werden.

PLATZVERHÄLTNISSE

In der Karlstalschlucht verteilen sich auch größere Gruppen von Fotografen sehr gut.

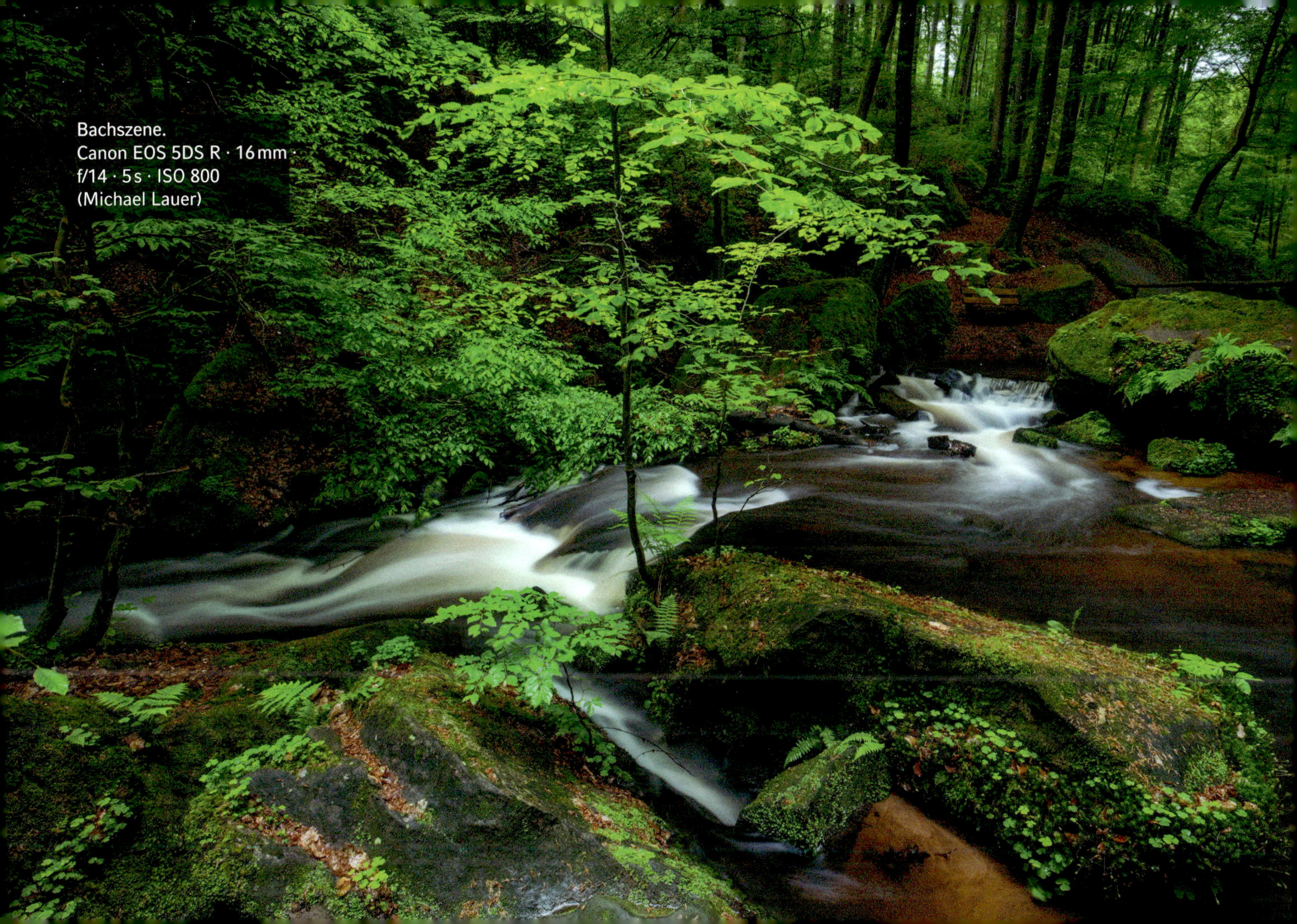

Bachszene.
Canon EOS 5DS R · 16 mm · f/14 · 5 s · ISO 800
(Michael Lauer)

Exkurs Langzeitbelichtung

Raik Krotofil

Mit den Mitteln der Langzeitbelichtung kann es uns gelingen, Momente, die das Auge in ihrer Ausdehnung nicht erfassen kann, festzuhalten und so den Verlauf der Zeit sozusagen im Bild zu puffern. Jede Belichtungszeit, die länger als eine Sekunde beträgt, speichert Erlebtes. Langzeitbelichtungen wirken anmutig, elegant, sie halten für mich die Zeit an, sie wirken episch, oft sphärisch und magisch. Für mich haben diese Fotos oft eine erhabene Eleganz. Ich kann mit meinen Augen so nicht sehen, deshalb erfreue ich mich später an den Zeitdokumenten, die für mich zwei Minuten meines Lebens in einem Foto einfrieren.

Um Langzeitbelichtungen umzusetzen, gehen Sie wie folgt vor.

OHNE ZUSÄTZLICHE FILTER

Um länger belichten zu können, ohne dass das Bild überbelichtet wird, müssen Sie entweder die Blende schließen und/oder die ISO-Werte auf das Minimum der Kamera reduzieren (das kann im besten Fall ISO 100 oder ISO 50 sein – lesen Sie dazu im Handbuch Ihrer Kamera nach).

Damit fällt also weniger Licht durch das Objektiv, und das Sensorsignal wird auch nicht mehr verstärkt.

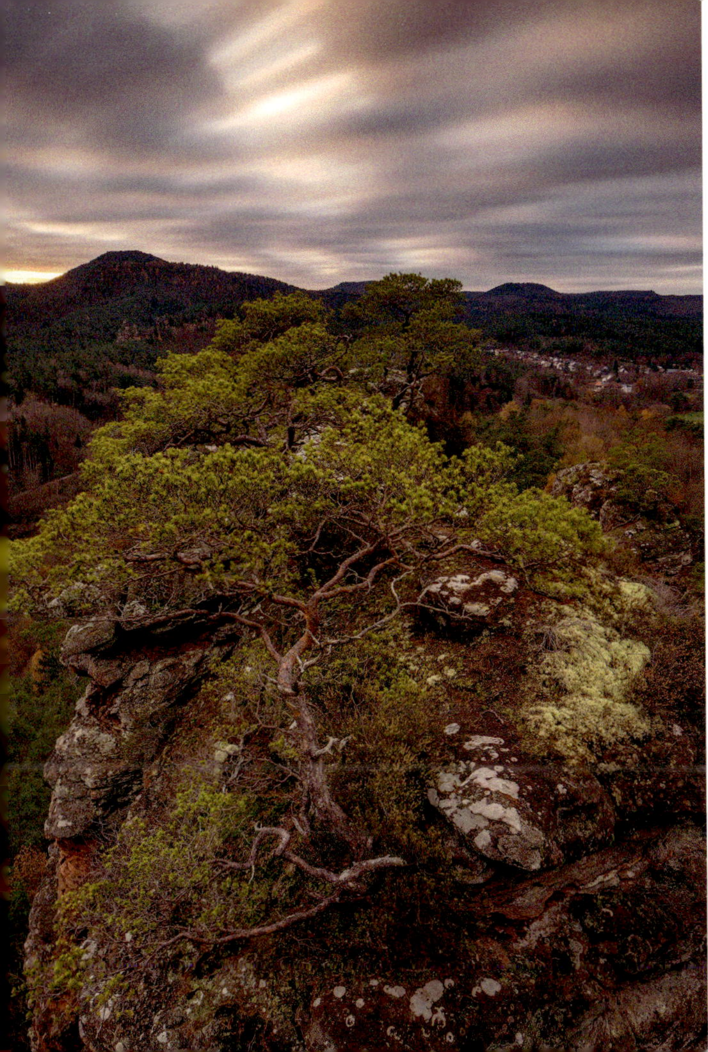

◀ Spät am Abend bei Dahn.
Pentax K-1 · 24 mm · f/13 · 20 s · ISO 500
(Raik Krotofil)

In der Dämmerung und bei wenig Licht reichen diese Maßnahmen noch aus, um die Belichtungszeit zu verlängern. Doch bei hellerem Tageslicht kommen Sie mit diesen Einstellmöglichkeiten an die Grenzen. Dann brauchen Sie etwas zum Abdunkeln vor dem Objektiv – ein Glas, das weniger Licht durchlässt.

NEUTRALDICHTE-/GRAUFILTER

Ein Neutraldichtefilter oder Graufilter (auch »ND-Filter« – »ND« steht für »Neutral Density«) besteht aus grauem, oder besser gesagt: dunklem Glas, das abhängig von seiner Stärke die Lichtmenge reduziert und darin einer dunklen Sonnenbrille gleicht. Diese lichtreduzierenden Filter gibt es in unterschiedlichen Stärken, die in den gleichen Belichtungsstufen gemessen werden, die Sie schon von den Belichtungszeiten und Blendeneinstellungen Ihrer Kamera her kennen – nur die Notation ist etwas anders.

Als übliche Dichten haben sich ND 0.9 (ND8), ND 1.8 (ND64) und ND 3.0 (ND1000) Filter etabliert. Der ND 1.8 reduziert die vorhandene Lichtmenge um 6 Blendenstufen (eine Blendenstufe entspricht also 0.3 ND). Da Blendenstufen die Lichtmenge in Zweier-Potenzen verdoppeln bzw. halbieren, verringert so ein ND 1.8-Filter die einfallende Lichtmenge um den Faktor 2^6, die Belichtungszeit muss also so verlängert werden, dass auf dem Sensor die 64-fache Lichtmenge gesammelt wird (bei einem ND 0.9 entsprechend – Faktor 2^3 –, auf das Achtfache, bei einem ND 3.0-Filter – Faktor 2^{10} – auf das 1024-fache). So erklären sich also auch die Zahlen in den Klammern oben.

Nehmen wir der Einfachheit halber an, ich brauche ohne montierten Filter eine Belichtungszeit von einer Sekunde. Für eine korrekte Belichtung mit dem 1.8er-Filter käme ich also auf 64 Sekunden. Mit dem ND 3.0-Filter müsste ich 1024 Sekunden lang belichten.

2	2^1	2^2	2^3	2^4	2^5	2^6	2^7	2^8	2^9	2^{10}
1 s	2 s	4 s	8 s	16 s	32 s	64 s	128 s	256 s	512 s	1024 s

Blendenstufen, am Beispiel einer Ausgangsbelichtungszeit von 1 s. Blendenstufen unterscheiden sich in Zweierpotenzen (erste Zeile), d.h. jeder Schritt nach rechts verdoppelt die Lichtmenge, jeder Schritt nach links halbiert sie.

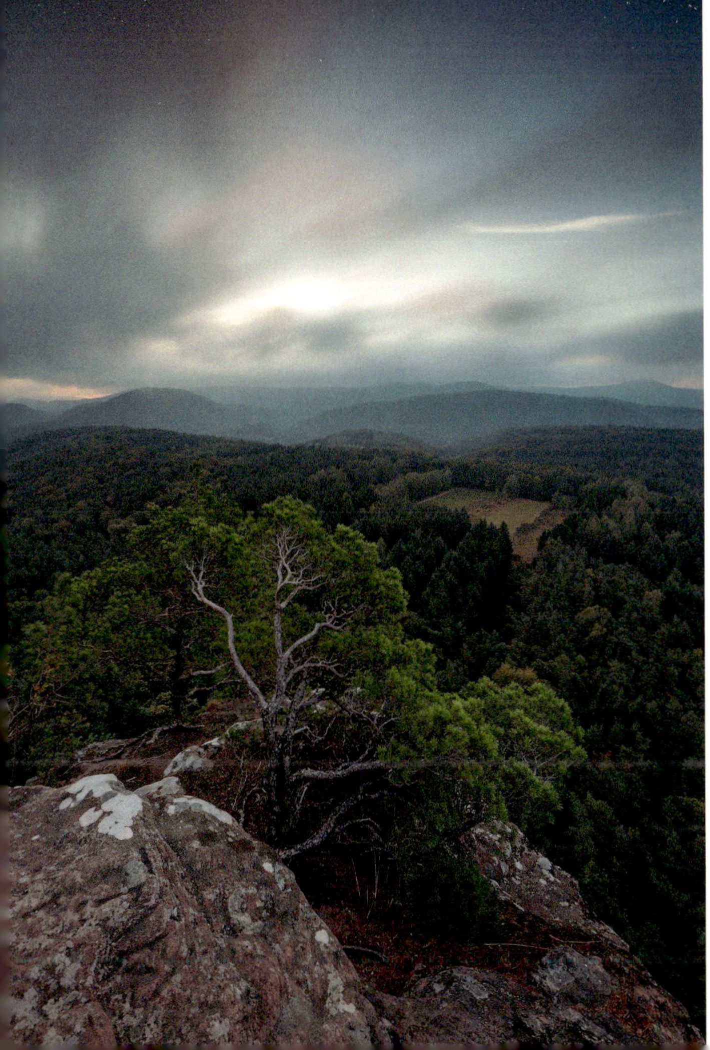

◀ Tiefe Wolken ziehen oft sehr schnell.
Pentax K-1 · 15 mm · f/16 · 20 s · ISO 100
(Raik Krotofil)

Da man in der Regel die Blendenstufen jenseits der 1 Sekunde Belichtungszeit nicht unbedingt im Kopf und beim Fotografieren auch selten die Muße für Potenzrechnung hat, empfehle ich Ihnen die App »NDTimer«. Hier stellen Sie einfach die Ausgangsbelichtung sowie die ND-Stärke Ihrer Filter ein und erhalten die nötige Belichtungszeit in Minuten:Sekunden-Notation.

Ich selbst benutze ND-Filter der Marke Haida in Form von Einschubfiltern für den Haida-Filterhalter mit einer Nennstärke von 1.8 Stops (ND 64) bzw. einer Lichtreduktion von 6 Blendenstufen, sowie einen ND 3.0 mit 10 Blendenstufen. Der Bildaufbau geschieht ohne den ND-Filter, ebenso wie die Belichtungsmessung. Fokussiert wird vor der Montage des ND-Filters, denn durch das dunkle Glas hat der Autofokus es schwer, scharfzustellen.

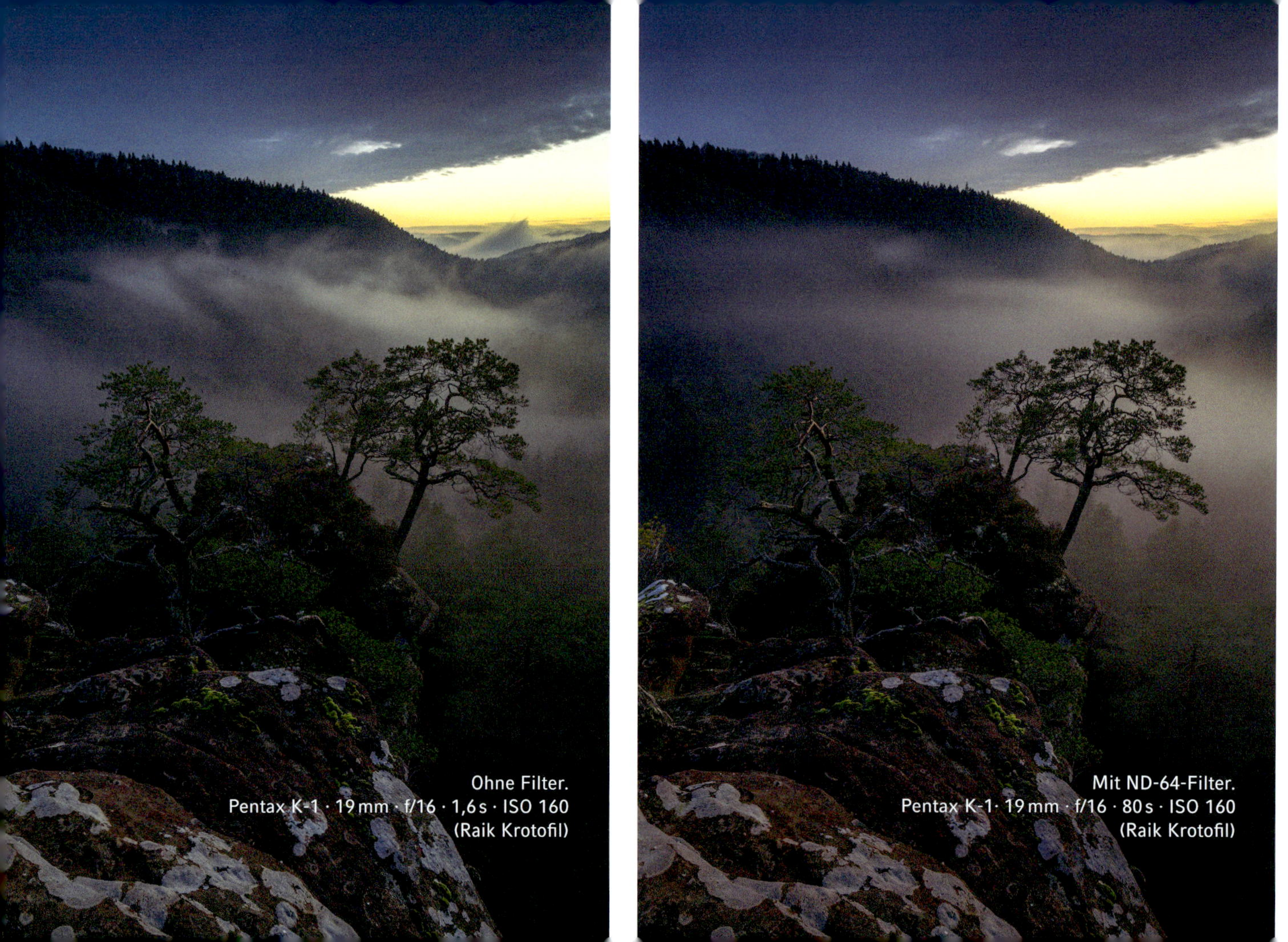

Ohne Filter.
Pentax K-1 · 19 mm · f/16 · 1,6 s · ISO 160
(Raik Krotofil)

Mit ND-64-Filter.
Pentax K-1 · 19 mm · f/16 · 80 s · ISO 160
(Raik Krotofil)

Welchen Filter ich nun vor Ort wähle, hängt von der Menge des vorhandenen Lichts und der Geschwindigkeit der ziehenden Wolken bzw. des fließenden Wassers ab. Das bedeutet, bei viel Licht nutze ich gerne den »Big Stopper«, also einen sehr starken ND-Filter, der das einfallende Licht um 10 Blendenstufen reduziert. Ich muss also die ursprüngliche Belichtungszeit um zehn Blendenstufen verlängern.

Damit komme ich, je nach Licht, auf Belichtungszeiten von 10 Sekunden bis zu 4 Minuten. Persönlich mag ich es nicht, noch länger zu belichten. Denn in der Regel habe ich an meiner Kamera die interne Rauschreduzierung zur Vermeidung von sogenannten »Hotpixeln« aktiviert (Hotpixel machen sich als helle Punkte in dunklen Bildbereichen bemerkbar). Die interne Rauschreduzierung der Kamera rechnet im Anschluss an die Langzeitbelichtung dieselbe Zeit nochmals als Schwarzbildabzug, der dann mit dem ursprünglichen Foto verrechnet wird und so die Hotpixel darin eliminiert. Bei einem Motiv und einer Belichtungszeit von 4 Minuten kann der ganze Vorgang also 8 Minuten dauern. Bei alldem gilt: Für scharfe Fotos sollten Sie ein hochwertiges und stabiles Stativ verwenden sowie einen Tag mit wenig Wind wählen.

Durch den Einsatz einen starken Graufilters wird es Ihnen gelingen, dem Bild eine Anmutung zu verleihen, die es einzigartig macht. Wolken verflüssigen sich, der Nebel wandert und wird in seiner Struktur zerfließen. Gewässer wie Seen, Bäche oder das Meer werden glatt. Objekte wie Wolken oder Gras, die bei normaler Belichtung starr und scharf erscheinen, verwischen in der Langzeitbelichtung und werden so mit Dynamik und Bewegung aufgeladen. Wenn Sie Belichtungszeiten von über 30 Sekunden einsetzen, werden die sichtbaren harten Schatten im Motiv weicher und geben dem Bild somit mehr Ruhe.

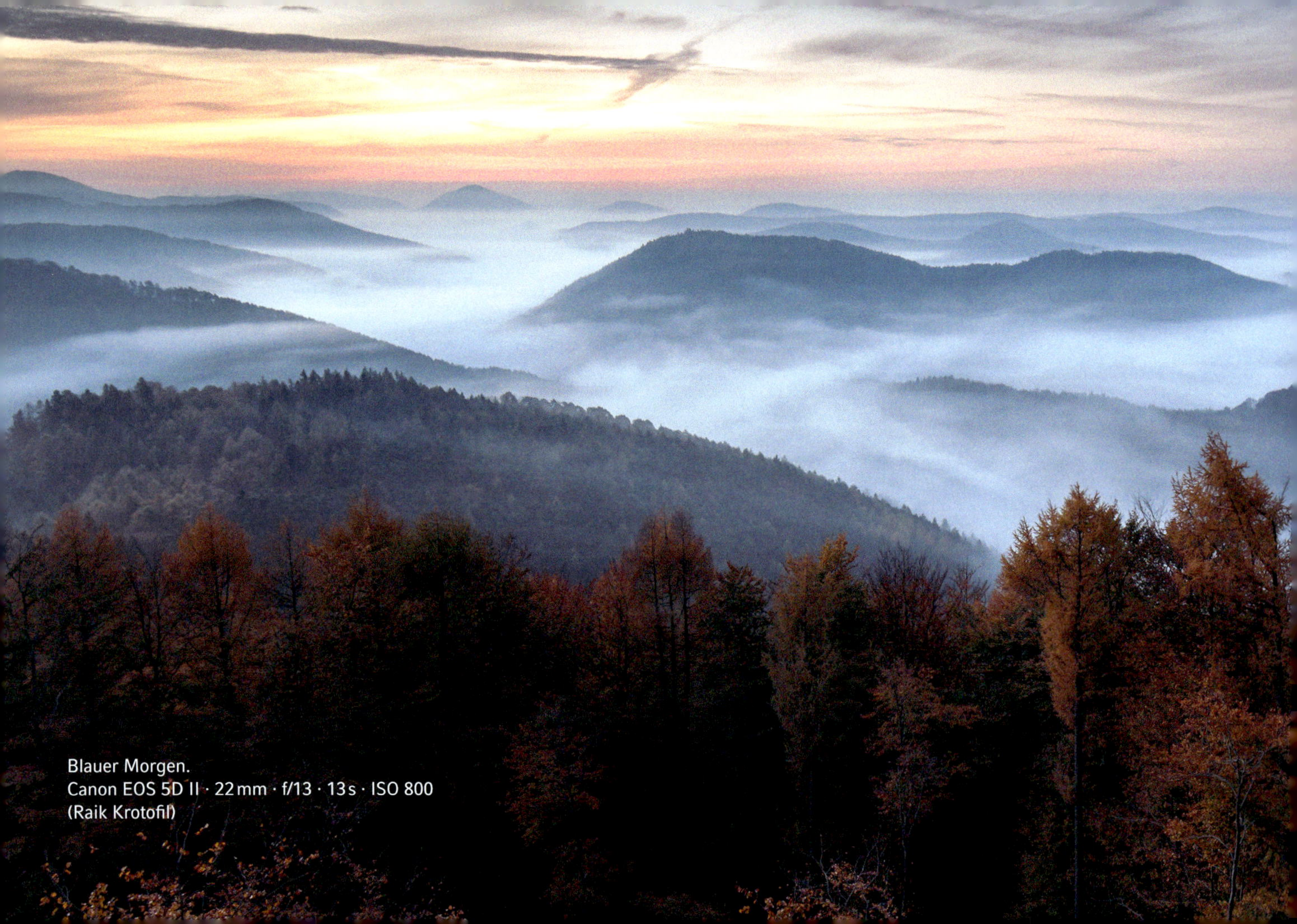

Blauer Morgen.
Canon EOS 5D II · 22 mm · f/13 · 13 s · ISO 800
(Raik Krotofil)

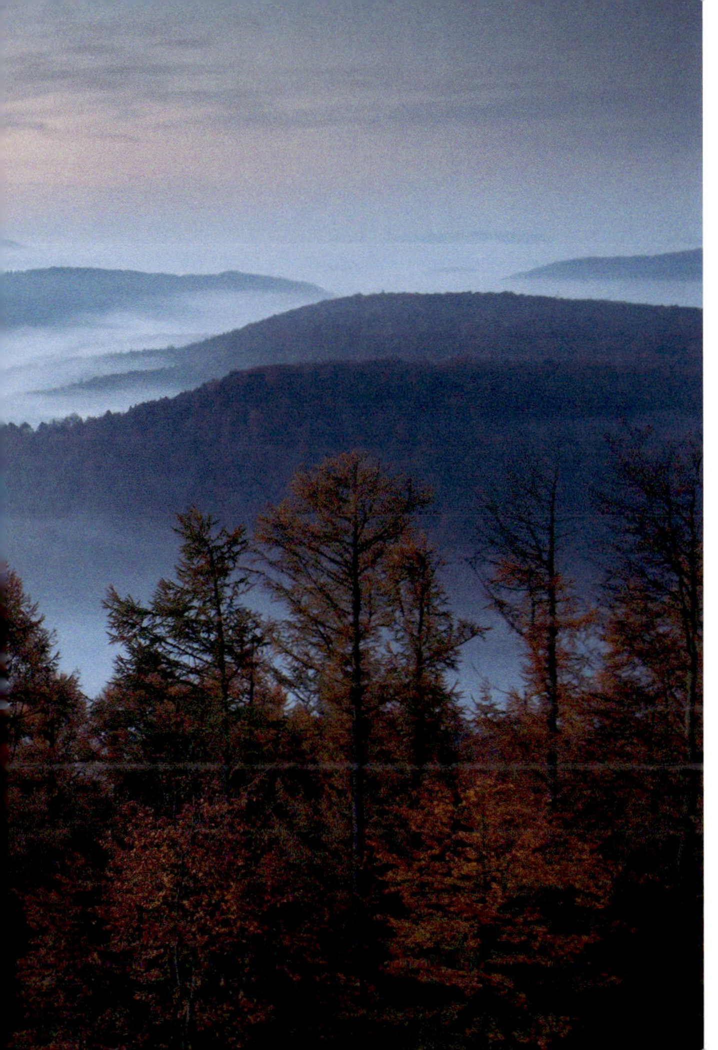

TOUR MITTE-NORD

TOUR 5

Der mittlere Teil des Pfälzerwaldes bietet die größte Motivdichte, daher haben wir ihn für diesen Fotoscout in zwei Touren unterteilt. In dieser Tour sind die Locations zusammengefasst, die sich um Hauenstein herum befinden bzw. sich darüber am besten erreichen lassen. Die übrigen Fotospots in diesem Teil des Pfälzerwaldes haben wir in der »Tour Mitte-Süd« ab Seite 179 zusammengefasst.

Einen phantastischen Rundumblick, der bei klarem Wetter bis an die Hänge des Schwarzwalds reicht, bietet hier der Luitpoldturm, der gerne auch als »Wächter des Pfälzerwaldes« bezeichnet wird. Kirschfels, Geiersteine und Rötzenfels sind absolute Premium-Locations, die nicht nur dann begeistern, wenn der Nebel die Täler füllt.

TOUR MITTE-NORD
TOUR 5

1 BAVARIAFELS

2 GEIERSTEINE

3 HÜHNERSTEIN

4 KIRSCHFELS

5 KOSTENFELS

6 LUITPOLDTURM

7 NEDINGFELS

8 RÖTZENFELS

9 RUNDER HUT

10 WACHTFELS

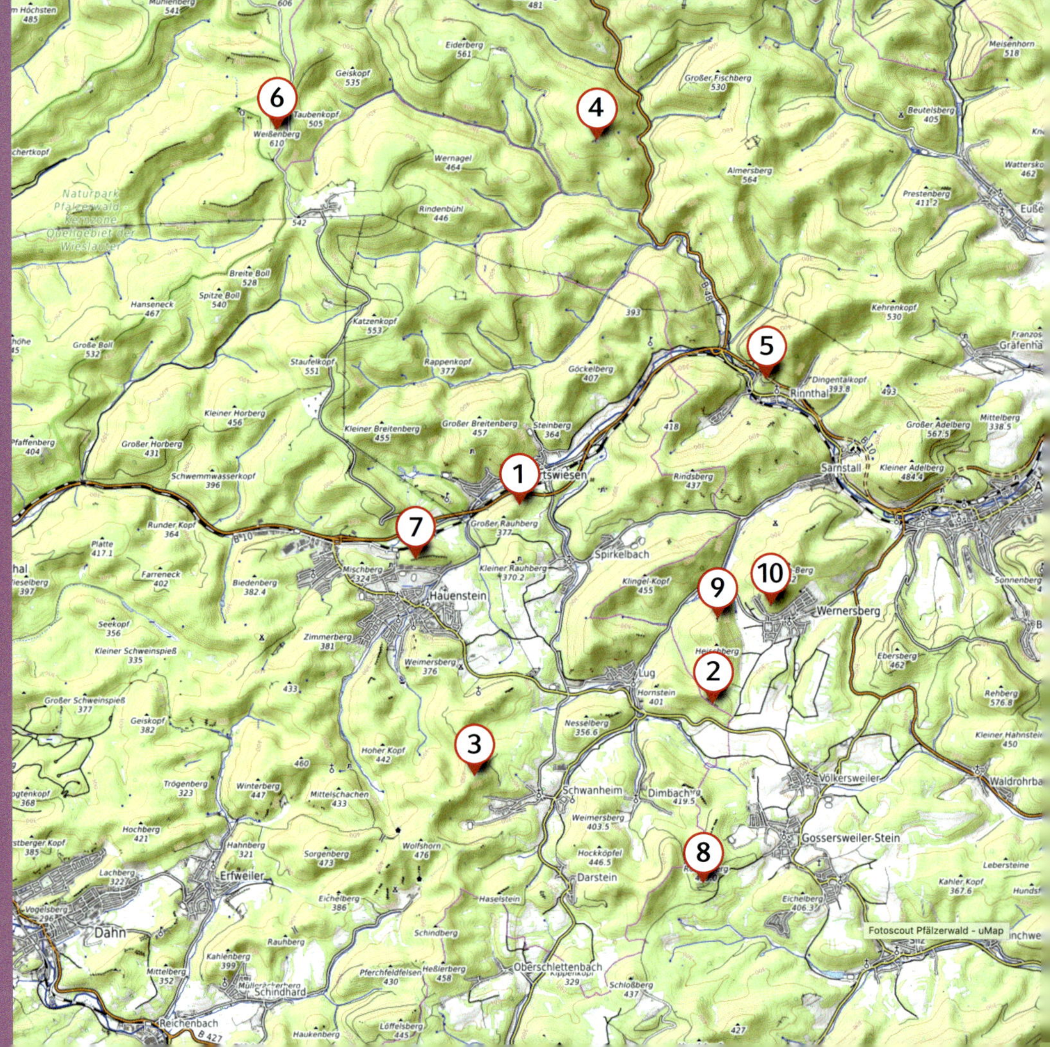

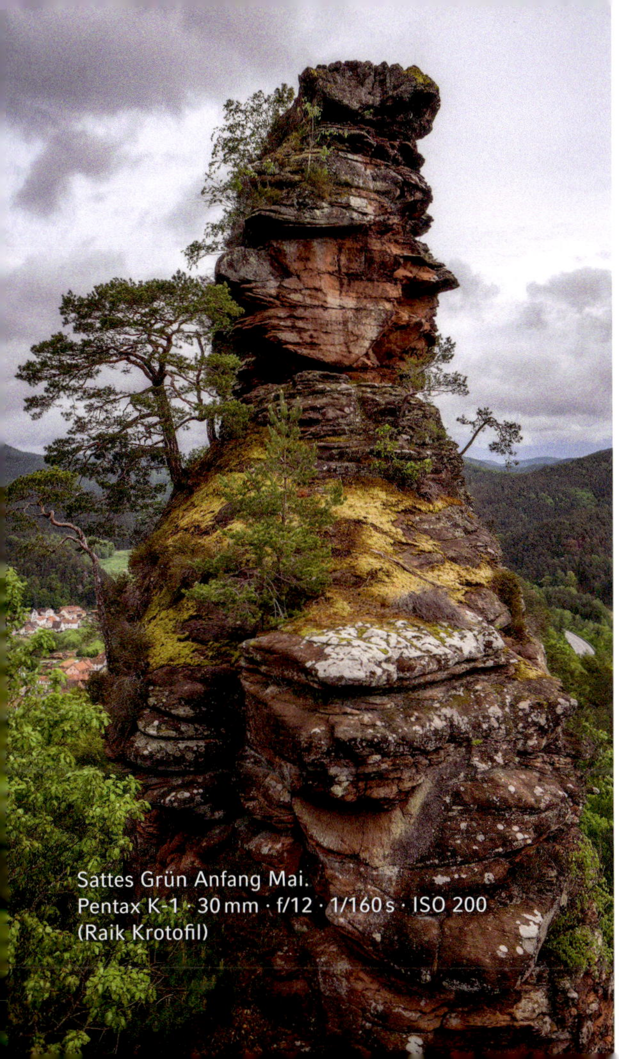

Sattes Grün Anfang Mai.
Pentax K-1 · 30 mm · f/12 · 1/160 s · ISO 200
(Raik Krotofil)

1 BAVARIAFELS *(RAIK)*

Besonderheiten: Kein Wanderweg, nicht gesichert, erhöhte Absturzgefahr
Beste Tageszeit: Sonnenauf-/untergang
Beste Jahreszeit: Frühjahr und Herbst
Anfahrt: Den Ortsausgang von Wilgartswiesen in Richtung Spirkelbach lassen Sie hinter sich und parken erst nach dem Friedhof an einem kleinen Feldweg, direkt unter der Brücke der B10. Von dort folgen Sie dem Wirtschaftsweg runde 10 Minuten. Dann biegen Sie um ca. 130° nach rechts auf einen breiten Waldweg ab und folgen diesem Weg für ungefähr 5 Minuten.

Eine wichtige Besonderheit bei diesem Felsen ist, dass er auf dem ihm nahegelegenen Wanderweg nicht ausgeschildert ist. Es gibt auch keinen offiziellen Wanderweg hoch zum Plateau. Um nach oben zu gelangen, gehen Sie beginnend an der nördlichen Spitze links herum und dann auf der Südseite, knapp an der Felsbasis entlang, immer weiter bergauf. Dieser Weg ist anspruchsvoll und nicht gesichert. Nach ca. 10 Minuten erreichen Sie den höchsten Punkt. Von dort folgen Sie dem Felsen wieder in Richtung Nordosten und erreichen schließlich einen optimalen Aussichtsplatz zum Fotografieren.

Parkplatz

Location

SEIEN SIE VORSICHTIG
Dort am Felsen, wo es am fotogensten scheint, ist es gefährlich, es besteht absolute Absturzgefahr!! Meiden Sie diesen Fotospot bei Nässe, Schnee oder Eis. Bitte begehen Sie diesen Felsen nur mit gutem Schuhwerk und wenn Sie schwindelfrei sind und sich absolut sicher fühlen.

Koordinaten Parkplatz: 49.206111, 7.880806
Koordinaten Location: 49.204861, 7.874333
Entfernung Parkplatz: ca. 20–25 Minuten Gehzeit

Der Bavariafels ist ein kaum frequentierter, aber lohnender Fotospot. In den Senken an der B10 bei Wilgartswiesen bildet sich oft Nebel.

ZEITEN

Am Bavariafels bietet es sich an, tagsüber bei bedecktem Himmel zu fotografieren, oder wenn die Sonne kurz nach Aufgang knapp rechts neben dem Felsen steht. Das ist Ende April bis Anfang Mai so. Aber auch von Mitte August bis Mitte Oktober fällt zum Sonnenauf-/untergang schönes Streiflicht auf den Felsen.

BRENNWEITEN

Je weitwinkliger das Objektiv ist, desto mehr bekommen Sie vom Felsen und der umgebenden Landschaft auf ein Bild.

PLATZVERHÄLTNISSE

Am Felsenplateau ist es sehr eng. Maximal zwei Fotografen können sich hier abwechseln.

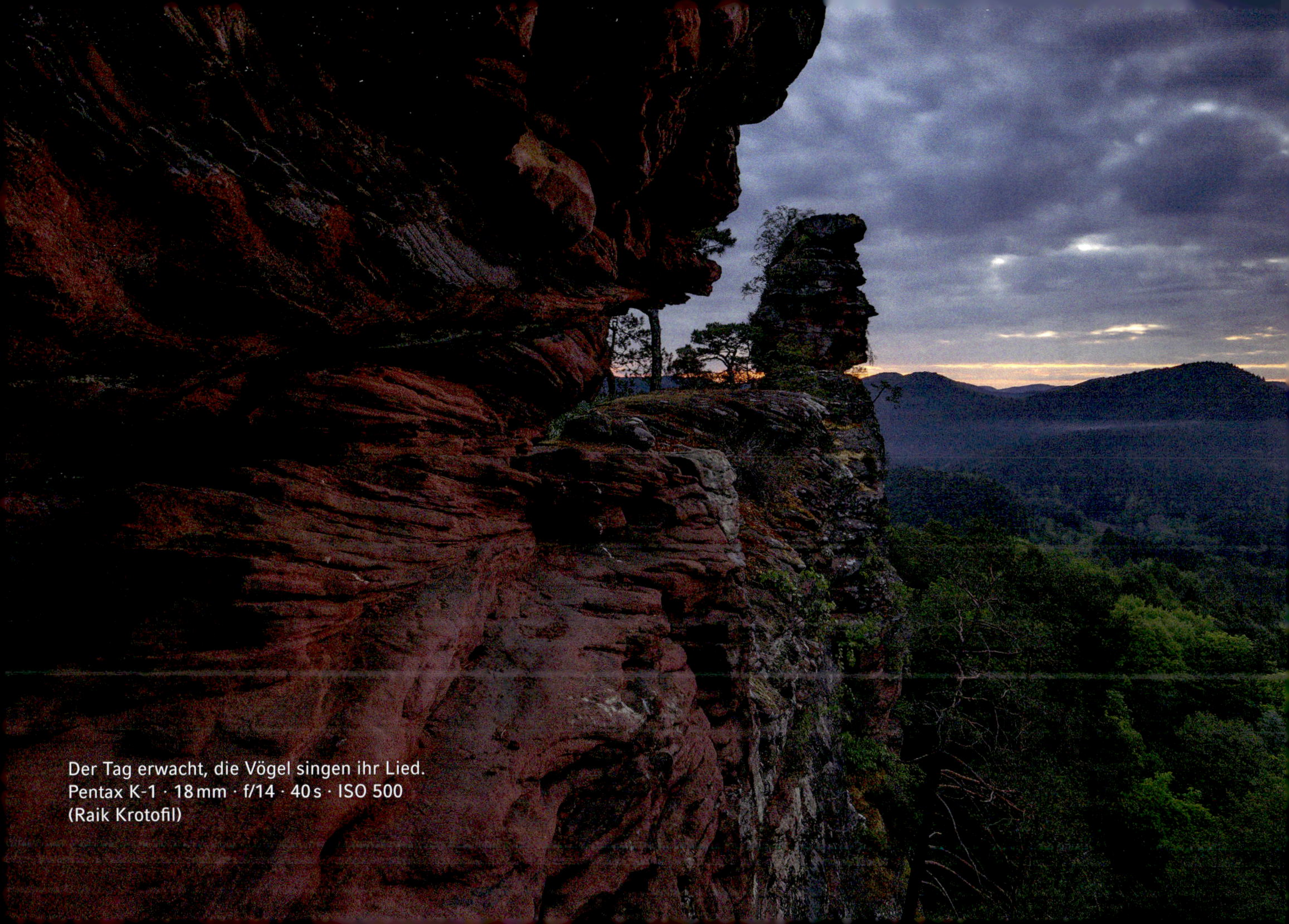

Der Tag erwacht, die Vögel singen ihr Lied.
Pentax K-1 · 18 mm · f/14 · 40 s · ISO 500
(Raik Krotofil)

Parkplatz

Location

2 GEIERSTEINE *(MICHAEL)*

Beste Tageszeit: Sonnenaufgang
Beste Jahreszeit: Winter
Anfahrt: Von der B10 kommend, folgen Sie der L495 durch Hauenstein und an Lug vorbei bis zum Parkplatz, der sich ca. 1.200 Meter hinter dem Abzweig nach Schwanheim auf der rechten Seite der Straße befindet. Vom Parkplatz geht es über die Straße, am Waldrand entlang und schließlich in den Wald hinein. Dort beginnt ein Anstieg über teilweise recht schmale Wege, die mit Wurzeln durchzogen sind. Der Weg ist stellenweise sehr anspruchsvoll und rutschig. Für die 1 km lange Strecke vom Parkplatz zum Fotospot sollten Sie ca. 25 Minuten einrechnen.
Koordinaten Parkplatz: 49.176573, 7.914276
Koordinaten Location: 49.179851, 7.911899
Entfernung Parkplatz: ca. 25 Minuten Gehzeit

Eine mächtige Felskanzel thront über dem Tal, darunter ein Meer aus Nebel. Am Horizont begrenzt eine Hügelkette die Landschaft. Wer das Bild »Der Wanderer über dem Nebelmeer« von Caspar David Friedrich kennt, wird sich auf den Geiersteinen unwillkürlich daran erinnert fühlen und ist plötzlich selbst ein Teil der dort gezeigten Szenerie.

Dabei ist das mit dem Nebel so eine Sache an den Geiersteinen. Oftmals bildet sich hier nur sehr zögerlich Nebel, auch wenn er an anderen Stellen in der Pfalz bereits in den Tälern steht. Andererseits liegt der Aussichtspunkt gerade einmal 60 Meter über dem Tal und wenn der Nebel etwas dicker wird, schluckt er den Aussichtspunkt schnell. Wenn das alles

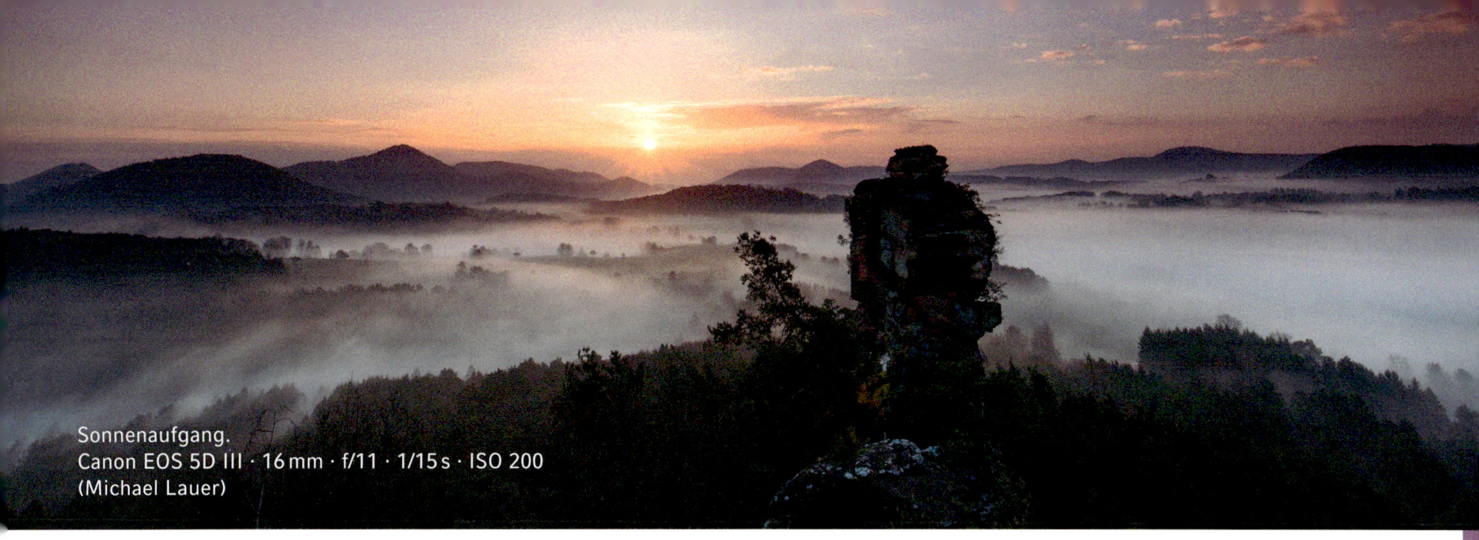
Sonnenaufgang.
Canon EOS 5D III · 16 mm · f/11 · 1/15 s · ISO 200
(Michael Lauer)

aber erst einmal passt, gibt es wenig Plätze, die einen so in ihren Bann ziehen können, wie das bei den Geiersteinen der Fall ist.

Bereits deutlich vor Sonnenaufgang, zu Beginn der blauen Stunde, bieten die Geiersteine gute fotografische Möglichkeiten. Obwohl der Felsenturm nicht die Horizontlinie schneidet, taugt er bereits zu Beginn der Dämmerung als Silhouette, wenn sich dahinter im Tal ein Nebelfeld befindet, gegen das sich der dunkle Stein abheben kann. Für das klassische Motiv der Geiersteine sind Brennweiten von 16–45 mm gut geeignet.

Wenn der Nebel besonders kompakt im Tal steht, lohnt es sich nach Sonnenaufgang zu warten, bis die Sonne Bewegung in den Nebel bringt. Dann kann man mit einem Teleobjektiv zu sehr minimalistischen Bildern gelangen, wenn Bäume aus der Nebelfläche herausragen.

▲
Tagesanbruch. Canon EOS 5D III · 400 mm · f/18 · 1/320 s · ISO 200 (Michael Lauer)

ZEITEN

Beste Tageszeit: Eine Stunde vor Sonnenaufgang (Morgendämmerung) bis ca. 30 Minuten nach Sonnenaufgang für Aufnahmen vom Nebel im Tal.

Die Geiersteine leben, wie nur wenige andere Motive in der Pfalz, vom Nebel im Tal. Daher sind hier die kühlen, feuchteren Monate im Herbst und im Winter die bevorzugte Jahreszeit. Anfang April eignen sich die Geiersteine auch zur Aufnahme der Milchstraße, allerdings ist die Lichtverschmutzung am Horizont erheblich.

BRENNWEITEN

16–40 mm für die klassische Ansicht mit der Felskanzel vor der Landschaft. Telebrennweiten über 100 mm für Ausschnitte aus dem Nebel im Tal.

PLATZVERHÄLTNISSE

Die Location selbst bietet relativ wenig Platz, zumindest dann, wenn man mit einem Weitwinkel arbeitet und dabei keine anderen Personen im Bild haben will. Mit dem markanten Felsen als Hauptmotiv können so drei Fotografen gleichzeitig an ihrem Bild arbeiten, ohne sich dabei gegenseitig im Weg zu stehen. Mit etwas Absprache und gegenseitiger Rücksichtnahme auch fünf oder sechs Personen – alles darüber macht aber keinen Spaß mehr.

3 HÜHNERSTEIN *(RAIK)*

Beste Tageszeit: Sonnenaufgang
Beste Jahreszeit: Anfang September bis Anfang April
Besonderheiten: nicht gesichert, Absturzgefahr, enge Aufstiegsleiter
Anfahrt: Parken können Sie am westlichen Ende Schwanheims, an der Engelstrasse am Waldrand. Von dort geht es auf dem Wanderweg in den Wald, der einen 180°-Bogen nach links beschreibt. Nach ca. 600 Metern führt ein kleiner Weg nach links im Zickzack den Berg hinauf. Nach weiteren 600 Metern sind Sie am Ziel und sehen den Felsen mit seiner markanten Eisenleiter.
Koordinaten Parkplatz: 49.1675, 7.869028
Koordinaten Location: 49.170472, 7.865417
Entfernung vom Parkplatz: ca. 20 Minuten Gehzeit ca. 1,2 km, 110 Höhenmeter

Parkplatz

Location

Der Hühnerstein taucht wie eine Sandsteinsäule mitten im Wald auf und wäre ohne die lange, mit einem Sicherheitskorb umgebene Leiter aus Eisen, nicht zu erklimmen. Der Aufstieg ist nichts für Menschen mit Klaustrophobie und Schwindelgefühl.

Auf dem 12 Meter hohen Fels hat man einen grandiosen 360°-Panoramablick.

ZEITEN

Wie viele der Felsen im Pfälzerwald, ist auch dieser Fotospot in Ausrichtung Osten für den Sonnenaufgang optimal. Von Anfang September bis Anfang April steht die Sonne dafür sehr gut.

Auf dem Plateau des erklommenen Hühnersteins schaut man direkt in Richtung der aufgehenden Sonne. Wenn der Morgennebel

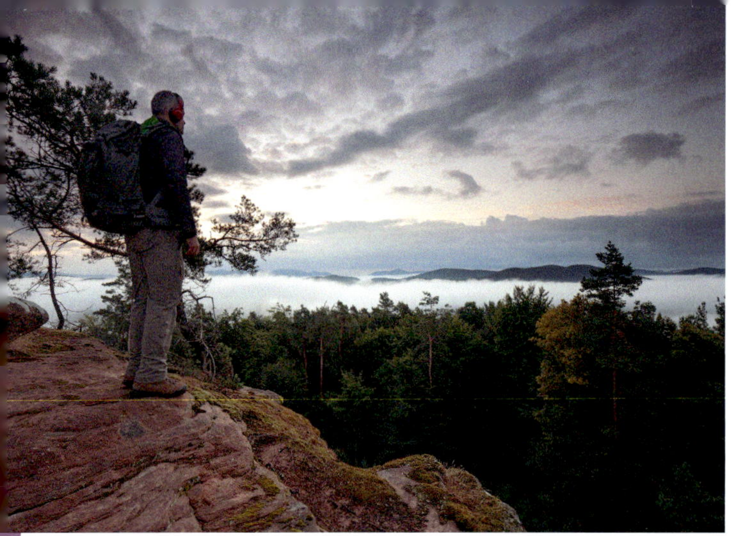

Wolkenschichten.
Canon EOS 5D II · 16 mm · f/16 · 1/6 s · ISO 100
(Raik Krotofil)

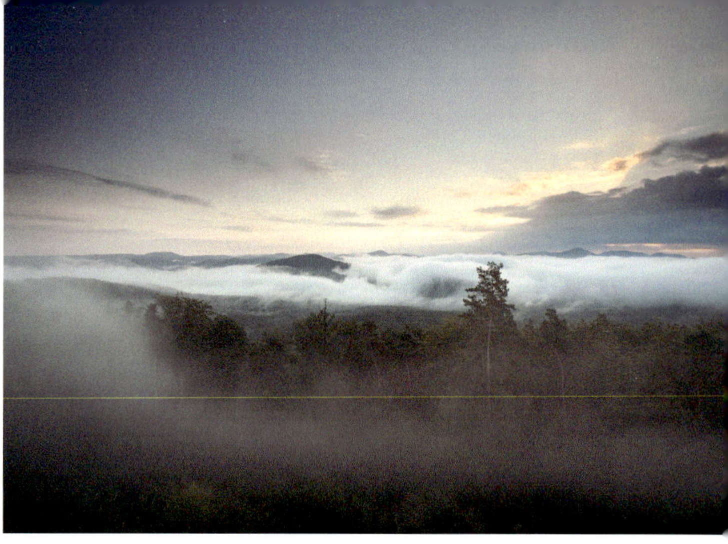

Am Rande des Felsens.
Canon EOS 5D II · 16 mm · f/14 · 0,5 s · ISO 400
(Raik Krotofil)

sich mit den Farben des Sonnenaufgangs trifft, ist die beste Zeit, hier zu fotografieren.

BRENNWEITEN

Um die Weite mit aufziehenden Wolken in Szene zu setzen, ist ein Weitwinkelobjektiv das Mittel der Wahl. Für Details im Wald oder in der Ferne sollte ein Teleobjektiv mit auf den Felsen genommen werden.

PLATZVERHÄLTNISSE

Es geht hier auf dem Aussichtsplateau recht eng zu. Für zwei Fotografen ist Platz.

4 KIRSCHFELS *(RAIK)*

Besonderheiten: gesichert, Holzgestell nicht mehr vorhanden
Beste Tageszeit: Bei Nebel perfekt
Beste Jahreszeit: Oktober bis Mitte März
Anfahrt: Die B48 von Annweiler in Richtung Johanniskreuz führt Sie zum Waldparkplatz auf der rechten Seite, von dem Sie nach links in den Wald auf den asphaltierten Forstweg abbiegen und diesem folgen. Später geht es dann weiter nach rechts bergauf, der Beschilderung zum Annweiler Forsthaus folgend. Die asphaltierte Wegstrecke ist schlecht, lässt sich aber per PKW langsam befahren. Von dort aus gehen Sie auf dem Wanderweg für ca. 20 Minuten in südwestlicher Richtung. Auf einer Lichtung mit Holzlagerplatz biegen Sie dann links auf einen Forstweg ab und sehen auch schon die Rheinebene durch die Bäume schimmern.
Koordinaten Parkplatz: 49.2625917,7.8685514
Koordinaten Location: 49.251194, 7.889389
Entfernung vom Parkplatz: ca. 2 km bzw. 25 Minuten Gehzeit

Parkplatz

Location

Stille ist am Kirschfels an der Tagesordnung. Selten trifft man hier am Morgen Wanderer oder andere Fotografen. Wenn luftiger Nebel durch die Täler wabert und die sanften Farben des Morgens am Himmel stehen, schlägt das Herz des Naturfotografen höher.

Auf einigen Fotos kann man bei der Recherche im Internet eine Holzkonstruktion ähnlich einem Aussichtsplateau sehen. Diese wurde leider abgerissen und nicht mehr ersetzt.

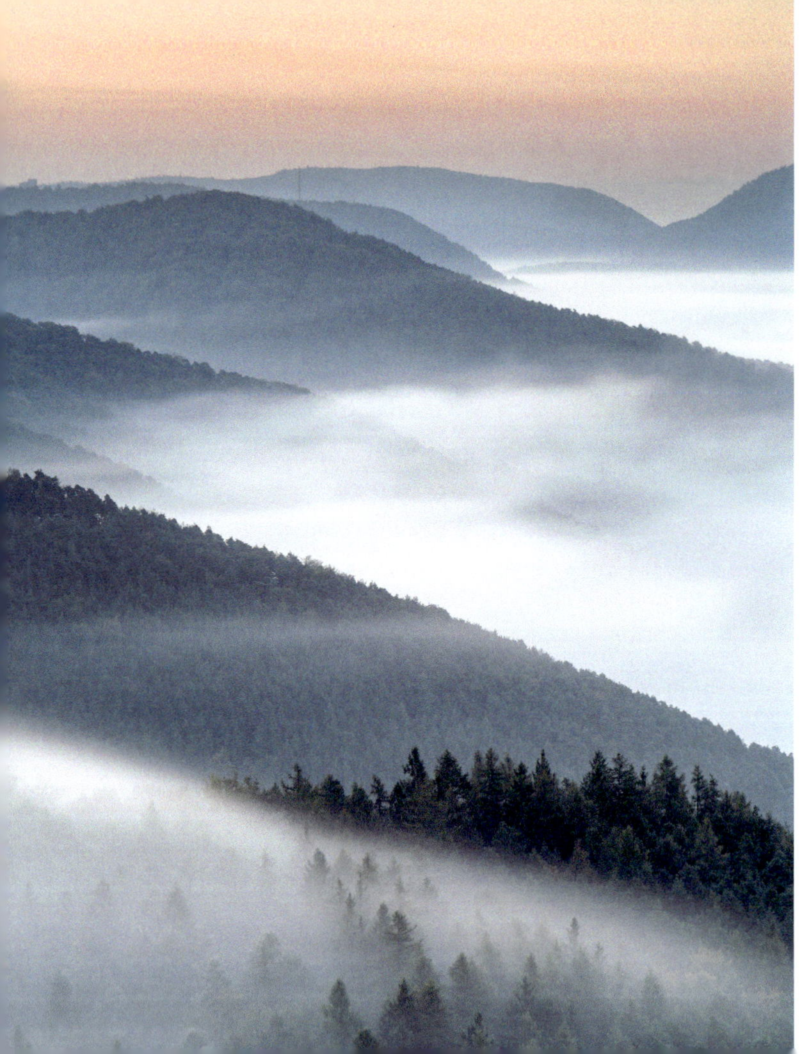

ZEITEN

Durch die Ausrichtung nach Osten ist der Kirschfels ein idealer Sonnenaufgangsspot. Die Sonne geht hinter dem Fotografen unter und spielt somit für Besuche am Nachmittag keine Rolle. Auch für Fotos mit dem Sternenhimmel eignet sich dieser Ort, wenn auch nicht herausragend.

BRENNWEITEN

Für Übersichtsaufnahmen funktioniert ein Weitwinkelobjektiv sehr gut, für Details in den Hügeln oder zur Freistellung eignen sich Telebrennweiten.

PLATZVERHÄLTNISSE

Es herrscht genügend Platz für mehrere Fotografen.

◀ Staffelungen im Nebel.
Pentax K-1 · 35 mm · f/6,3 · 60 s · ISO 100
(Raik Krotofil)

Vollmondnacht im Winter. ▶
Canon EOS 5D II · 16 mm · f/4 · 25 s · ISO 4000
(Raik Krotofil)

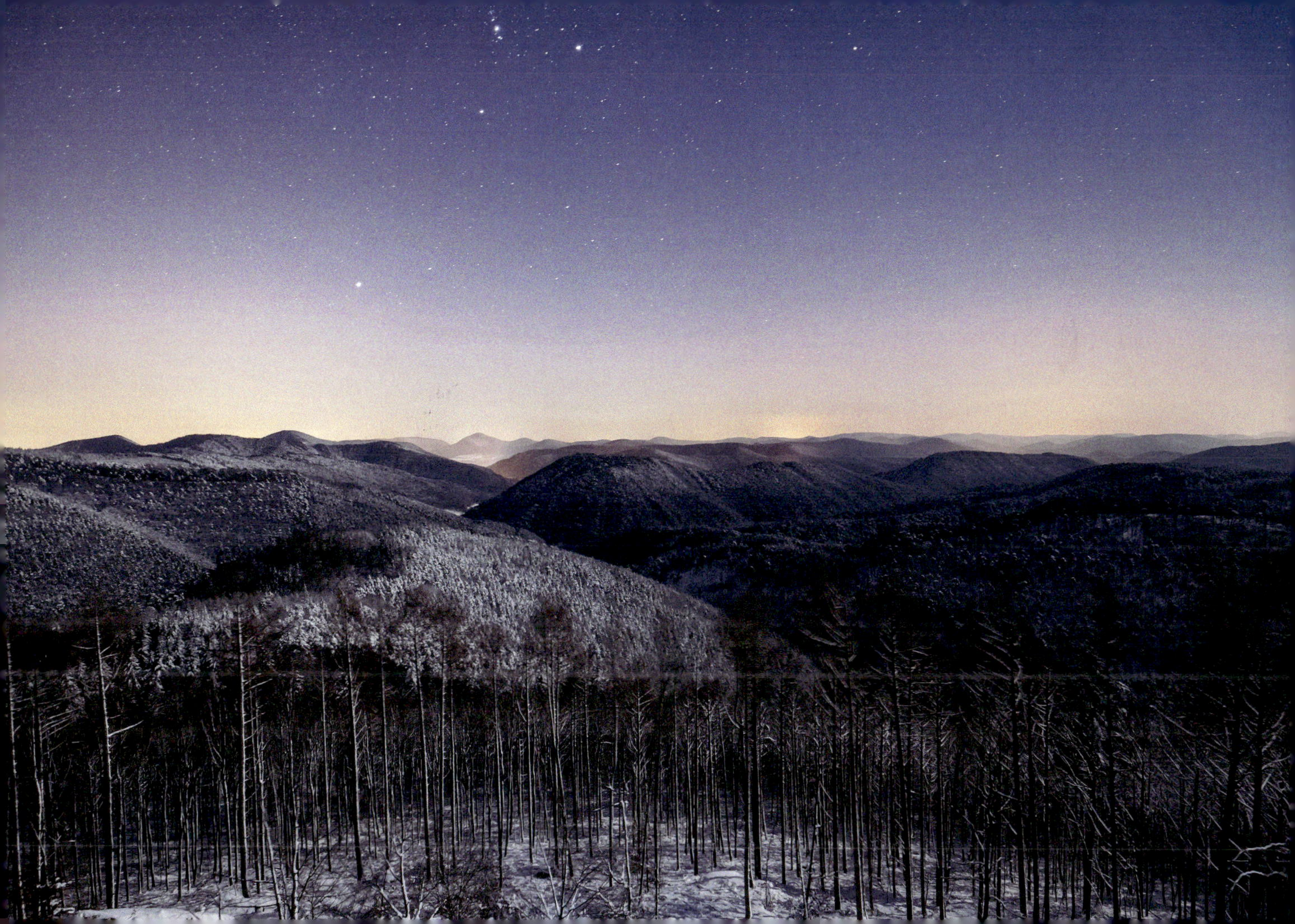

Parkplatz

Location

5 KOSTENFELS *(RAIK)*

Besonderheiten: nicht gesichert, Absturzgefahr
Beste Tageszeit: Sonnenauf-/untergang
Beste Jahreszeit: September bis März
Anfahrt: Mitten im Ort, direkt neben der Kirche, führt eine winzige Gasse hinter das Gebäude. Dort geht ein kleiner Treppenwanderweg in nördlicher Richtung durch das Unterholz zur B10. Durch die Unterführung der Bundesstraße folgen Sie dem Wanderweg weiter. Dieser macht einen 180°-Schwenk nach links, der anschließenden Weggabelung folgen Sie nach links weiter. Nach wenigen Metern sehen Sie einen Wegweiser. Diesem folgen Sie nun auf einem Pfad bergauf, der Felsen ist bereits sichtbar.
Koordinaten Parkplatz: 49.218889, 7.925472
Koordinaten Location: 49.221, 7.923167
Entfernung Parkplatz: ca. 20 Minuten Gehzeit

Der Kostenfels mit seiner Südwestausrichtung befindet sich über der Gemeinde Rinnthal. Durch seine Basis wurde ein Tunnel für die Trasse der B10 gebaut. Oben auf dem Felsen können Sie diese Bundesstraße gut sehen und auch der Geräuschpegel ist entsprechend. Einen Abstecher kann man zu diesem Felsen durchaus machen, aber er ist keine Pflicht-, sondern eher eine Ersatzlocation – oder bestens geeignet, wenn der Nebel die Bundesstraße und die Ortschaft überdeckt.

ZEITEN

Zum Sonnenauf-/untergang sehr gut geeignet ab Ende September bis Anfang März.

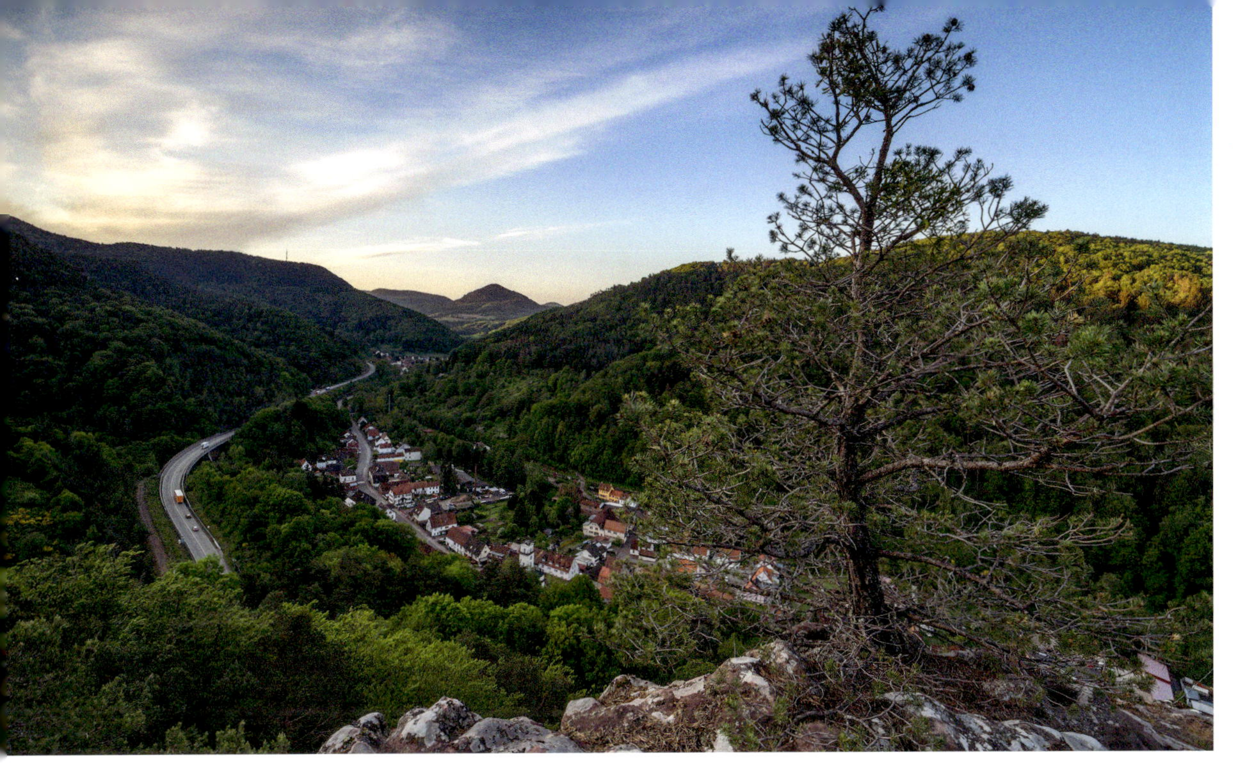

Rinnthal zu Füßen. Pentax K-1 · 15 mm · f/18 · 40 s · ISO 400 (Raik Krotofil)

BRENNWEITEN

Mittlere Brennweiten sind gut für die Formen im Wald geeignet, Weitwinkel für Übersichtsaufnahmen.

PLATZVERHÄLTNISSE

Für zwei bis drei Fotografen ist hier Platz, das Felsenschiff ist weit auseinandergezogen. So kann jeder für sich einen Platz finden.

Parkplatz

Location

6 LUITPOLDTURM *(RAIK)*

Besonderheiten: oft zugig und kalt, oft über dem Nebel
Beste Tageszeit: Sonnenauf-/untergang, Mondauf-/untergang
Beste Jahreszeit: ganzjährig
Anfahrt: Am besten erreicht man den Luitpoldturm über die B10 und den Ort Hermersbergerhof. Von der B10 dauert die Fahrt hinauf zum Hermersbergerhof gut 10 Minuten und nach weiteren zwei Minuten ist man bereits am Parkplatz Luitpoldstein.

Von dort führt ein 500 Meter langer, sandiger Weg fast geradeaus zum Fuß des Luitpoldturms. 164 Stufen trennen Sie dann noch von der ca. 638 Meter hoch gelegenen Aussichtsplattform des Turmes.

Im Treppenhaus stehen immer wieder Nischen zur Verfügung, die ein Pausieren beim Aufstieg ermöglichen, allerdings sind diese offen und es zieht dort sehr stark. Unmittelbar unterhalb der Aussichtsplattform befindet sich nochmals eine Rastmöglichkeit und dort ist es auch deutlich geschützter und weniger zugig. Dieser Ort bietet sich auch an, um vor einem kurzen Schauer Schutz zu suchen, ohne den Turm ganz verlassen zu müssen.

Koordinaten Parkplatz: 49.248611, 7.824722
Koordinaten Location: 49.252556, 7.825572
Entfernung Parkplatz: ca. 800 Meter bzw. 15 Minuten Gehzeit

Der Luitpoldturm auf dem Weissenberg bietet eine 360°-Fernsicht über die Hügel der Pfalz bis in die Vogesen hinein und bis zu den Höhen des Schwarzwaldes. Er ist rund um die Uhr zugänglich. An seinem Fuß befindet sich ein ebenfalls frei zugänglicher Neben-

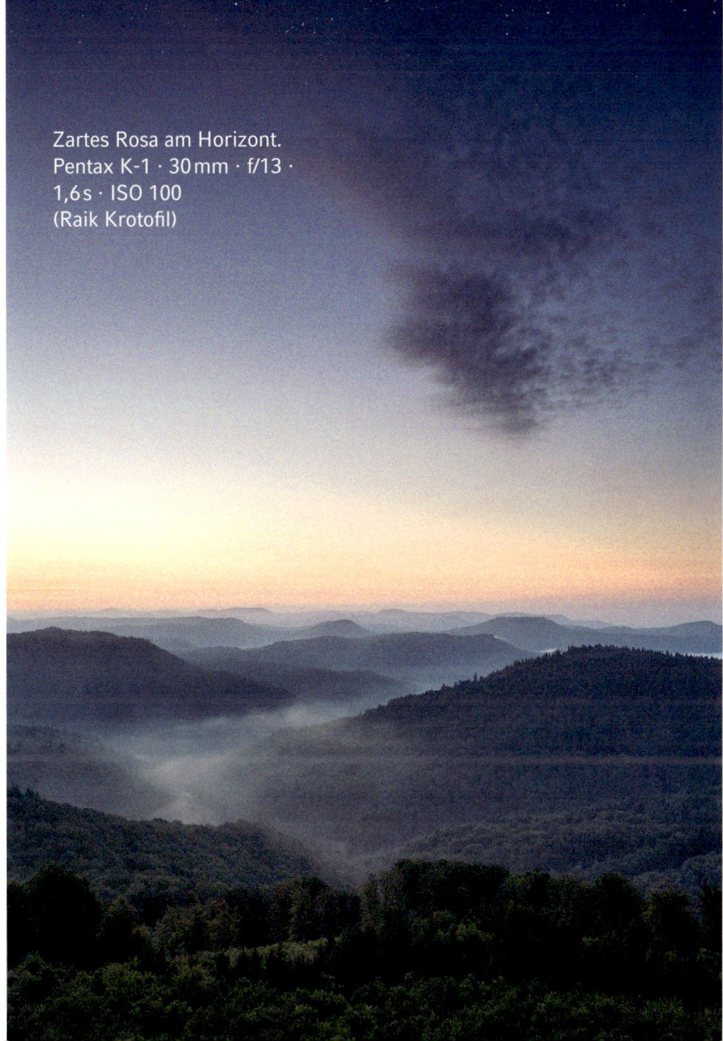
Zartes Rosa am Horizont.
Pentax K-1 · 30 mm · f/13 · 1,6 s · ISO 100
(Raik Krotofil)

raum, der über eine Feuerstelle, sowie Tische und Bänke verfügt und gut für eine Brotzeit genutzt werden kann.

PERFEKT BEI NEBEL

Nun steht über der Rheinebene oft ein Dunstband, welches den Mond oder die Sonne erst dann klar am Himmel hervortreten lässt, wenn beide schon relativ weit über dem Horizont stehen. Es gehört schon eine gute Portion Wetterglück dazu, den Mond von hier aus direkt über den Hügeln im Osten klar aufgehen zu sehen. Als Ausgleich arbeitet das erwähnte Dunstband zum Sonnenaufgang oft für den Fotografen, da es die aufgehende Sonne in ihrer Intensität etwas dämpft und damit weniger grell erscheinen lässt.

Das sorgt auch dann für etwas Farbe am Horizont, wenn bei einem sonst wolkenlosen Himmel nur wenig Drama in den Himmel kommt. Der Blick hinüber zum Schwarzwald ist nur an kalten, klaren Wintertagen lohnenswert, entschädigt dann aber gerade zum Sonnenaufgang mit unglaublich intensiven Farben im Himmel über der Landschaft. Bei Morgennebel oder Inversionswetterlagen ist man auf dem Turm oft über dem Nebel.

ZEITEN

Der bevorzugte Blick vom Luitpoldturm geht, trotz der gebotenen Rundumsicht, eindeutig am besten in Richtung Osten. Hier findet sich die ansprechendere Staffelung an Hügeln und dort, über der Rheinebene, geht die Sonne auf sowie – je nach Zeit im Monat – auch der Vollmond. Fotografisch ist der Luitpoldturm ein Ganzjahresziel. Durch seine für die Pfalz einmalig sehr hohe Lage von über 600 Metern findet man hier im Winter oft gepuderte Baumwipfel und Schnee, während in den tieferen Lagen vom Winter nicht allzu viel zu sehen ist. Umgekehrt bedeutet das aber auch, dass man auf dem Luitpoldturm im Sommer morgens schon frieren kann und kalte Finger bekommt, wenn man in den Tälern noch nicht daran denkt, dass es richtig kalt werden könnte.

BRENNWEITEN

Neben einem Weitwinkelobjektiv und mittleren Brennweiten sollte hier auch ein Telezoom, gerne bis zu 400 mm, im Fotorucksack sein. Damit lassen sich interessante Ausschnitte aus den Hügeln erfassen.

PLATZVERHÄLTNISSE

Endlich ein Fotospot mit viel Platz! Hier oben können mehrere Personen stehen, in Richtung des Lichts haben vier bis fünf Fotografen nebeneinander Platz.

Goldener Nebel. ▶
Canon EOS 5D II · 300 mm · f/16 · 1/80 s · ISO 100
(Raik Krotofil)

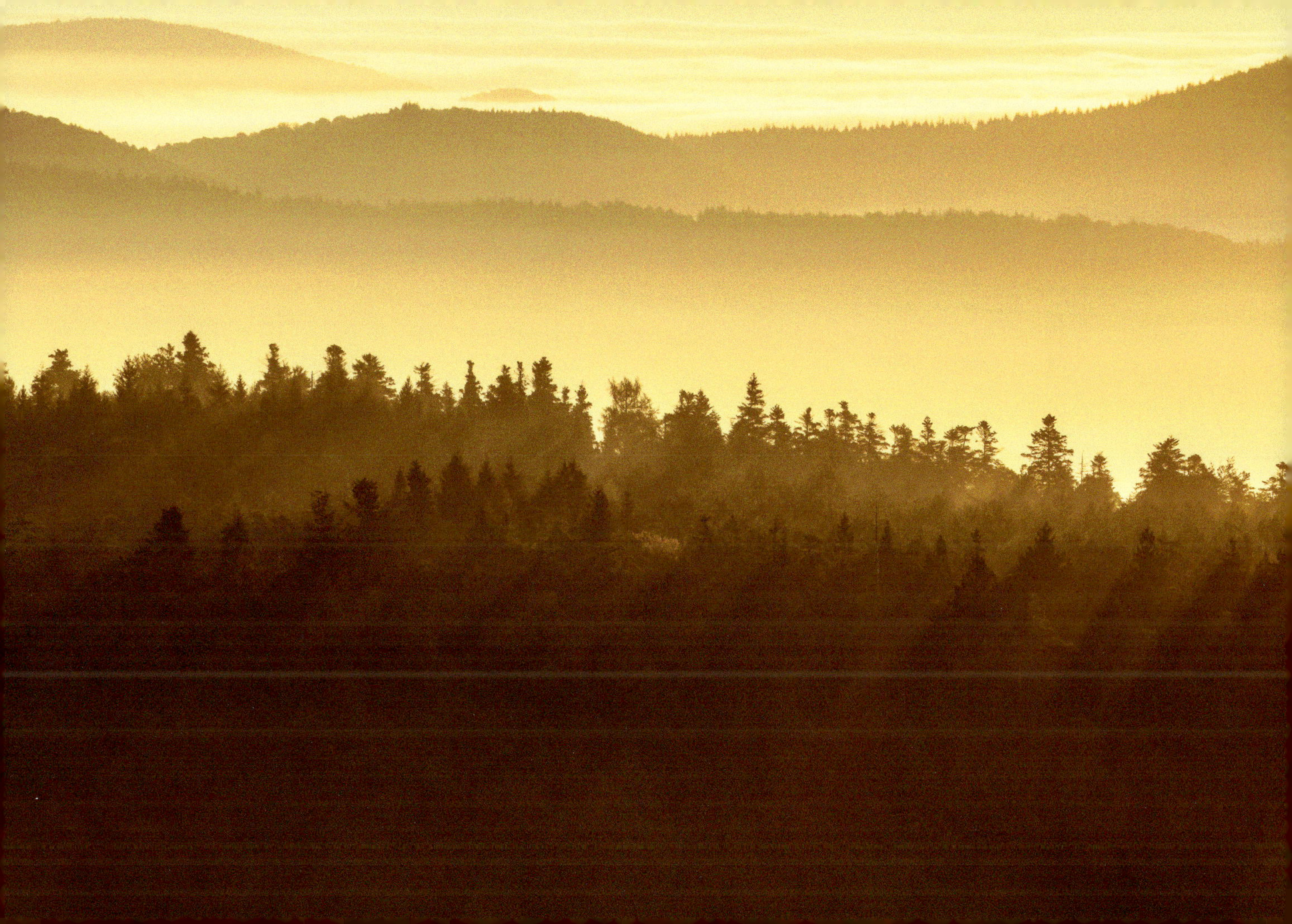

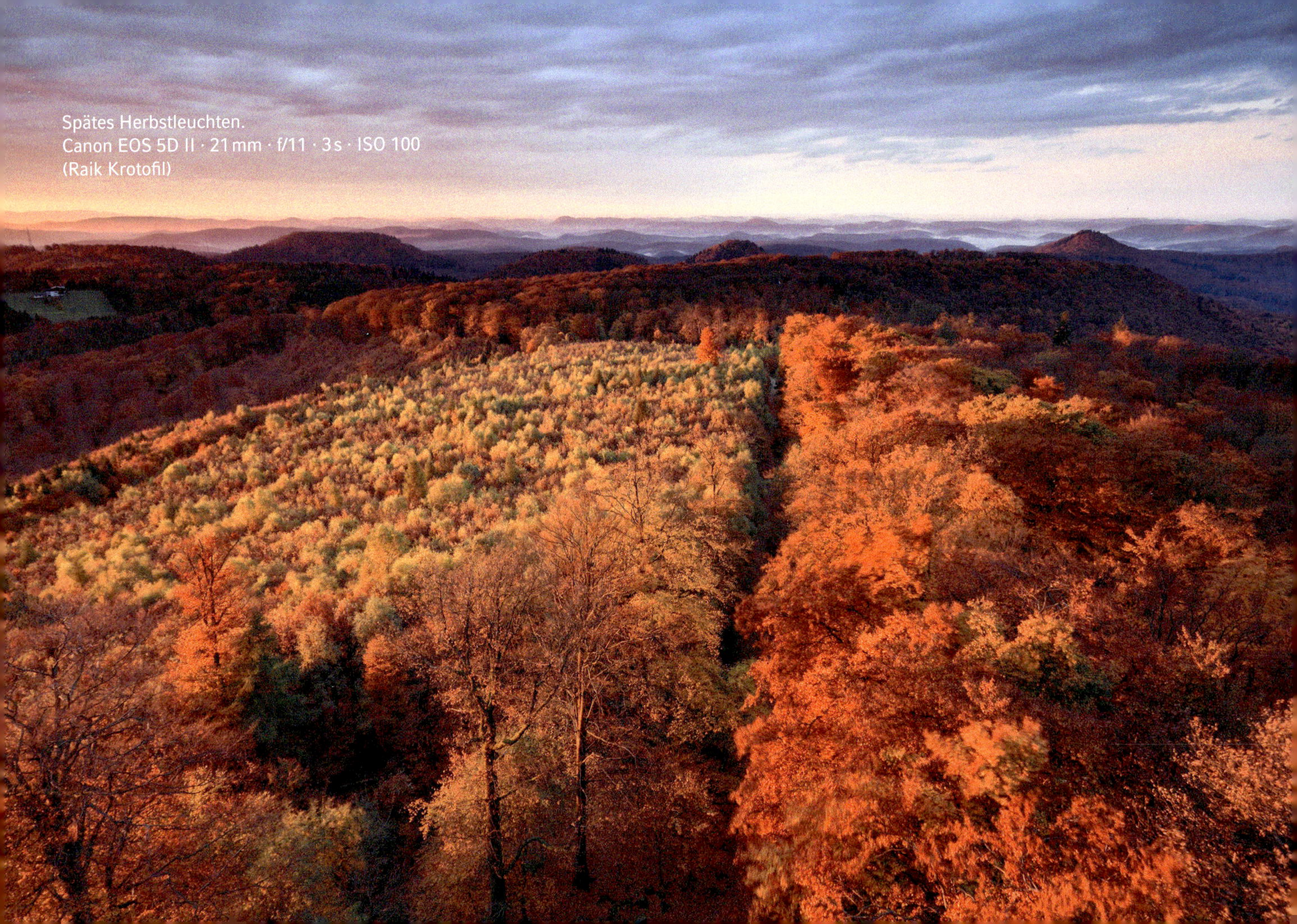

Spätes Herbstleuchten.
Canon EOS 5D II · 21 mm · f/11 · 3 s · ISO 100
(Raik Krotofil)

Wintermorgen.
Pentax K-1 · 15 mm · f/8 · 0,5 s · ISO 100
(Raik Krotofil)

Parkplatz

Location

7 NEDINGFELS *(RAIK)*

Besonderheiten: nicht gesichert, Absturzgefahr
Beste Tageszeit: Sonnenuntergang
Beste Jahreszeit: ganzjährig
Anfahrt: Um von Hauenstein aus zum oberen Teil des Felsens zu gelangen, parken Sie am besten in der Falkenburgstraße und folgen dort, in westlicher Richtung, dem Wanderweg in den Wald hinein. Nach wenigen hundert Metern erreichen Sie auch schon den Aussichtspunkt am Nedingfels.
Koordinaten Parkplatz: 49.19775, 7.849472
Koordinaten Location: 49.198111, 7.85375
Entfernung Parkplatz: ca. 10 Minuten Gehzeit

So romantisch das Foto wirkt, so viel Leere es vorgaukelt, ist der Felsen doch am Fuße des Ortes Hauenstein gelegen. Die Geräusche der nah gelegenen Bundesstraße B10 sind zu hören und die Gebäude des Zentrums des Deutschen Schuheinzelhandels sind unweit des Felsens zu erkennen. Mit dem Blick in Richtung Westen, also zum Sonnenuntergang, ergeben

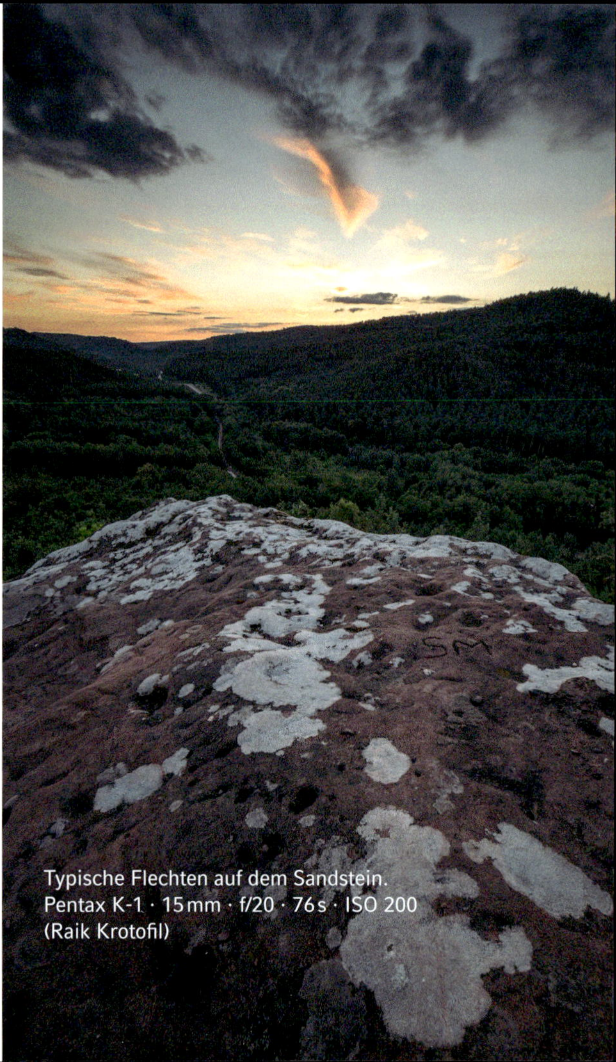

Typische Flechten auf dem Sandstein.
Pentax K-1 · 15 mm · f/20 · 76 s · ISO 200
(Raik Krotofil)

Mondaufgang.
Pentax K-1 · 24 mm · f/22 · 0,3 s · ISO 400
(Raik Krotofil)

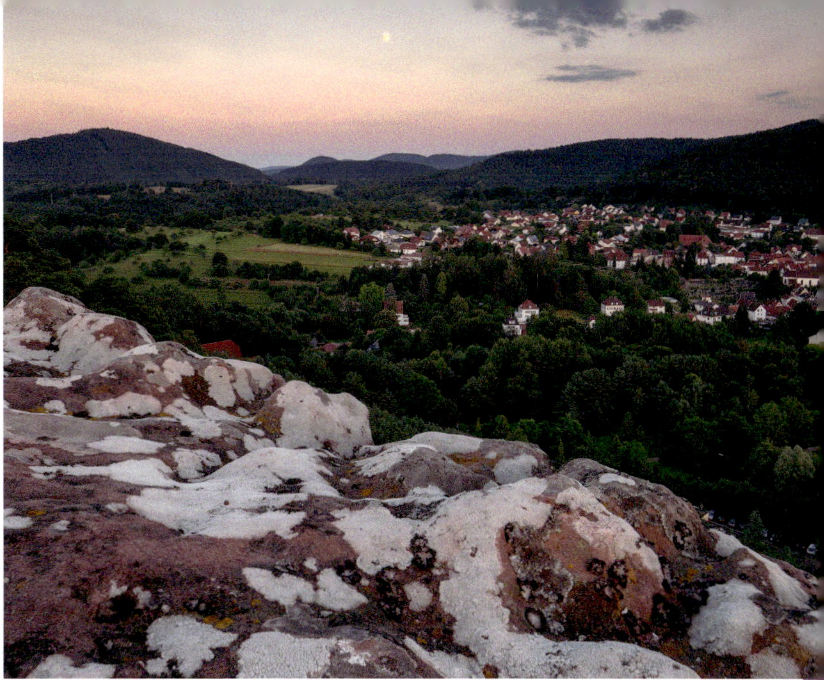

sich jedoch einige Möglichkeiten für Bilder, die so typisch sind für diese Region.

ZEITEN

Am Abend, zum Sonnenuntergang oder Mondaufgang, ist dieser Felsen gut geeignet.

BRENNWEITEN

Weitwinkel für Übersichtsaufnahmen und mittlere Telebrennweiten bieten hier die besten Möglichkeiten.

PLATZVERHÄLTNISSE

Auf dem Plateau des Nedigfelsens haben bis zu drei Fotografen Platz. In Richtung Sonnenuntergang reicht der Platz dann nur für ein Stativ aus.

Parkplatz

Location

8 RÖTZENFELS *(MICHAEL)*

Besonderheiten: nicht gesichert, Absturzgefahr
Beste Tageszeit: Sonnenaufgang
Beste Jahreszeit: Herbst, Winter
Anfahrt: Eine Parkmöglichkeit befindet sich an der Kindertagesstätte in Gossersweiler. Vom Parkplatz führt zunächst ein breiter, gut begehbarer Weg in den Wald. Später zweigt am Aufstieg zum Rötzenfels ein schmaler Pfad ab. Die Gehzeit vom Parkplatz zur Location beträgt insgesamt ca. 25 Minuten.
Koordinaten Parkplatz: 49.161613, 7.923588
Koordinaten Location: 49.157379, 7.910086
Entfernung Parkplatz: ca. 25 Minuten Gehzeit

Staunen – das ist die erste Reaktion, wenn man aus dem Wald heraustritt und zum ersten Mal auf dem Plateau des Rötzenfels steht. Kein Geländer ist zwischen dem Betrachter und der unmittelbar davor fast 60 Meter tief abfallenden, senkrechten Felswand. Ein 180°-Panoramablick geht von dort über eine weitläufige Waldlandschaft. Bereits hier, direkt an der Felskante und mit Blick über den Wald, bieten sich zahlreiche Motive an.

Eine abgesetzte Felskanzel am Südwestende des Rötzenfels trägt ein Gipfelkreuz. Dieses Motiv eignet sich auch gut, um eine Person in die Aufnahme der Landschaft zu integrieren und erfreut sich dadurch besonders auf Instagram immer wieder großer Beliebtheit.

Mein Favorit unter den vielen fotografischen Möglichkeiten, die der Rötzenfels bietet, ist allerdings die Sicht links an der Felskanzel vorbei. Der Blick geht hier in Richtung Rheinebene und damit in Richtung des Sonnenaufgangs. Hier findet man eine Hügelstaffelung, die sich mit einer Brennweite im leichten Telebereich zusätzlich verdichten lässt. Im Herbst, wenn Nebel im Tal liegt, ist das eine Vorlage für großartige Bilder und ein Motiv, das jeder Fotograf gerne in sein Portfolio aufnimmt.

Auch im Sommer hält der Rötzenfels einige interessante Motive bereit. Beispielsweise steht gegen Ende August das galaktische Zentrum der Milchstraße genau über der Burg Lindelbrunn. Eine Brennweite von 24 mm funktioniert im Hochformat sehr gut für diese Aufnahme. Bereits zwei Monate früher, Ende Juni, geht die Sonne direkt in der Verlängerung des Felsenturms auf dem Plateau des Rötzenfels unter. Für dieses Motiv ist ein extremes Weitwinkel die beste Wahl.

Wie von den meisten erhöhten Positionen im Pfälzerwald, lassen sich auch vom Rötzenfels die Nebel fotografieren, die nach Sonnenaufgang aus dem Wald aufsteigen.

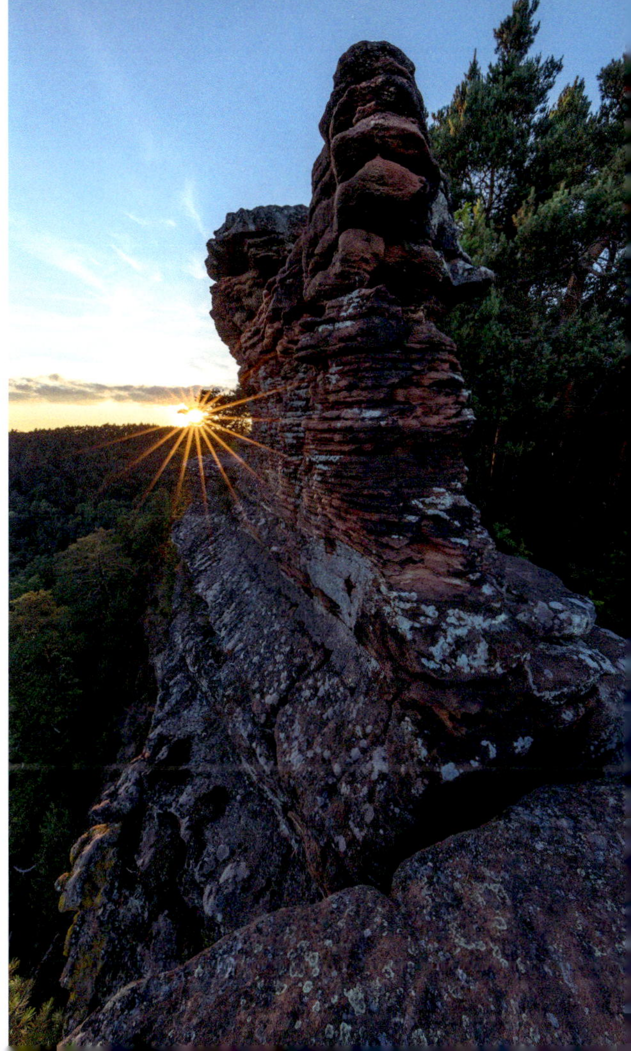

Sonnenuntergang im Sommer. Canon EOS 5DS R · 11 mm · f/20 · 1/15 s · ISO 100 (Michael Lauer)

ZEITEN

Wer Nebel im Tal sucht, sollte den Rötzenfels im Herbst vor Sonnenaufgang besuchen. Ende August zeigt sich die Milchstraße über der Burg Lindelbrunn. Ende Juni ist ein guter Zeitpunkt für den Sonnenuntergang.

BRENNWEITEN

Je nach Motiv setze ich auf dem Rötzenfels Brennweiten vom starken Weitwinkel bis in den leichten Telebereich ein. Wer mit möglichst leichtem Gepäck unterwegs ein will, sollte ein Zoom wählen, das den Brennweitenbereich 24–105 mm abdeckt.

PLATZVERHÄLTNISSE

Der Rötzenfels ist besonders im Herbst zum Sonnenaufgang ein gerne besuchter Platz. Fünf Fotografen verteilen sich an der Location noch recht gut, müssen sich dabei aber ein Stück weit arrangieren, um sich nicht gegenseitig im Bild zu stehen.

Tagesanbruch im Herbst.
Canon EOS 5DS R · 55 mm · f/11 · 1 s · ISO 100
(Michael Lauer)

SICHERHEIT

Auf Grund der Lage des Felsens (kein Geländer, fast 60 Meter freier Fall möglich) sollte man die Strecke beim ersten Mal nicht im Dunkeln gehen. Stattdessen wird empfohlen, die Location zunächst bei Tageslicht zu erkunden, beispielsweise zum Sonnenuntergang.

NATURSCHUTZ

Der Rötzenstein zählt zu den Felsen, die regelmäßig ab Februar zum Schutz der Vogelbrut gesperrt sind (genauere Angaben finden Sie unter *www.pfaelzer-kletterer.de/sub_tourendb/pfalztour/felssperrung/sperrlistePfalz.php*).

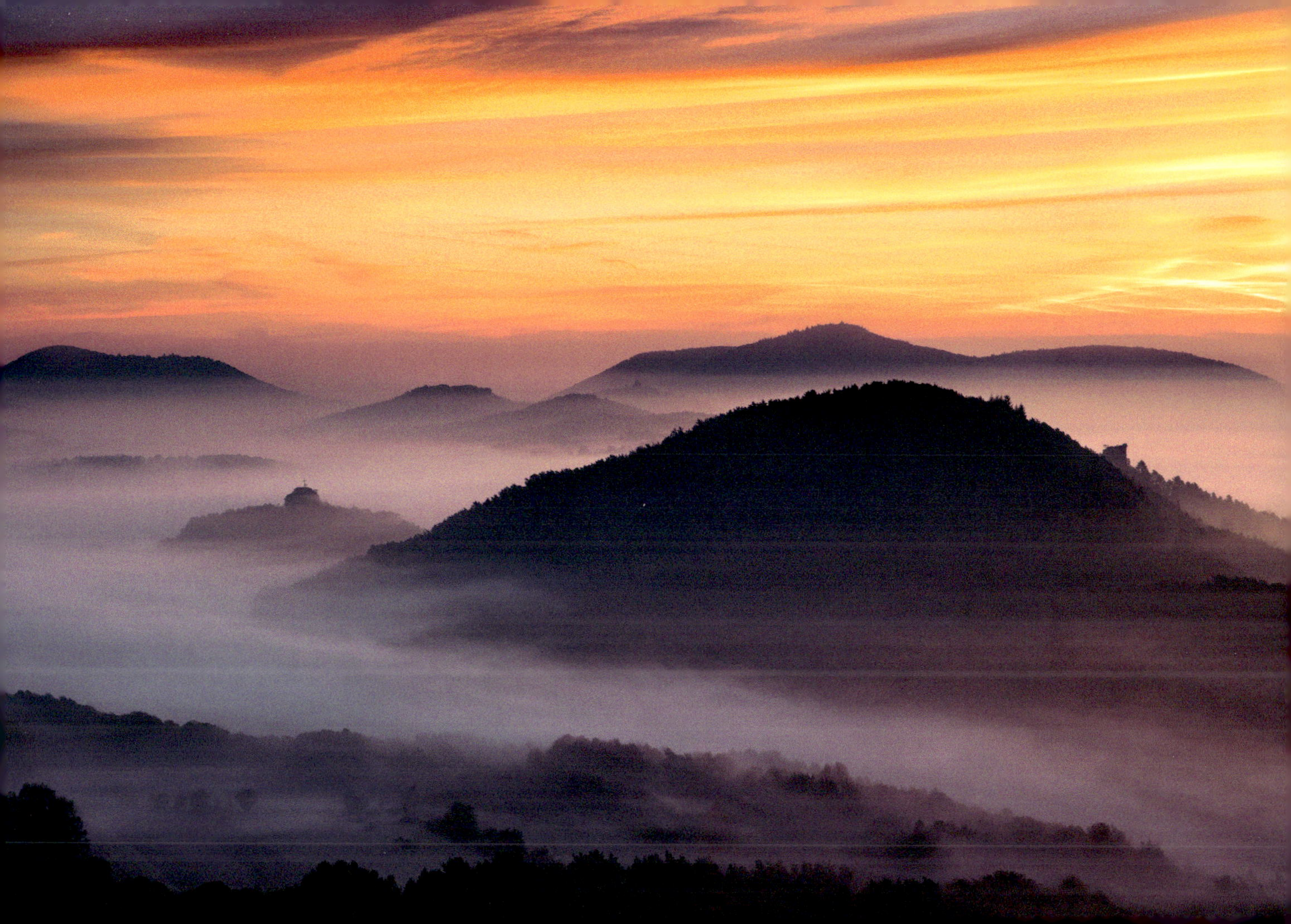

Parkplatz

Location

9 RUNDER HUT *(RAIK)*

Besonderheiten: Absturzgefahr, nicht gesichert
Beste Tageszeit: Sonnenaufgang, Sternenhimmel
Beste Jahreszeit: ganzjährig
Anfahrt: Am westlichen Ortsausgang von Wernersberg, nahe der Kreisstraße von Sarnstall nach Lug, befindet sich die Kaisermühle. Von hier nehmen Sie den Wanderweg in südlicher Richtung, leicht bergauf. Nach ca. 400 Metern gabelt sich der Weg nach rechts und führt weiter bergauf. Nach runden 300 Metern biegen Sie an einer Weggabelung fast 130° nach links auf einen breiten Forstweg ab, dem Sie weitere 400 Meter folgen. Danach zeigt sich ein unscheinbarer kleiner Pfad, der in einem Winkel von 140° nach rechts steil bergauf führt. Folgen Sie diesem Pfad, erreichen Sie nach rund 200 Metern die Felsbasis. An dieser laufen Sie weiter auf der Westseite entlang, um das Ziel zu erreichen.
Koordinaten Parkplatz: 49.195278, 7.914944
Koordinaten Location: 49.190528, 7.913528
Entfernung Parkplatz: ca. 1,3 km bzw. 30 Minuten Gehzeit, 140 Höhenmeter

Früh an einem Sommermorgen ist dieser Felsen ein wundervoll ruhiger Platz, um die Seele baumeln zu lassen, den Vögeln zuzuhören – und zu fotografieren. Die Bank können Sie als Bildelement einsetzen oder kurz dahinter Ihr Stativ aufstellen. Rechts kommt bereits ein Teil der Ortschaft Wernersberg ins Bild. Wer das nicht möchte, sollte das Hochformat nutzen oder einen engeren Bildausschnitt wählen.

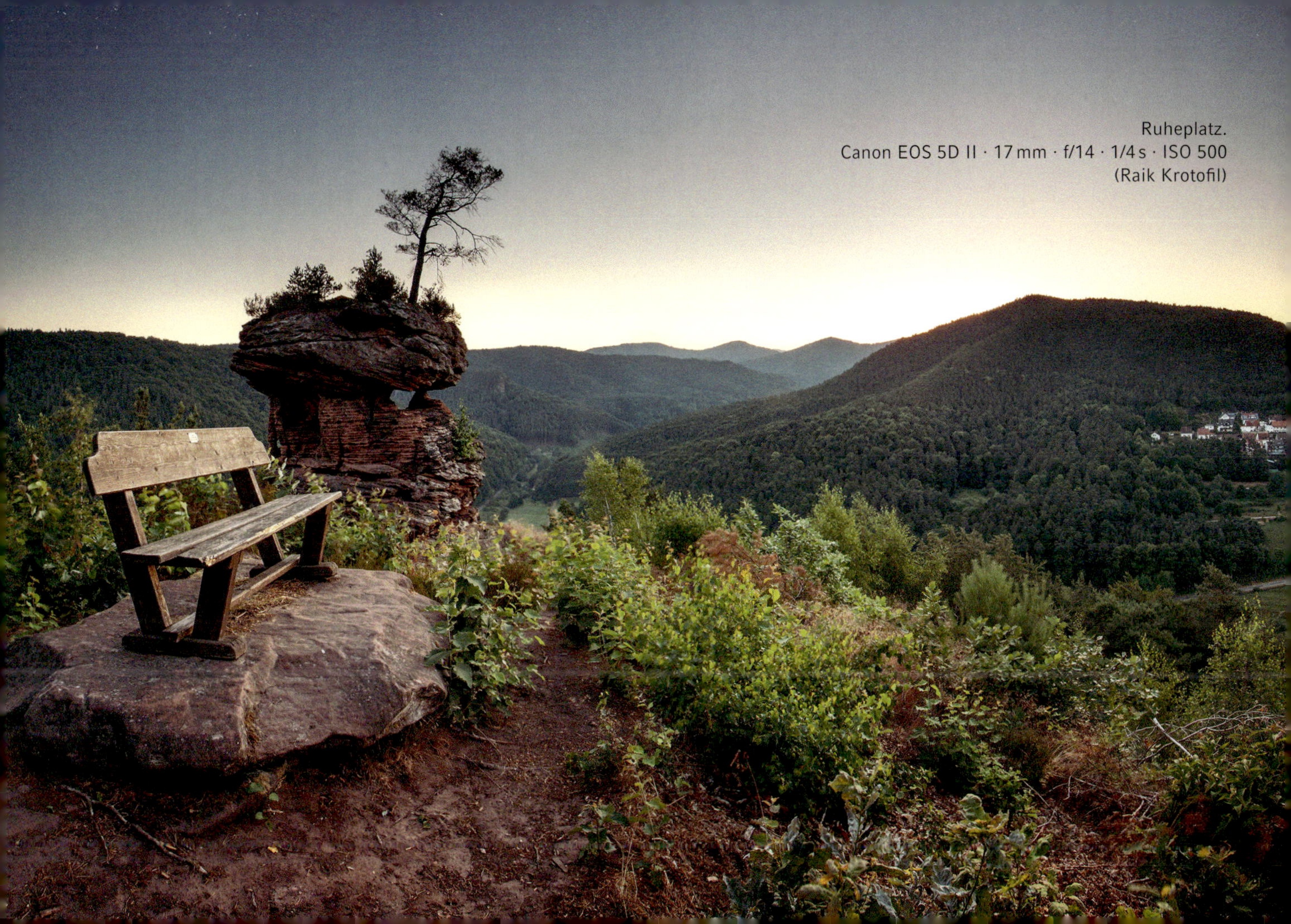

Ruheplatz.
Canon EOS 5D II · 17 mm · f/14 · 1/4 s · ISO 500
(Raik Krotofil)

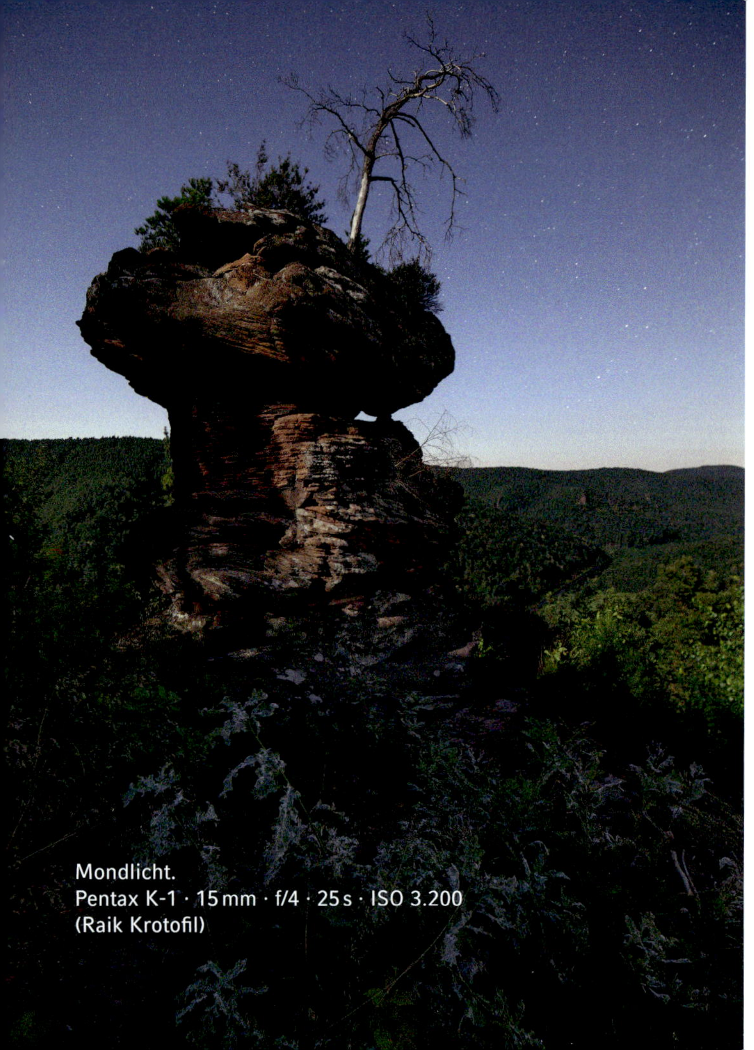

Mondlicht.
Pentax K-1 · 15 mm · f/4 · 25 s · ISO 3.200
(Raik Krotofil)

ZEITEN

Wer hier den Sonnenaufgang fotografieren möchte, kommt am besten von Anfang Mai bis Mitte Juli vorbei, dann steht die Morgensonne dem Felsen rechter Hand am nächsten. Es ist ein sehr schöner Fotospot für den Sternenhimmel, am besten mit Halbmond von seitlich links. Die Milchstraße über dem Runden Hut wird man nicht gut sehen, der Felsen hat absolute Nordausrichtung.

BRENNWEITEN

Am Runden Hut funktioniert ausschließlich eine weitwinkelige Brennweite, oft im Hochformat besser als im Querformat.

PLATZVERHÄLTNISSE

Eng ist der Fotospot nicht, lässt aber für die beste Perspektive maximal zwei Stative nebeneinander zu.

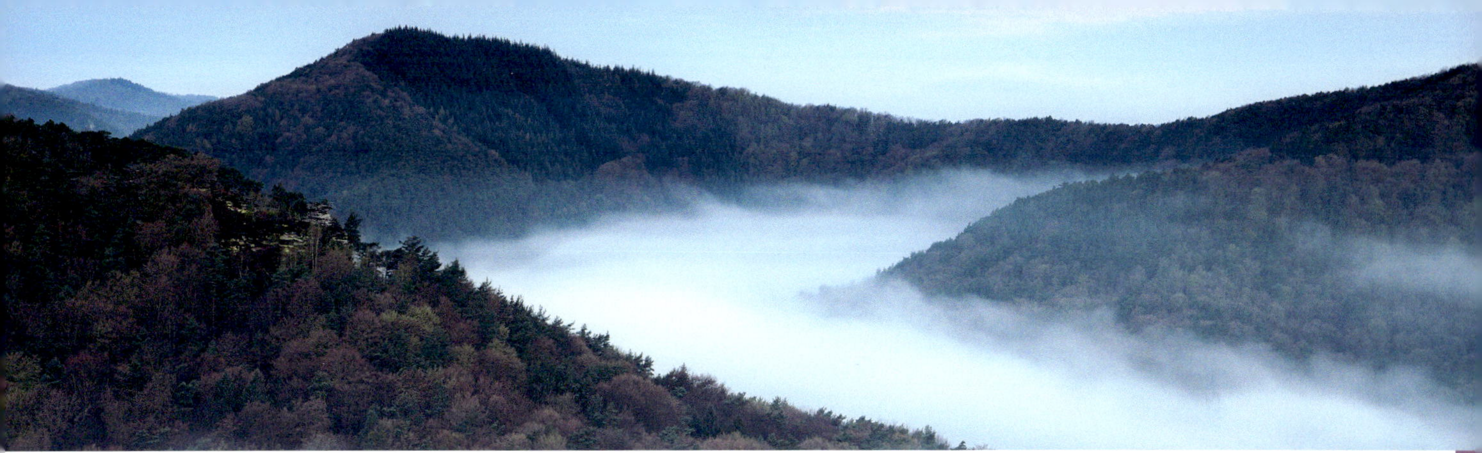

▲
Morgennebel.
Canon EOS 5D II · 62 mm · f/14 · 3,2 s · ISO 100
(Raik Krotofil)

10 WACHTFELS *(RAIK)*

Besonderheiten: nicht gesichert, Absturzgefahr
Beste Tageszeit: Sonnenaufgang
Beste Jahreszeit: Ende Oktober bis Anfang Februar
Anfahrt: In Wernersberg folgen Sie der Mühlstraße in westlicher Richtung und biegen am Rothenberg ab, in Richtung Schützenverein. Dort am Waldrand kann das Fahrzeug geparkt werden und Sie folgen dem Wanderweg für einige hundert Meter zum Wachtfels hinauf.
Koordinaten Parkplatz: 49.19275, 7.921694
Koordinaten Location: 49.192222, 7.924111
Entfernung vom Parkplatz: ca. 20 Minuten Gehzeit

Parkplatz

Location

Wernersberg und Annweiler sind vom Gipfel des Wachtfelsens aus gut zu sehen. Auch die Sicht zum Kletterfels Asselstein und zur Burg Trifels ist von hier aus sehr gut. Die verschiedenen Elemente in der Landschaft lassen sich sehr gut mit einem Teleobjektiv selektieren und komprimieren. Wenn die Sonnenstrahlen durch den luftigen Nebel scheinen, schaffen sie in der Landschaft dreidimensionale Ebenen aus Farbe und Licht.

ZEITEN

Der Sonnenstand für einen guten Sonnenaufgang ist am besten im Winter. Je später es im Jahr wird, desto weiter verabschiedet sich die Sonne hinter den Berg, auf dem der Betrachter steht, und ist so außerhalb der Sicht des Fotografen. Nebel überdeckt die urbanen Spuren in den Tälern.

BRENNWEITEN

Wie bei so vielen Fotospots eignen sich hier Brennweiten von 15 mm bis 150 mm.

PLATZVERHÄLTNISSE

Auf dem Plateau des Wachtfelsens reicht der Platz durchaus für zwei Fotografen gleichzeitig aus.

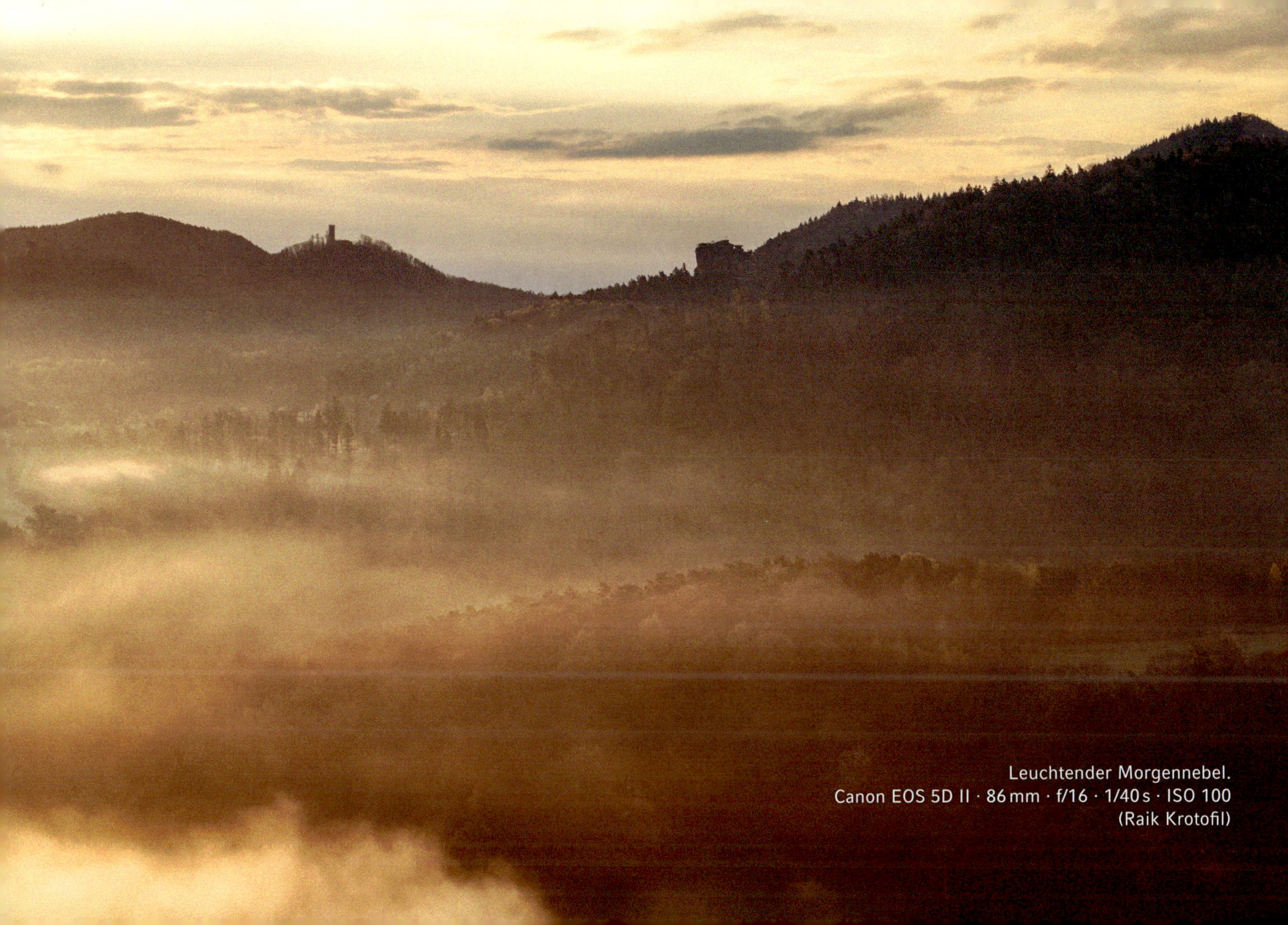

Leuchtender Morgennebel.
Canon EOS 5D II · 86 mm · f/16 · 1/40 s · ISO 100
(Raik Krotofil)

Exkurs Wolken und Landschaft

Raik Krotofil

Ein strahlend blauer Himmel ist schön anzusehen, jedoch aus fotografischer Sicht ziemlich langweilig. Wenn ich für mich selbst fotografieren möchte, bleibe ich bei wolkenlosem Himmel lieber zuhause.

Wolken sind eigentlich nichts anderes, als feinste Wassertröpfchen. Sie können locker und fluffig sein, dicht und grau oder auch einige Kilometer hoch – und manchmal bilden sich aus ihnen Gewitter. Wolken sind das Salz in der Suppe der Landschaftsfotografie – ohne Salz kein Geschmack.

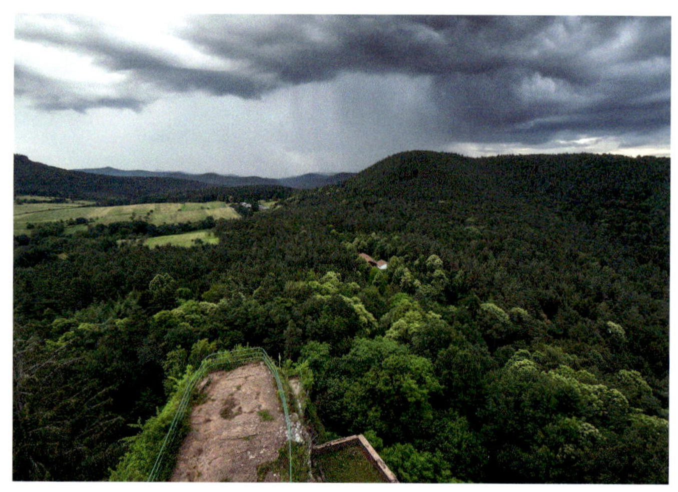

Gewitterschauer.
Pentax K-1 · 15 mm · f/18 · 3 s · ISO 200
(Raik Krotofil)

UNTERSCHIEDLICHE HÖHEN

Wolken können sich in den unterschiedlichsten Höhen bilden. Im Allgemeinen sprechen wir von *tiefen Wolken*, *mittelhohen Wolken* und *hohen Wolken*.

Tiefe Wolken bewegen sich zwischen 0 bis 2.000 Metern Höhe. Sie können dicht geschichtet, bei einer Inversion auch nebelartig oder auch locker angeordnet sein. Tiefe Wolken können schnell ziehen, sind ideal für Langzeitbelichtungen und leuchten beim Sonnenuntergang oder Sonnenaufgang oft nur sehr kurz farbig. Dieses Leuchten kann 15 Minuten vor bis 5 Minuten nach Sonnenuntergang dauern.

Mittelhohe Wolken kommen in Höhen von 2.000 bis 7.000 Metern vor. Das Leuchten dieser Wolken dauert länger, der Beginn der Färbung reicht von kurz nach Sonnenuntergang bis zu 15 Minuten danach, je nach unserer geografischen Position, der Jahreszeit und der damit verbundenen Dauer der Dämmerungsphase sowie der tatsächlichen Höhe der Wolken.

Hohe Wolken befinden sich zwischen 7.000 bis 12.000 Metern Höhe. Zu ihnen zählen auch Cirren und Schleierwolken. Die hohen Wolken leuchten oft sehr intensiv und sehr lange. Die Farben reichen von Apricot bis Magenta und tiefem Rot. Schleierwolken sind aber auch dafür verantwortlich, dass ein Sonnenuntergang farblos verlaufen kann – dann nämlich, wenn sich ein dünnes Wolkenband zwischen den Betrachter und die Sonne schiebt. Farbe bekommen hohe Wolken oft erst

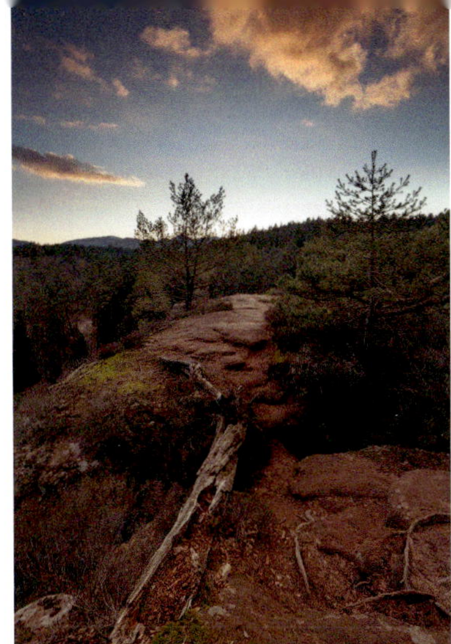

Tiefe Wolken am Abend.
Canon EOS 5D II · 16 mm · f/11 · 1/8 s · ISO 200
(Raik Krotofil)

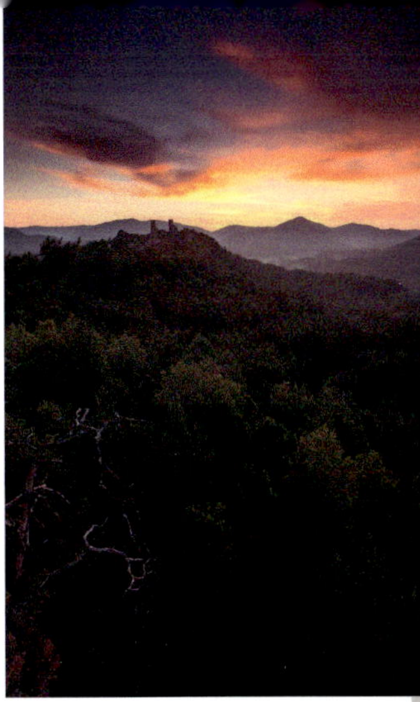

Hohe Wolken am Morgen.
Canon EOS 5D II · 19 mm · f/14 · 1 s · ISO 100
(Raik Krotofil)

Nachtgewitter.
Canon EOS 5D II · 20 mm · f/4.5 · 20 s · ISO 2.000
(Raik Krotofil)

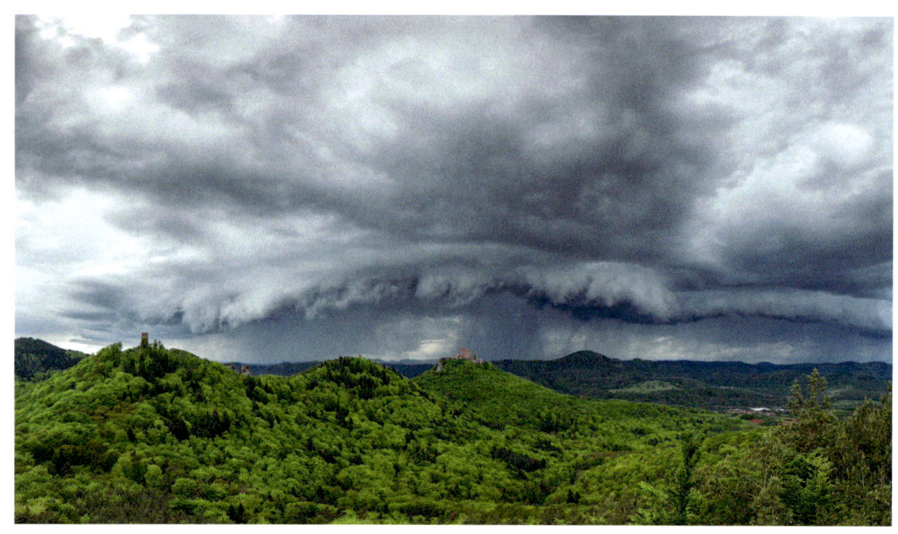

Gewitterzelle über der Burg Trifels.
Pentax K-1 · 28 mm · f/13 · 1/15 s · ISO 100
(Raik Krotofil)

15 bis 45 Minuten nach Sonnenuntergang, je nach Höhe der Wolken, Jahreszeit und geografischem Standpunkt. Selbst eine Stunde nach Sonnenuntergang konnte ich im Frühjahr in Deutschland in hohen Wolkenschichten noch Spuren von Farbe erkennen.

GROSSES DRAMA – GEWITTER

Zu den wohl spektakulärsten Wolken zählen die verschiedenen Wolkenformen vor, während und nach einem Gewitter. Die Amboßwolken bei der Entstehung einer Gewitterzelle oder einem Verband von Zellen sind oft sehr furchteinflößend. Doch in der Regel kann man relativ sicher vor dem Gewitter stehen, solange es an einem vorbeizieht oder auf einen zu, und der Regenvorhang, in dem sich oft Blitze bilden, dahinter zu sehen ist. Eminent wichtig ist, die Zugrichtung einer Zelle oder eines Verbands von Zellen immer im Auge zu behalten, sei es visuell oder per Wetterradar. Die Sicherheit hat hier

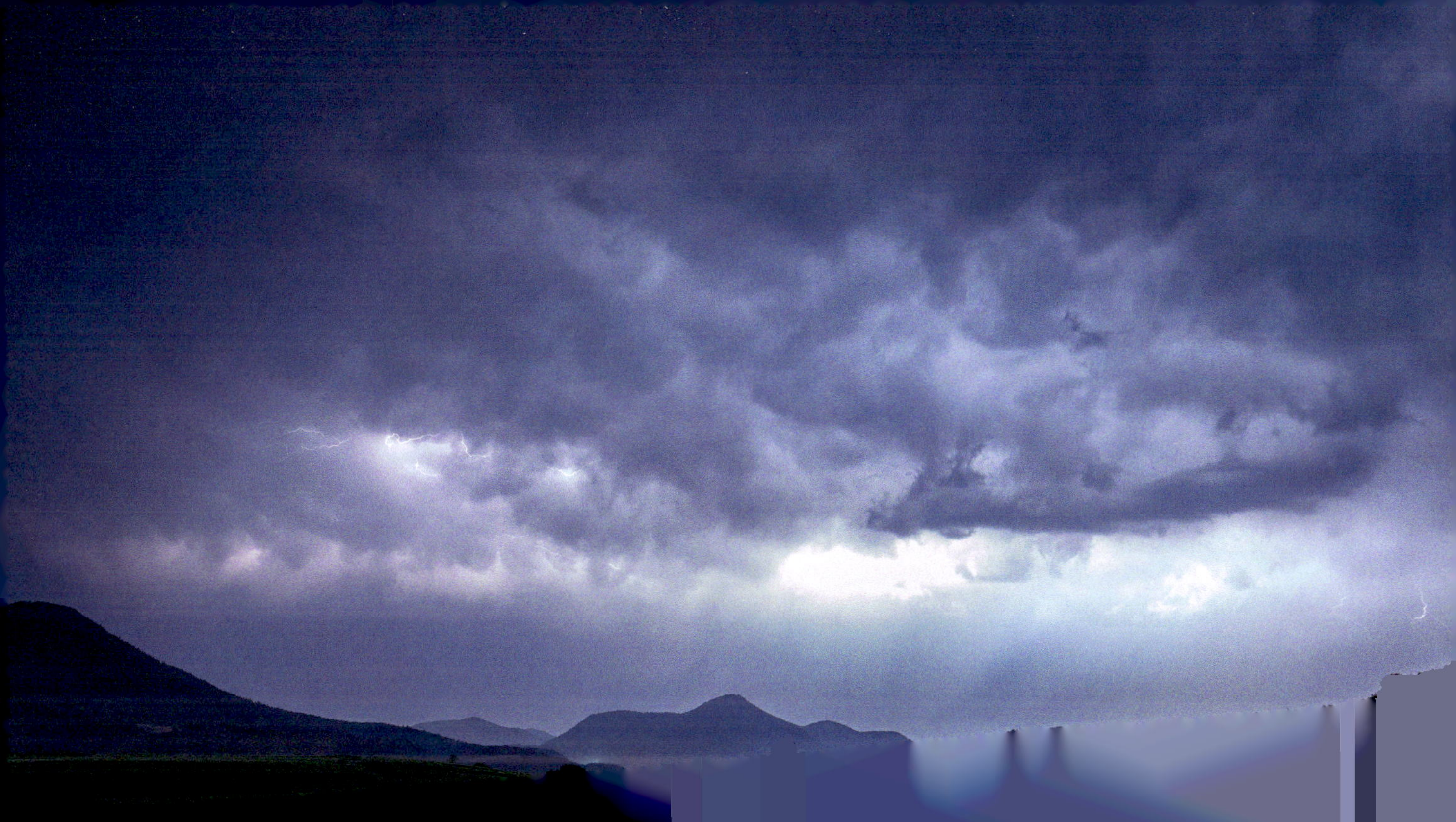

absoluten Vorrang und ein Fluchtweg zu einem sicheren Aufenthaltsort wie dem eigenen Auto oder dem Inneren eines Gebäudes sollte immer vorhanden und klar sein.

FARBTEMPERATUR

Wolken können unterschiedliche Dichten haben und in mehreren Höhen übereinandergeschichtet sein. Sie bestehen aus winzigen Wassertröpfchen und hindern somit das Licht in seinen unterschiedlichen Wellenlängen, die Wolken komplett zu durchdringen. Wer sich Wolken genau anschaut, wird feststellen, dass sie unterschiedliche Färbungen annehmen können. Das kann von Grau- über Blautöne hin bis zu rot gefärbten Wolken reichen. Je dunkler die Unterseite einer Wolke ist, desto höher ist sie. Um die Farben einer extrem dichten und damit leicht bläulichen Gewitterwolke zum Beispiel richtig auf einem Foto wiederzugeben, ist es wichtig, die Farbtemperatur entweder in der Kamera vor Ort oder später in der Nachbearbeitung korrekt einzustellen.

Die Farbtemperatur richtet sich natürlich auch nach der jeweiligen Tageszeit bzw. der Dämmerungsphase. Stellen Sie den Weißabgleich auf »AWB« (automatisch),

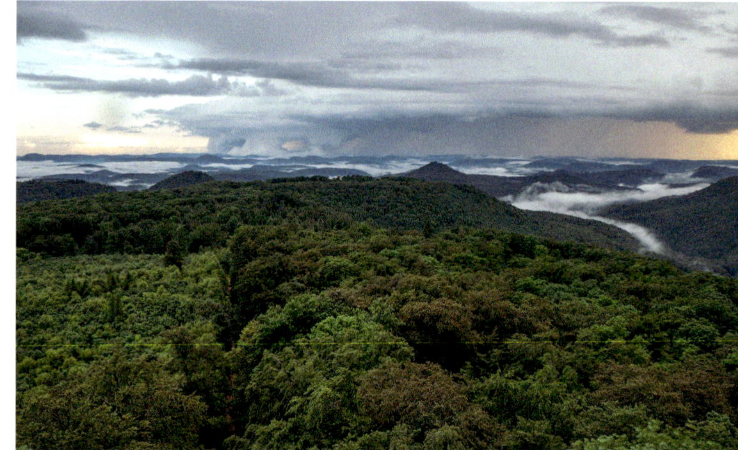

Mehrere Zonen eines Gewitters vereint – absterbende Zelle mit Regenvorhang darüber, Böenwalze, rechts aufklarend.
Pentax K-1 · 27 mm · f/13 · 1/10 s · ISO 320
(Raik Krotofil)

wird die Software der Kamera versuchen, die Wolken grau darzustellen, obwohl dies nicht der Realität entspricht. Da die Wolken oft bläulich erscheinen, das Licht unter ihnen im Schatten also kühl ist, verschiebt man den Weißabgleich etwas ins Kühlere, gibt also beim Abstimmen des Weißabgleichs etwas Blau hinzu. Bei

6.050 K/6.500 K/5.600 K, Farbtemperatur bei der Raw-Entwicklung in Adobe Lightroom, Gewitterzelle über Burg Trifels. Pentax K-1 · 12 mm · f/13, 1/25 s · ISO 100 (Raik Krotofil)

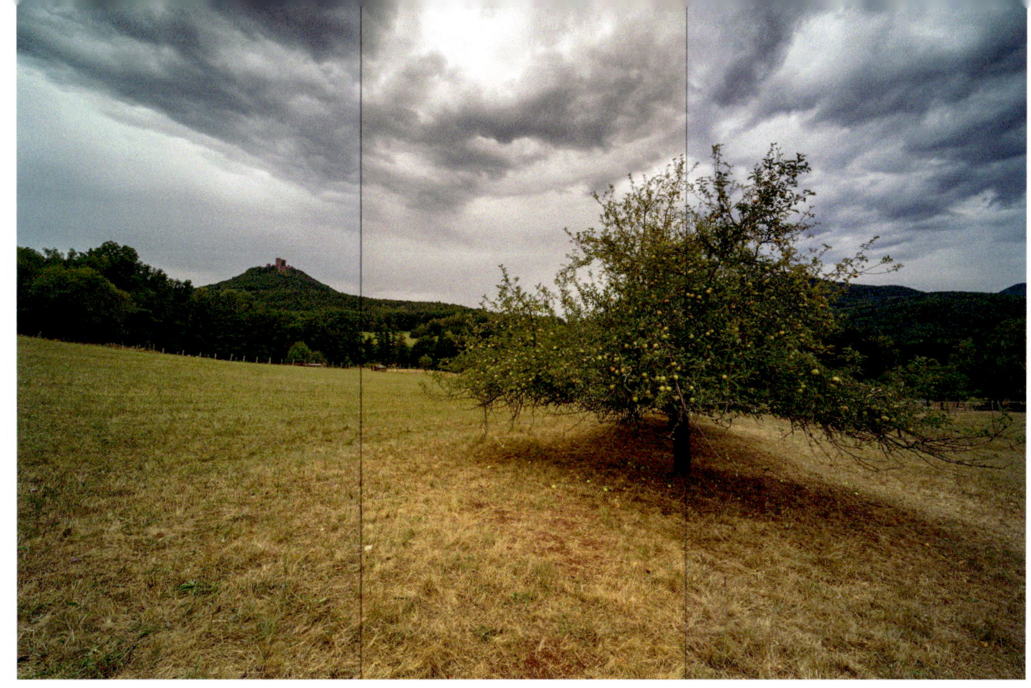

bedecktem Himmel kann das ein Kelvinwert von 5.700 bis 6.100 sein. Erhöht man die Farbtemperatur über 6.100 K in Richtung 6.500 K und mehr, wird das Bild sehr warm und die Wolken verlieren die kühle Färbung klären. Selbiges gilt für Sonnenaufgänge: Hier sind die Farben kühler und bläulicher – ergo liegt die Farbtemperatur z. B. in Lightroom je nach Dämmerungsphasen zwischen 8.000 K und 6.000 K. Bei Sonnenuntergängen gibt es wesentlich mehr Rot – zwischen 5.400 K und 4.800 K. Fotos in einer mondlosen Nacht sollten einer Farbtemperatur von 3.700 K–4.000 K entsprechen, mit Mondlicht ca. 4.000 K bis 4.200 K.

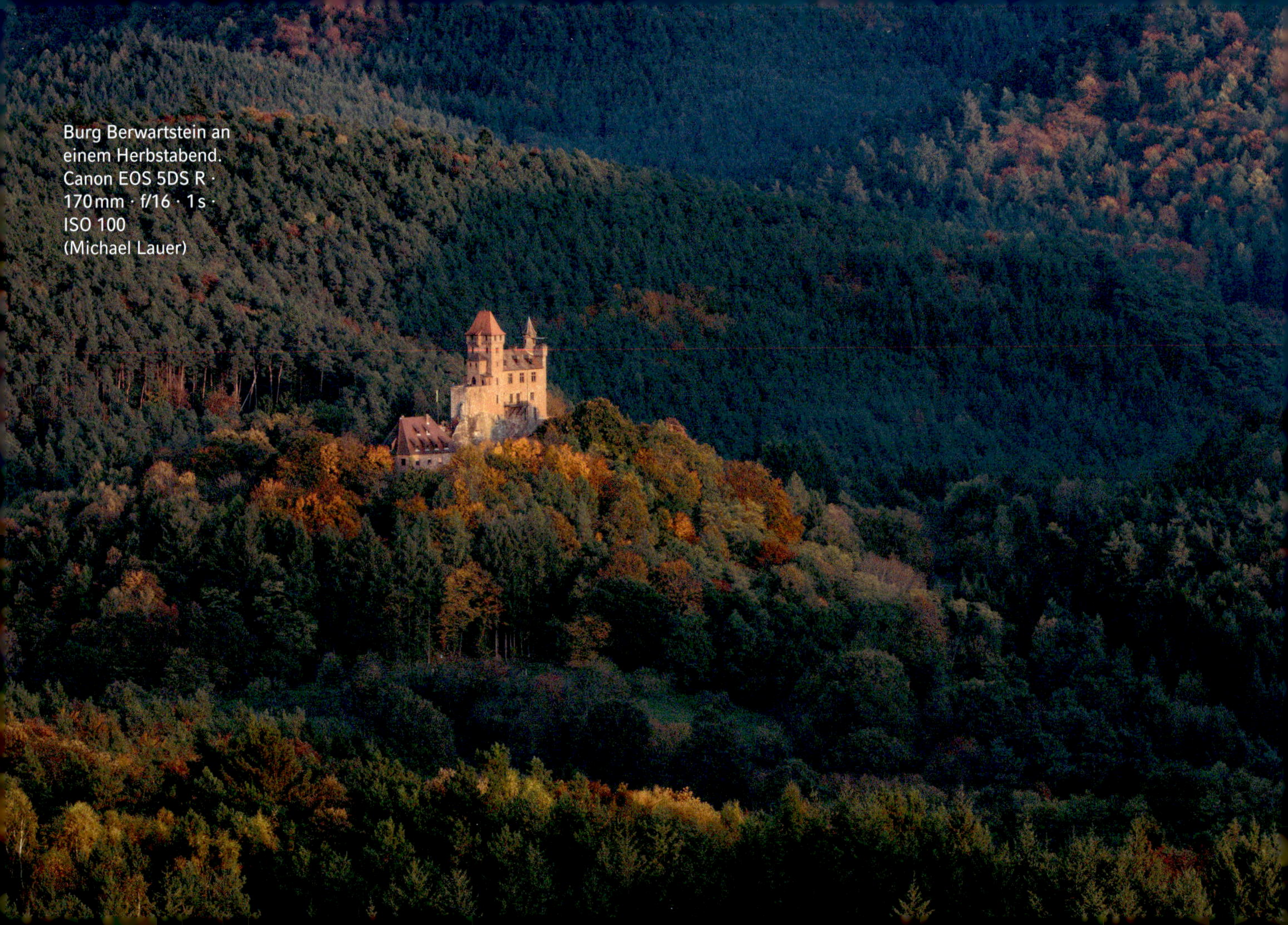

Burg Berwartstein an einem Herbstabend. Canon EOS 5DS R · 170 mm · f/16 · 1 s · ISO 100 (Michael Lauer)

TOUR MITTE-SÜD

TOUR 6

Der mittlere Teil des Pfälzerwaldes bietet die größte Motivdichte, daher haben wir ihn für diesen Fotoscout in zwei Touren unterteilt. In dieser Tour sind die Locations zusammengefasst, die sich rund um Dahn und Busenberg befinden bzw. darüber am besten erreichen lassen. Die »Tour Mitte-Nord« ab Seite 139 umfasst die anderen Fotospots in diesem Teil des Pfälzerwaldes.

Die Burgen und Felsen im Herzen des Wasgau bilden den Motivschwerpunkt dieser Tour. Bereits von weitem sichtbar zeigt sich die Burg Drachenfels und die Burgengruppe Altdahn, sowie die Burg Berwartstein. Meist versteckt liegen die Felsen, die uns hier als grandiose Aussichtspunkte auf die Landschaft des Pfälzerwaldes und die Burgen dienen.

TOUR MITTE-SÜD

TOUR 6

1. BURG LINDELBRUNN
2. BUHLSTEINPFEILER
3. SCHLÜSSELFELS
4. BURG DRACHENFELS
5. SPRINZEL
6. BURG ALTDAHN
7. HAFERFELS
8. HOCHSTEIN
9. LÄMMERFELS
10. BÜTTELFELS
11. ELWETRISCHEFELS
12. WASGAUBLICK

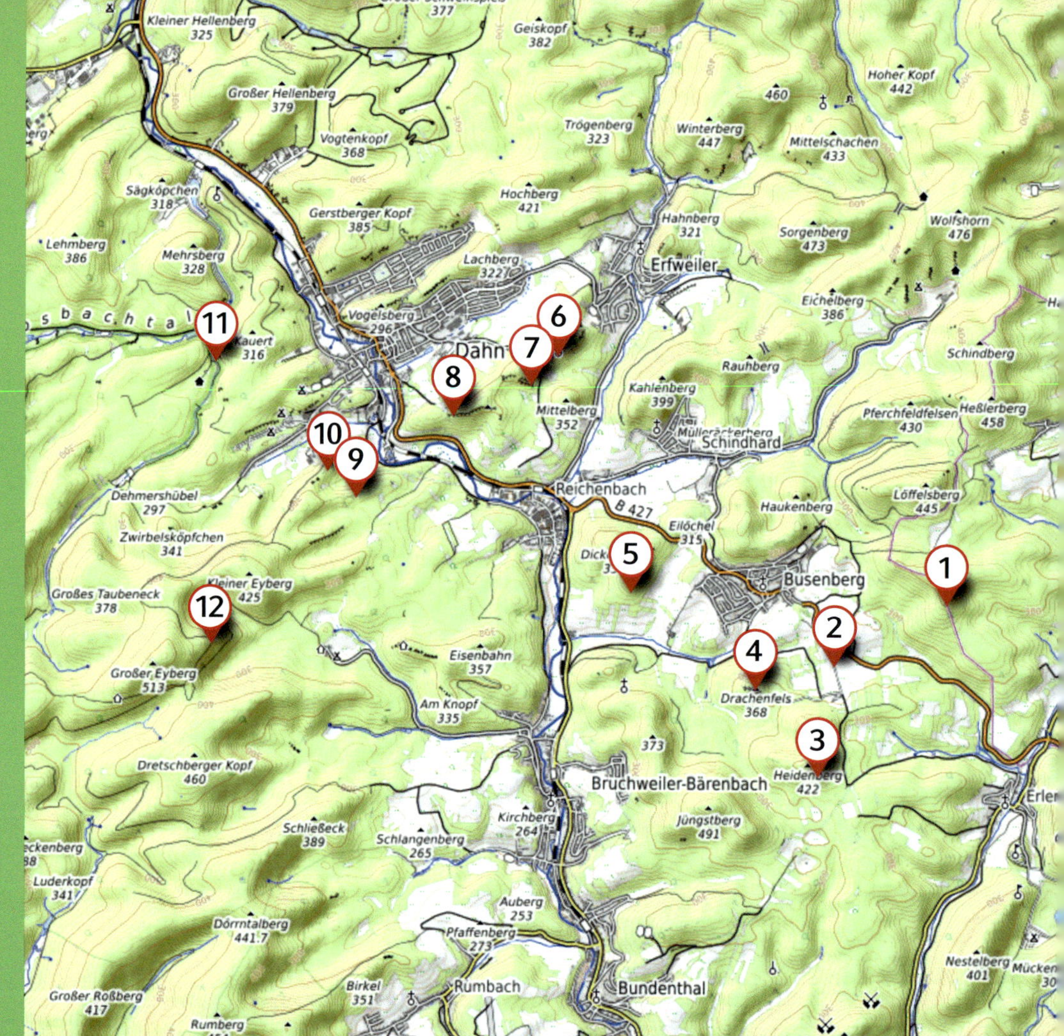

1 BURG LINDELBRUNN *(MICHAEL)*

Beste Tageszeit: Sonnenaufgang

Beste Jahreszeit: Herbst

Anfahrt: Der Parkplatz befindet sich direkt am Cramerhaus, gleich unterhalb der Burg. Ein breiter, gut zu laufender weg führt in 20 Minuten vom Parkplatz zur Burg.

Koordinaten Parkplatz: 49.143081, 7.898805

Koordinaten Location: 49.144404, 7.896493

Entfernung Parkplatz: ca. 20 Minuten Gehzeit

Parkplatz

Location

In der Nähe von Vorderweidenthal liegt auf einem Hügel die Burgruine Lindelbrunn. Umgeben von Wald, der bis an die Burg heranreicht, erlaubt sie einen Blick in Richtung Rheinebene und Sonnenaufgang. Wenn sich der Bereich vor der Burg mit Nebel füllt, entfaltet diese Location ihren vollen Reiz. Dann zeigen sich in der Zeit vor dem Sonnenaufgang mit zunehmendem Licht die Hügel und Felsen zunächst als Silhouetten. Wer das Glück hat und hier einen farbenfrohen Himmel zum Sonnenaufgang erwischt, nimmt fantastische Bilder mit.

Die Burgruine Lindelbrunn ist mein persönlicher Favorit, wenn es darum geht, Herbstwälder zu fotografieren, aus denen der Nebel aufsteigt. Die Lage der Burg knapp über den Baumwipfeln sowie die Staffelung der Hügel ergeben einen fast unerschöpflichen Vorrat an Motiven. Sind für die klassischen Landschaftsmotive vor dem Sonnenaufgang noch Objektive vom leichten Weitwinkel bis in den leichten Telebereich gefragt, so sollten nach Sonnenaufgang längere Telebrennweiten gewählt werden, die es erlauben, Ausschnitte aus der Waldlandschaft zu erfassen.

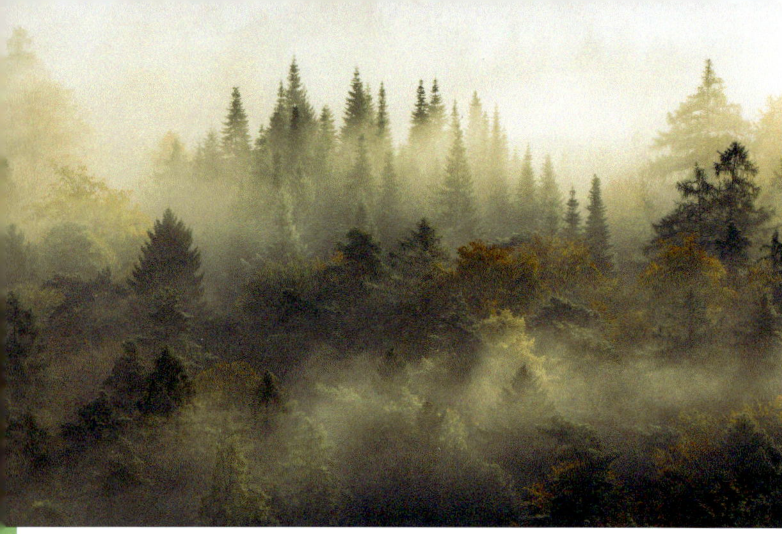

Nebel steigt aus dem Wald nach Sonnenaufgang. Canon EOS 5D III · 252 mm · f/18 · 1/50 s · ISO 200 (Michael Lauer)

Die Burg Lindelbrunn ist eine typische Morgenlocation. Sie ist aber auch ein beliebtes Motiv, um den Milchstraßenbogen über den Burgmauern abzubilden.

ZEITEN

Der Herbst ist die bevorzugte Jahreszeit für dieses Motiv. Die Wahrscheinlichkeit für Bodennebel ist hier am größten und die Laubfärbung sorgt für zusätzliche Akzente im Bild.

Die Burg Lindelbrunn ist eine Location für den Tagesanbruch. Es empfiehlt sich, rechtzeitig vor Sonnenaufgang vor Ort zu sein, um die Himmelsfärbung genießen zu können.

BRENNWEITEN

Für den Sonnenaufgang ist ein 24–70-mm-Zoom eine gute Wahl an dieser Location. Stärkere Weitwinkel bringen keinen sinnvollen Gewinn an Motiven.

Nach Sonnenaufgang sind Brennweiten ab 150 mm sehr gut geeignet, um die aufsteigenden Nebel im Bild festzuhalten.

PLATZVERHÄLTNISSE

Die Burg Lindelbrunn bietet auch für größere Gruppen von Fotografen ausreichend Platz.

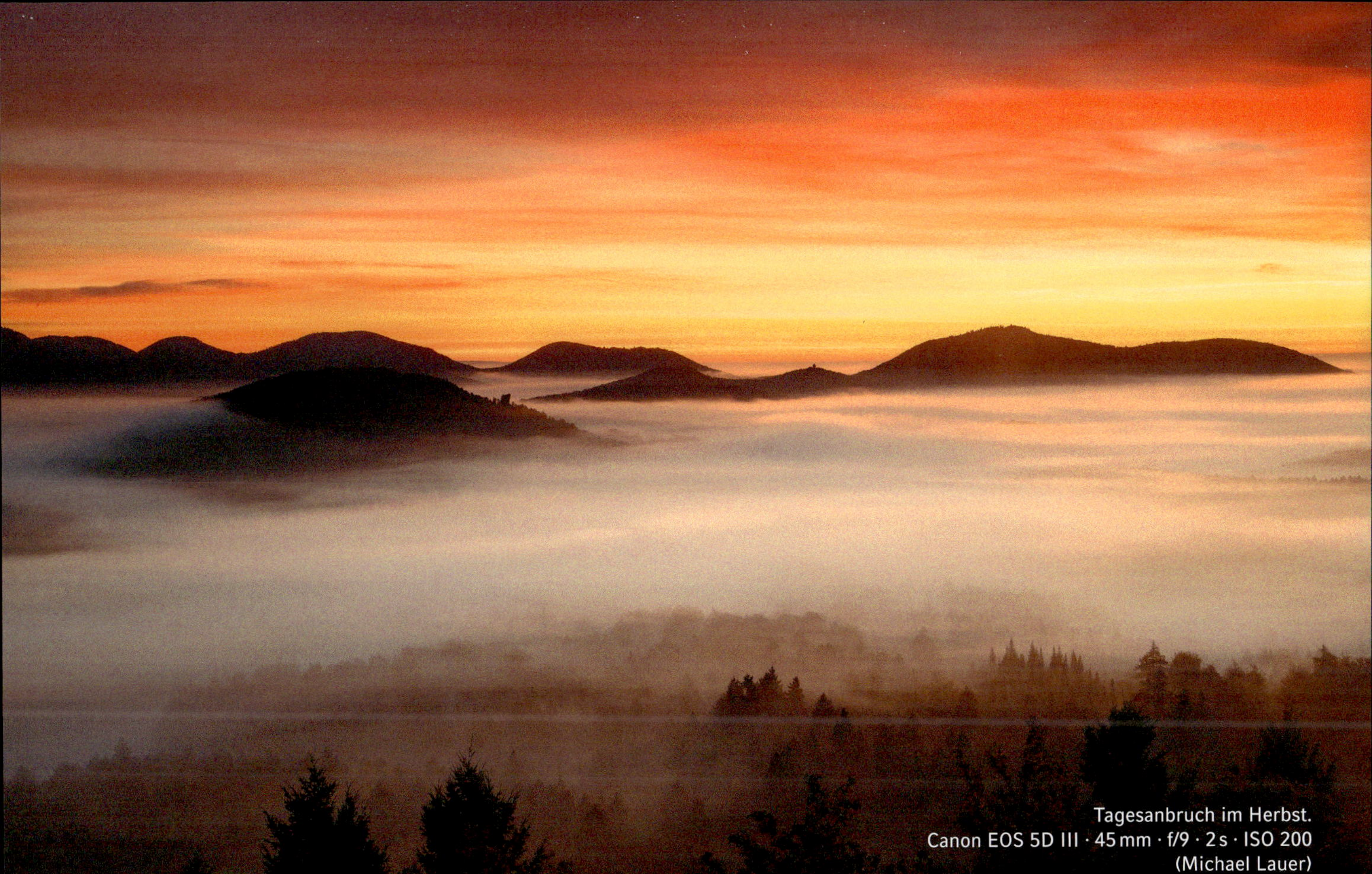

Tagesanbruch im Herbst.
Canon EOS 5D III · 45 mm · f/9 · 2 s · ISO 200
(Michael Lauer)

Parkplatz

Location

2 BUHLSTEINPFEILER *(MICHAEL)*

Beste Tageszeit: Sonnenaufgang
Beste Jahreszeit: Herbst bis Frühjahr
Anfahrt: Der Parkplatz für den Aufstieg zum Buhlsteinpfeiler befindet sich gleich am Sportplatz in Busenberg. Von dort führt ein Forstweg in den Wald und nach wenigen Minuten geht es auf einem Pfad in Serpentinen steil bergauf zur Location. Die Gehzeit ab dem Parkplatz beträgt ca. 30 Minuten.
Koordinaten Parkplatz: 49.135809, 7.836626
Koordinaten Location: 49.129246, 7.853186
Entfernung Parkplatz: ca. 30 Minuten Gehzeit

Der Buhlsteinpfeiler erlaubt einen fast 270°-Rundumblick über Wald und Burgen. Dazu liegt er in einer Höhe, die Ihnen oft auch dann noch eine freie Sicht erlaubt, wenn umliegende Aussichtspunkte gerade vom Nebel verschluckt werden.

Am besten funktioniert der Buhlsteinpfeiler zum Tagesanbruch. Ab dem ersten Licht vor Sonnenaufgang finden Sie hier abwechslungsreiche Motive: Landschaften mit Burgen und Felsen im Gegenlicht, Streiflicht und Auflicht. Zum Sonnenuntergang ist der Buhlsteinpfeiler ebenfalls nicht ungeeignet, die Möglichkeiten stehen dabei aber hinter dem zurück, was diese Location zum Tagesanbruch bietet.

ZEITEN

Der Buhlsteinpfeiler ist eine Morgen-Location. Eine Stunde vor bis eine Stunde nach Sonnenaufgang finden sich hier von Herbst bis Frühjahr die besten Motive.

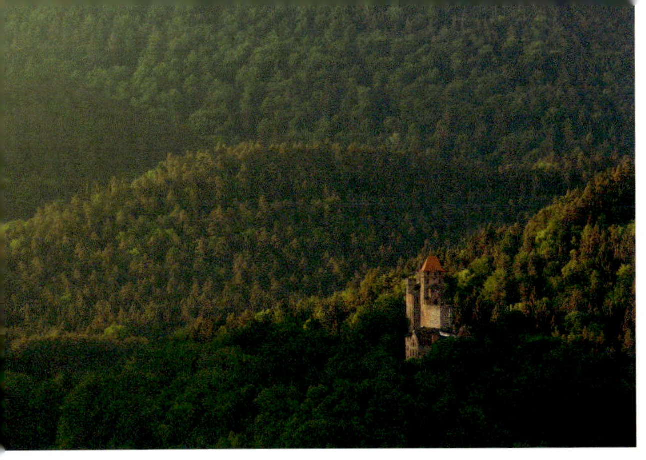

Die Burg Berwartstein im Morgenlicht.
Canon EOS 5D III · 360 mm · f/18 · 1/13 s · ISO 200
(Michael Lauer)

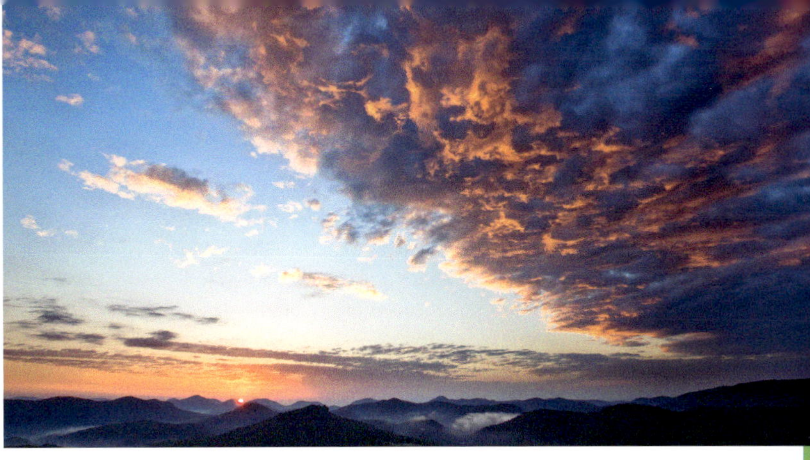

Sonnenaufgang über dem Pfälzerwald.
Canon EOS 5D III · 16 mm · f/8 · 1/15 s · ISO 200
(Michael Lauer)

BRENNWEITEN

Am besten eignen sich hier Objektive vom Weitwinkel- bis in den Telebereich: Für die klassischen Landschaftsaufnahmen sind Brennweiten ab 16 mm gut geeignet, Ausschnitte aus der Landschaft führen in den Telebereich. Um die Burg Berwartstein in der Landschaft zu porträtieren, sind Brennweiten ab 300 mm gut geeignet.

PLATZVERHÄLTNISSE

Die Aussichtsplattform des Buhlsteinpfeilers erlaubt es bis zu sechs Fotografen bequem zu arbeiten.

Parkplatz

Location

3 SCHLÜSSELFELS *(MICHAEL)*

Beste Tageszeit: Sonnenaufgang, Nachmittag/Abend
Beste Jahreszeit: Herbst und Winter
Anfahrt: Verlassen Sie Busenberg auf der L472 in Richtung Bad Bergzabern, biegen Sie ca. 200 Meter hinter dem Ortsende rechts auf einen asphaltierten Weg zur Gaststätte »Weißensteiner Hof« ab. Diesem Weg folgen Sie immer geradeaus und erreichen ca. 100 Metern nach dem Weißensteiner Hof auf der linken Seite einen großen Wanderparkplatz.

Die Gehzeit vom Parkplatz zum Fotospot beträgt ca. 25 Minuten. Der Weg beginnt zunächst als breiter Waldweg und zweigt nach ca. 5 Minuten Gehzeit auf einen schmalen Pfad ab, der Sie in Serpentinen hinauf zum Schlüsselfels führt. Festes Schuhwerk ist für den teilweise sehr steilen Weg empfehlenswert.
Koordinaten Parkplatz: 49.120413, 7.84132
Koordinaten Location: 49.115041, 7.836669
Entfernung Parkplatz: ca. 25 Minuten Gehzeit

Meine liebsten Jahreszeiten für den Schlüsselfels sind der späte Herbst und der Winter. Wenn der Tag zu Ende geht und die Wetterbedingungen passen, füllen sich in der kalten Jahreszeit die Täler des Pfälzerwaldes gerne mit Nebel. Mit dem Fotorucksack und einer Thermoskanne Tee im Gepäck zieht es mich dann am Nachmittag auf den Schlüsselfels. Das Schauspiel, wenn der Nebel in das Tal unterhalb des Schlüsselfelsens rollt, ist immer wieder faszinierend. Gleichzeitig hat man vom Schlüsselfels einen Logenblick auf die Burg Berwartstein. Wenn der Nebel die

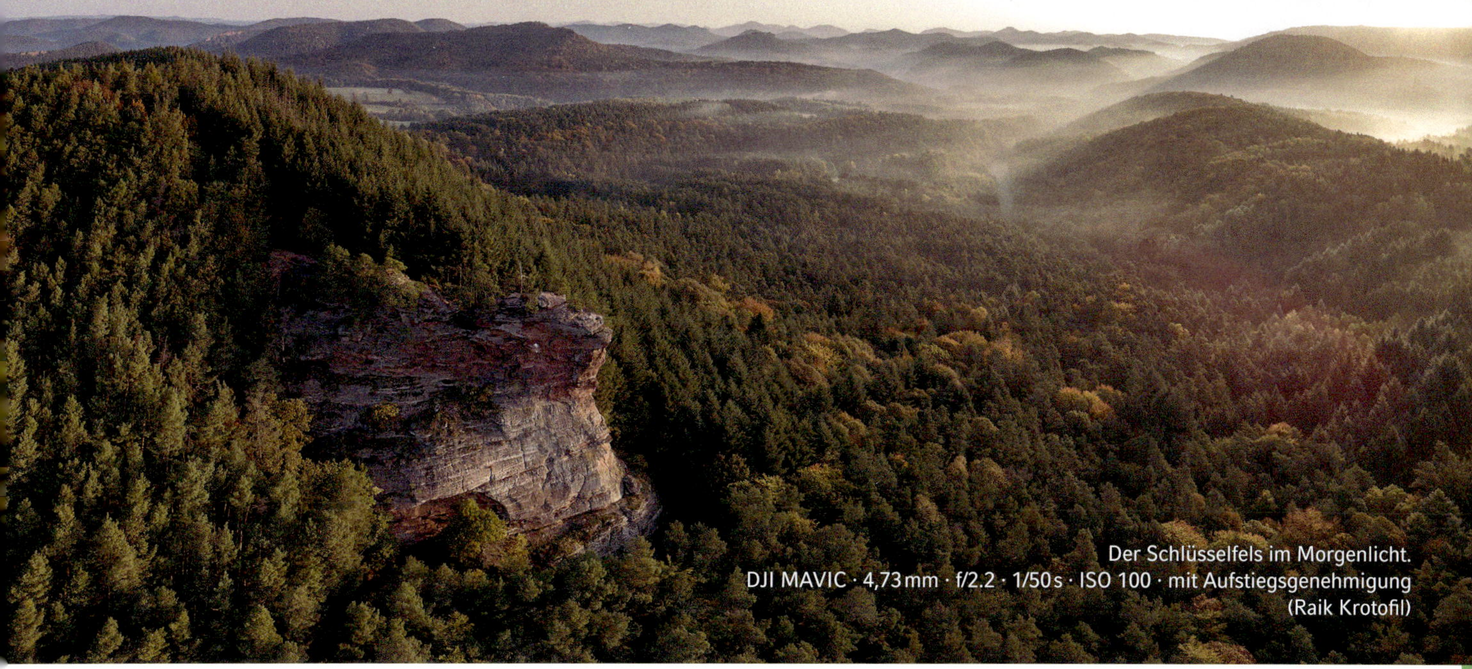
Der Schlüsselfels im Morgenlicht.
DJI MAVIC · 4,73 mm · f/2.2 · 1/50 s · ISO 100 · mit Aufstiegsgenehmigung
(Raik Krotofil)

Burg umspült ergibt sich ein Motiv wie aus dem Märchen.

Der Schlüsselfels ist auch sehr gut zum Sonnenaufgang geeignet (und mittlerweile entsprechend beliebt). Das klassische Motiv ist hier eine der Kiefern auf dem Felsen im Vordergrund und dahinter die Sonne, die über der Landschaft aufgeht. Allerdings versteckt sich zum Sonnenaufgang die Burg Berwartstein gerne komplett unter dem Nebel.

An einem sonnigen Herbstabend bietet die Burg ein sehr schönes Motiv, wenn die

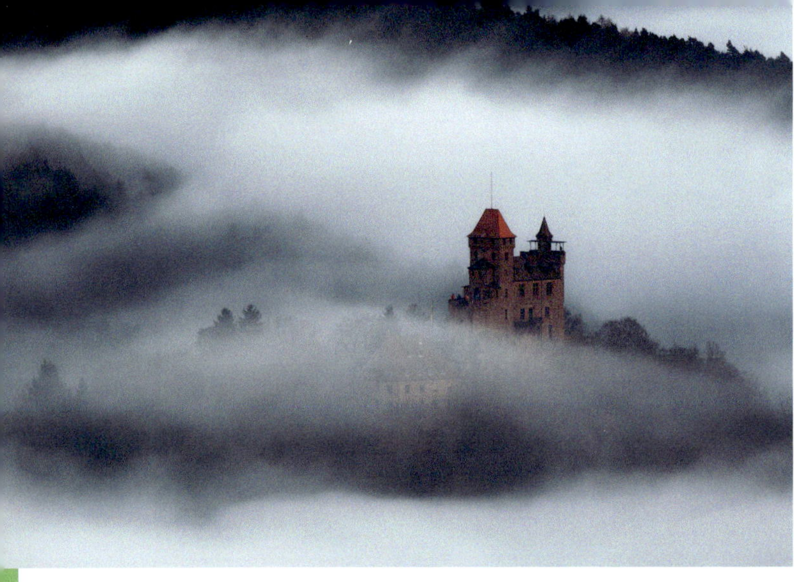

Nebel steigt aus dem Wald nach Sonnenuntergang. Canon EOS 5D III · 252 mm · f/18 · 1/50 s · ISO 200 (Michael Lauer)

Sonnenstrahlen einen Lichtspot auf die Burg werfen und die Hügel dahinter bereits im Schatten liegen.

ZEITEN

Der Schlüsselfels funktioniert zum Sonnenaufgang das ganze Jahr. Der Herbst eignet sich gut, um die Burg Berwartstein zum Abend hin über dem Herbstwald zu fotografieren. Der Spätherbst und der Winter bieten abends mit etwas Glück tolle Nebelstimmungen.

BRENNWEITEN

Für die Aufnahme vom Felsen zum Sonnenaufgang wird ein Weitwinkelobjektiv benötigt. Tele-Brennweiten von 150 mm bis 400 mm sind eine gute Wahl, wenn die Burg das (Haupt-)Motiv sein soll.

PLATZVERHÄLTNISSE

Der Schlüsselfels ist eine Location, bei der gegenseitigen Rücksichtnahme und Absprache besonders wichtig sind, wenn mehr als drei Fotografen gleichzeitig am Fotospot sind. Mit mehr als fünf Fotografen wird es selbst dann schwierig.

4 BURG DRACHENFELS *(MICHAEL)*

Beste Tageszeit: Sonnenauf-/untergang
Beste Jahreszeit: Ganzjährig
Anfahrt: Der Parkplatz befindet sich unterhalb der Burg Drachenfels, gleich an der Hütte des Pfälzerwald-Vereins. Von dort aus führt ein Weg in 5 Minuten hinauf zum Fuß der Burg. Mehrere Terrassen sind über Treppen verbunden. Der Untergang des Frühjahrsvollmonds hinter der Burg kann am besten von der Zufahrtsstraße aus fotografiert werden.
Koordinaten Parkplatz: 49.121307, 7.831208
Koordinaten Location: 49.122116, 7.828375
Koordinaten Location (Monduntergang): 49.123797, 7.836298
Entfernung Parkplatz: 5 Minuten Gehzeit

Parkplatz

Location

Die Burg Drachenfels liegt am Ortsrand von Busenberg. Sie ist leicht zu erreichen und bietet vom obersten Punkt der Burg einen 360°-Rundumblick. Motive finden Sie hier über das ganze Jahr, sowohl zum Sonnenaufgang, als auch zum Sonnenuntergang. Zusätzlich sind die Verwitterungen und Auswaschungen im Fels entlang der Treppen einen Ausflug in den Nah- bzw. Makrobereich wert.

ZEITEN

Die Burg Drachenfels bietet rund ums Jahr interessante Motive. Im Frühjahr (März/April) lässt sich der Vollmonduntergang hinter der Burg gut von der Zufahrtstraße aus fotografieren. Allerdings steht der Vollmond nicht immer genau hinter der Burg – aber das können Sie sehr gut ausgleichen, in dem Sie Ihre Position entlang der Zufahrtsstraße variieren.

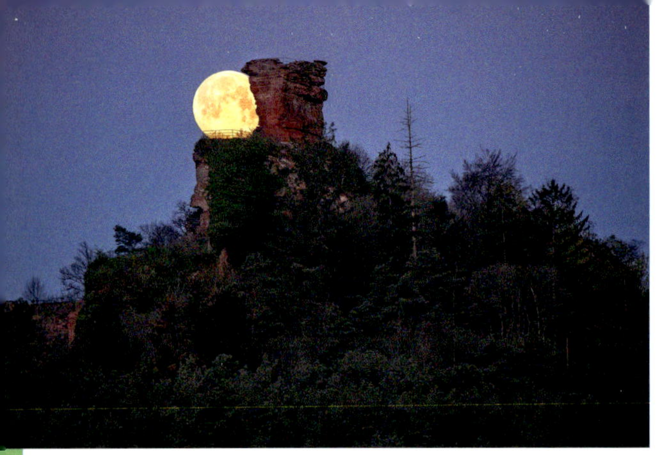

Vollmonduntergang hinter der Burg Drachenfels.
Canon EOS R · 400 mm · f/7.1 · 1/160 s · ISO 6.400
(Michael Lauer)

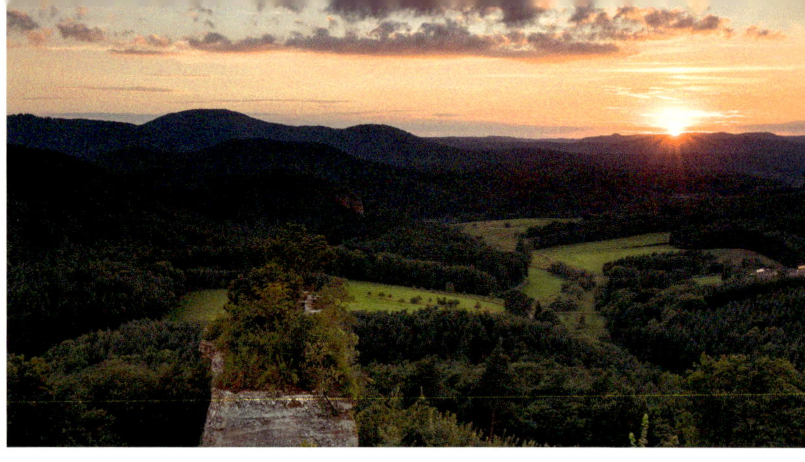

Sonnenuntergang im Sommer.
Canon EOS 5DS R · 41 mm · f/20 · 1/2 s · ISO 200
(Michael Lauer)

BRENNWEITEN

Weitwinkelbrennweiten erlauben es, einen Teil der Burg mit ins Bild einzubeziehen, beispielsweise den vorderen Turm beim Blick in Richtung Sonnenuntergang. Längere Brennweiten finden Verwendung, wenn Nebelfelder aufreißen und dabei interessante Details bieten.

PLATZVERHÄLTNISSE

Auch mehrere Fotografen verteilen sich sehr gut auf der Burg, ohne sich dabei zu sehr im Weg zu stehen.

5 SPRINZEL *(MICHAEL)*

Beste Tageszeit: Sonnenaufgang

Beste Jahreszeit: Herbst und Winter

Anfahrt: Der Parkplatz befindet sich auf der anderen Seite der B427. Vom Kreisel bei Reichenbach in Richtung Busenberg kommend, biegen Sie kurz vor dem Waldstück auf der Kuppe links ab. Ein paar Meter unterhalb, auf der anderen Straßenseite, führt ein breiter Forstweg in den Wald. Diesem folgen Sie zunächst für ca. 100 Meter zu einer kleinen Wegekreuzung und nehmen dann den schmalen Pfad, der links den Hang hinaufführt. Diesem folgen Sie bis zur Location. Die Gehzeit ab dem Parkplatz beträgt ca. 25 Minuten. Es gibt auch einen Weg, der zum Fuß des Felsens führt. Im Zweifelsfall wählen Sie immer den Weg, der bergauf führt.

Koordinaten Parkplatz: 49.135774, 7.81542

Koordinaten Location: 49.130667, 7.811821

Entfernung Parkplatz: ca. 25 Minuten Gehzeit

Parkplatz

Location

Wie eine Arena öffnet sich an dieser Location der Fels gegenüber der Landschaft, sobald man aus dem Wald heraus auf die Felsplatte am Sprinzel tritt. Der Blick geht nach Osten und macht den Sprinzel damit zu einem bevorzugten Fotospot für Sonnenaufgänge. Das Besondere am Sprinzel ist, dass man hier den Vordergrund sehr gut in die Aufnahme integrieren kann. Der Fels bildet auf der linken Seite einen Vorsprung, aus dessen Flanke eine Kiefer wächst. Mit einem Weitwinkelobjektiv gelingen hier Aufnahmen, die durch ihre Tiefenwirkung beeindrucken. Auf der rechten Seite finden sich zwei abgesetzte Vorsprünge,

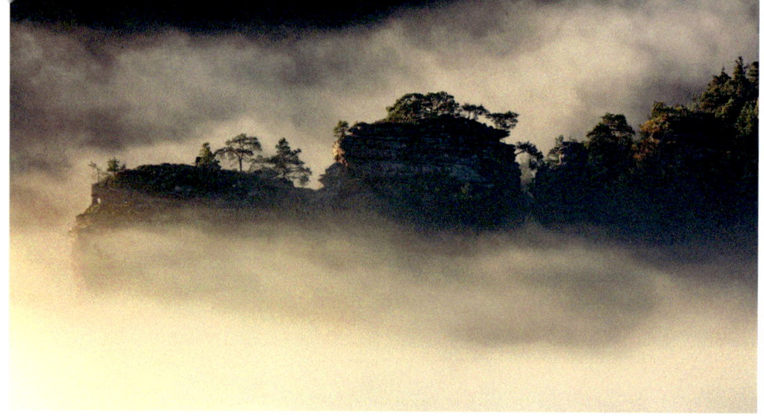

Bruchweiler Geiersteine im Morgennebel. Canon EOS 5DS R · 245 mm · f/18 · 1/20 s · ISO 100 (Michael Lauer)

zwischen denen Wetterkiefern hervorwachsen. Im morgendlichen Auflicht der ersten Sonnenstrahlen zeigt sich hier ebenfalls ein interessantes Motiv.

Wie kaum eine zweite Location profitiert der Sprinzel von einer Nebeldecke unterhalb des Felsens im Tal. Diese deckt den Ort Busenberg zu und blendet ihn damit auf dem Bild aus.

Auf der gegenüberliegenden Talseite zeigen sich die Bruchweiler Geiersteine (nicht zu verwechseln mit den Geiersteinen bei Lug). Hier kann ein Teleobjektiv eingesetzt werden, um den Felsen zu porträtieren.

ZEITEN

Ideal für das Fotografieren auf dem Sprinzel sind der Herbst und der Winter. Dann ist die Chance auf Nebel im Tal besonders hoch und die Sonne geht so auf, dass man sie vom Felsplateau aus sieht. Der Sprinzel ist also eine typische Morgenlocation.

BRENNWEITEN

Ein Zoom im Bereich 16–35 mm deckt hier die meisten Motiv-Konstellationen ab. Ein stärkeres Weitwinkel kann hier ebenfalls eingesetzt werden. Optional erlaubt ein Teleobjektiv die Aufnahme der gegenüberliegenden Geiersteine.

PLATZVERHÄLTNISSE

Diese Location verlangt Weitwinkelobjektive mit großem Bildwinkel, und dank der relativ knappen Platzverhältnisse bedarf es bereits bei drei Fotografen einer Absprache untereinander. Bei mehr als vier Fotografen ist ein vernünftiges Arbeiten kaum noch möglich.

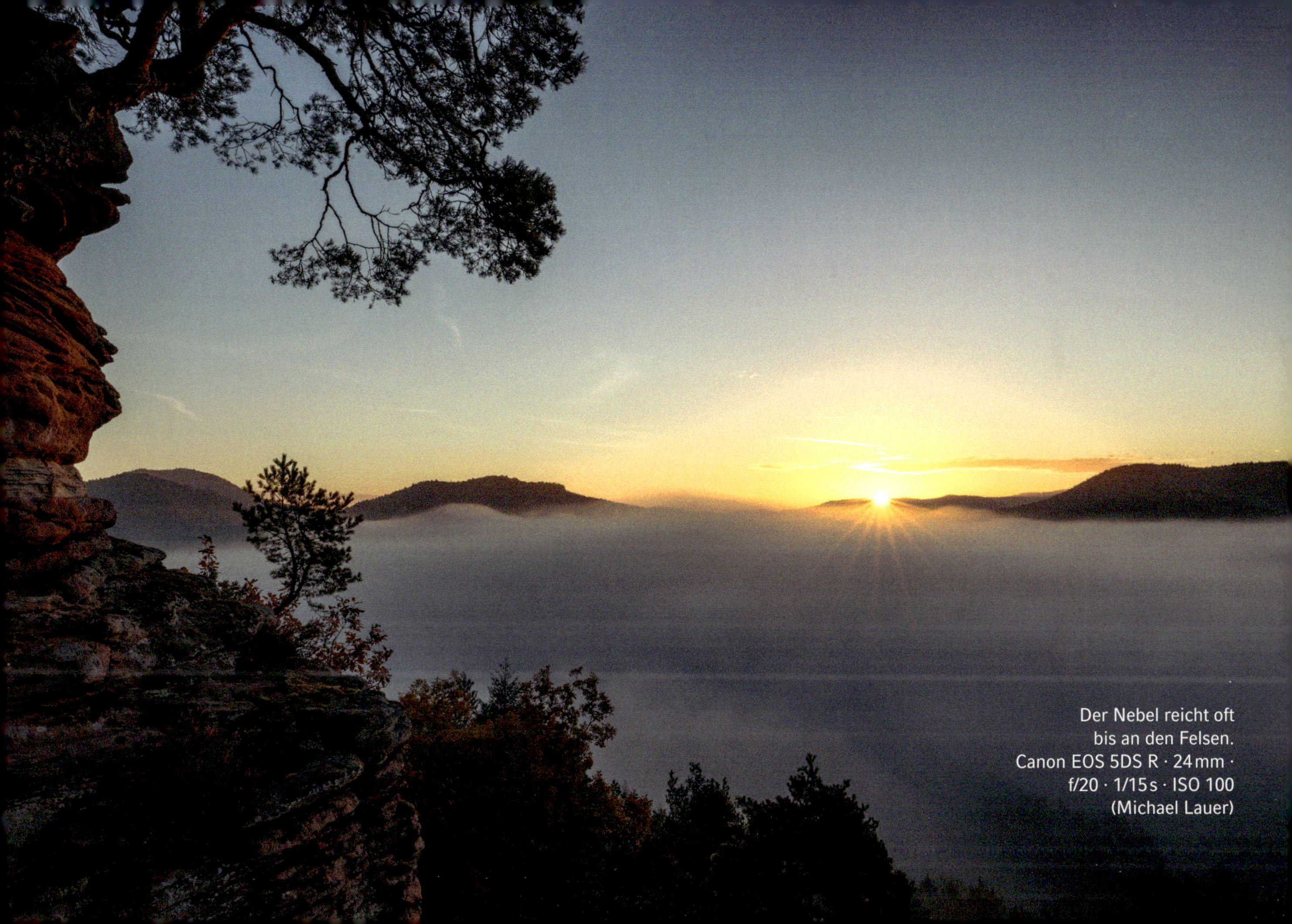

Der Nebel reicht oft
bis an den Felsen.
Canon EOS 5DS R · 24 mm ·
f/20 · 1/15 s · ISO 100
(Michael Lauer)

Parkplatz

Location

6 BURG ALTDAHN *(RAIK)*

Besonderheiten: Beachten Sie die Öffnungszeiten (April bis Oktober täglich von 9–18 Uhr, November bis März täglich von 9–17 Uhr).
Beste Tageszeit: Sonnenaufgang
Beste Jahreszeit: ganzjährig
Anfahrt: Dieser Fotospot ist einfach zu erreichen – folgen Sie in Dahn einfach der Beschilderung zur Burg Altdahn. Am Ende der Schlossstraße liegt der Wanderparkplatz. Die Burg ist bereits zu sehen und nach 10 Minuten Gehzeit sind Sie oben am Eingangstor.
Koordinaten Parkplatz: 49.150389, 7.800306
Koordinaten Location: 49.150111, 7.80225
Entfernung Parkplatz: ca. 10 Minuten Gehzeit

Die drei Burgruinen – Altdahn, Tanstein und Grafendahn – wurden auf einem Bergrücken errichtet und liegen somit an exponierter Stelle. Von den umliegenden Bergen und Aussichtspunkten wie dem Römerfels bei Dahn oder der Ruine Drachenfels bei Busenberg (Seite 189) lassen sich mit starken Telebrennweiten gute

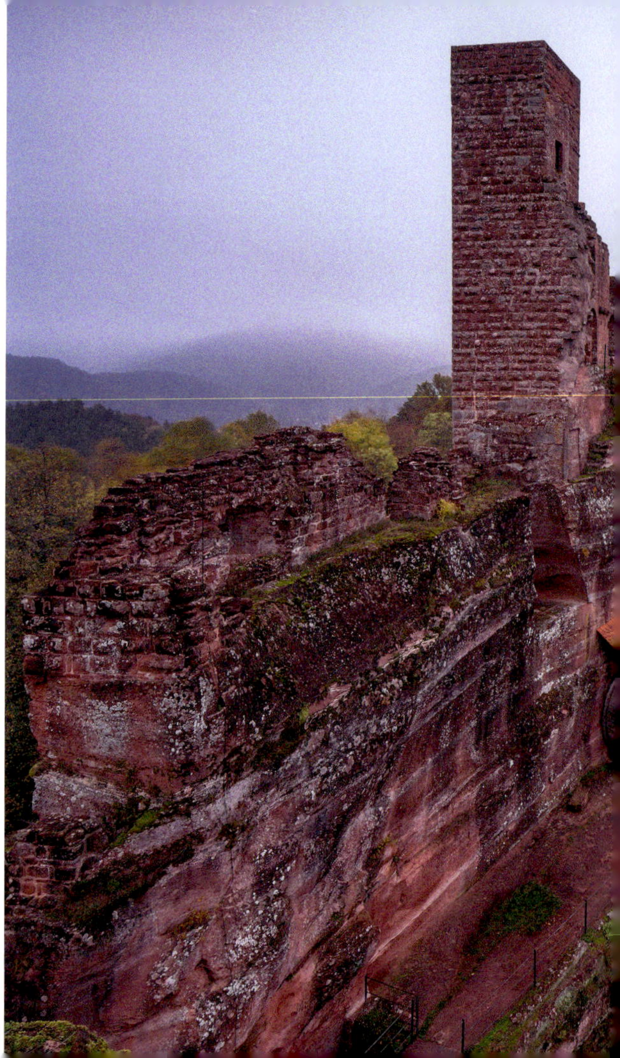

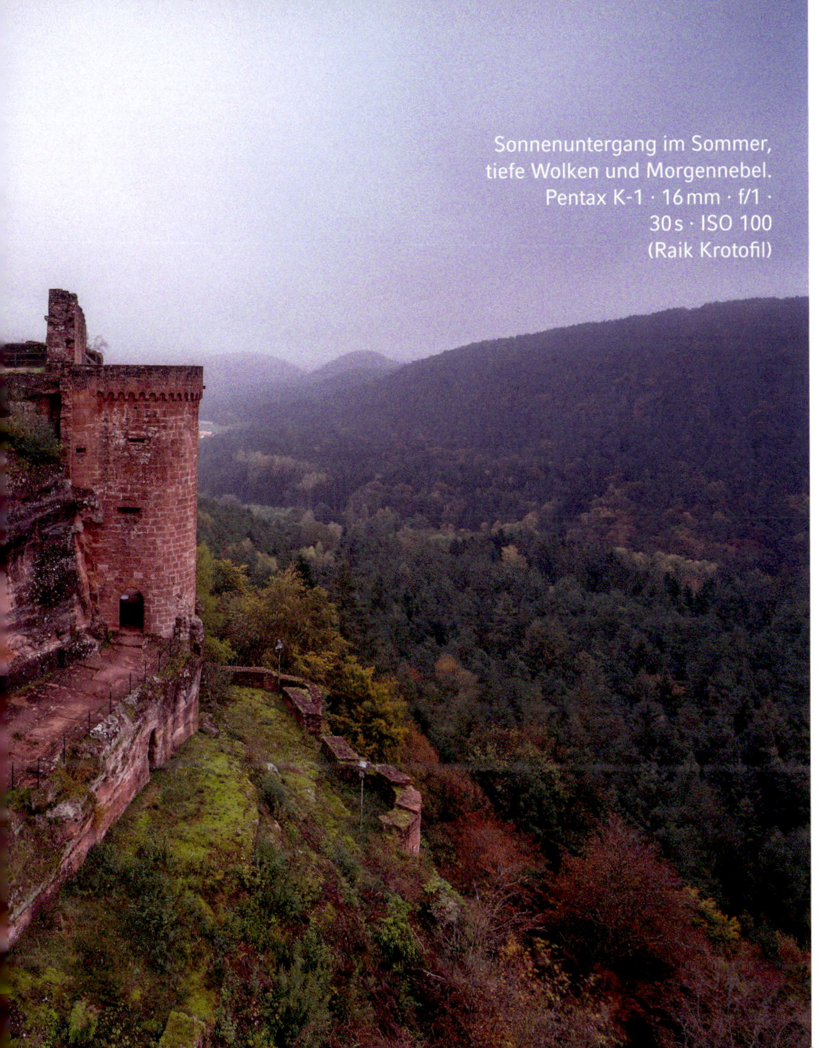

Sonnenuntergang im Sommer, tiefe Wolken und Morgennebel. Pentax K-1 · 16 mm · f/1 · 30 s · ISO 100 (Raik Krotofil)

Staffelungen mit der Landschaft umsetzen. Weil die Burg im Sommer bis 18 Uhr und im Winter bis 17 Uhr geöffnet ist, sind auf der Anlage selbst Fotos im warmen Licht möglich.

ZEITEN

Die Burg selbst hat eine Nordostausrichtung. Zum Sonnenaufgang im Sommer lassen sich von den umliegenden Bergen und Felsen stimmungsvolle Bilder machen. Bei bedecktem Himmel können Sie auch ganztägig fotografieren.

BRENNWEITEN

Von weiter weg ist diese Burg nur per Teleobjektiv gut in Szene zu setzen – auf der Burg selbst nutzen Sie am besten ein Weitwinkel.

PLATZVERHÄLTNISSE

Auf den Burganlagen finden Sie ausreichend Platz.

Parkplatz

Location

7 HAFERFELS *(MICHAEL)*

Beste Tageszeit: Sonnenaufgang
Beste Jahreszeit: Ganzjährig
Anfahrt: Vom Parkplatz (dem gleichen wie für die Burg Altdahn) folgen Sie zunächst dem Weg zum Hochstein. Nach ca. 500 Metern verlassen Sie den Weg nach links und gehen auf einem Pfad weiter, der sich immer mehr verliert und stellenweise kaum noch als Weg erkennbar ist (Sie müssen über ein paar umgestürzte Bäume klettern). Einige Passagen können sehr rutschig sein, es sei denn, es hat schon länger nicht mehr geregnet. Sie sollten sich daher unbedingt per GPS orientieren und den Weg das erste Mal bei Tageslicht gehen!
Koordinaten Parkplatz: 49.15012, 7.800164
(identisch mit Parkplatz Hochstein, siehe Seite 199)
Koordinaten Location: 49.147587, 7.798898
Entfernung Parkplatz: ca. 20 Minuten Gehzeit

Etwas versteckt und abseits von Wanderwegen liegt der Haferfels. In unmittelbarer Nähe zur Burgengruppe Dahn ist er eine echte Premium-Location für Sonnenaufgänge. Hier gibt es alles, was charakteristisch für den Pfälzerwald ist: bewaldete Hügel, Wetterkiefern auf einem Sandsteinfels im Vordergrund und eine nebelumspülte Burg. All das kommt hier in einer Konstellation zusammen, die großartige Bilder erlaubt.

ZEITEN

Der Haferfels ist eine Location für den Sonnenaufgang, die ganzjährig ein beeindruckendes Motiv mit der Burg Altdahn im Zentrum bietet.

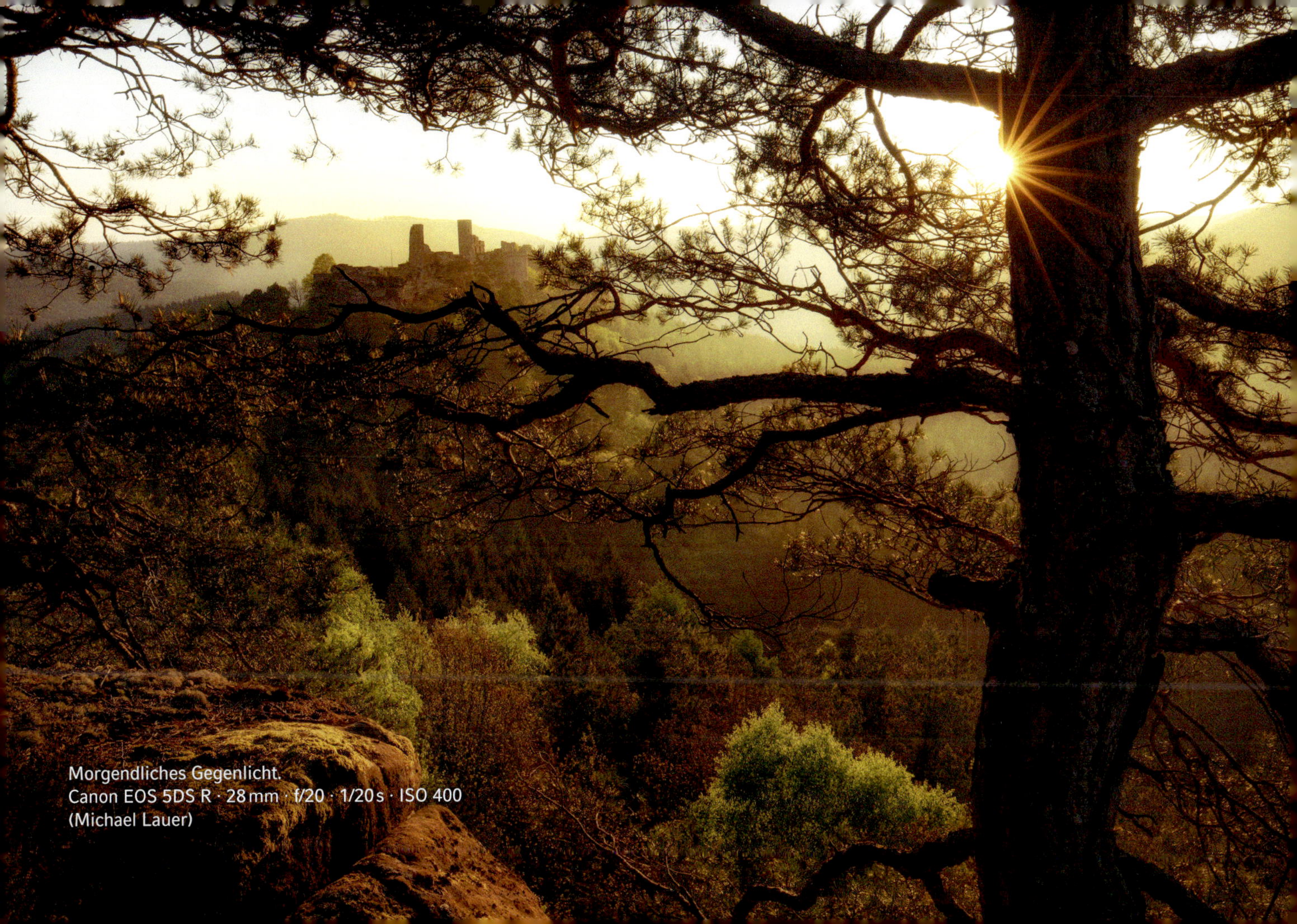

Morgendliches Gegenlicht.
Canon EOS 5DS R · 28 mm · f/20 · 1/20 s · ISO 400
(Michael Lauer)

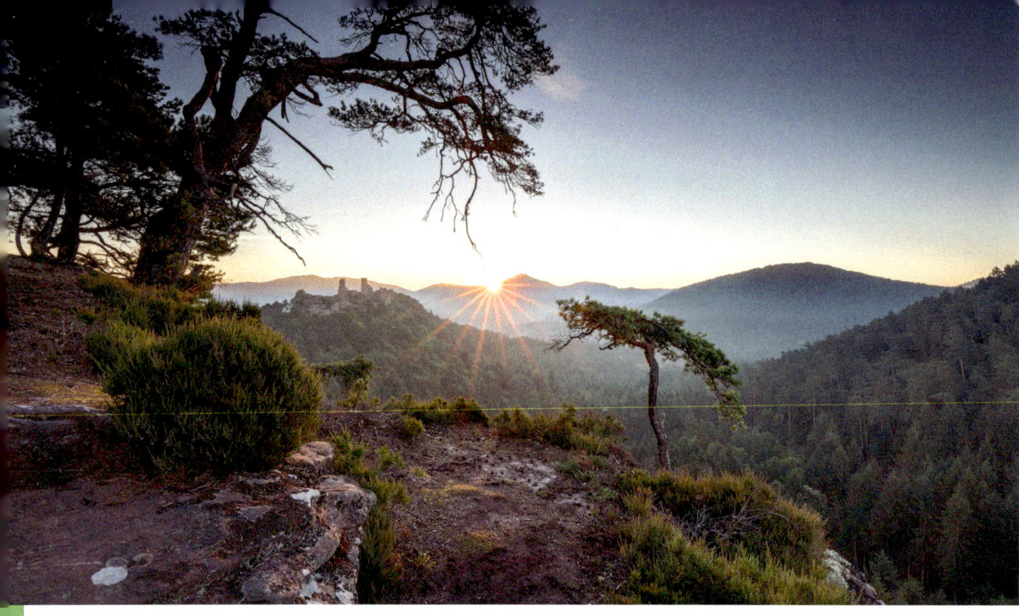

Wetterkiefer mit Burg zum Sonnenaufgang.
Pentax K-1 · 15 mm · f/18 · 1/8 s · ISO 100
(Raik Krotofil)

Feurige Himmel zum Sonnenaufgang und/oder Nebel um die Burg herum setzen dabei die besonderen Akzente.

BRENNWEITEN

Starke Weitwinkelbrennweiten für die klassische Ansicht des Motivs mit der Wetterkiefer im Vordergrund.

PLATZVERHÄLTNISSE

Je nach gewähltem Motiv müssen sich bereits zwei Fotografen auf dem Haferfels absprechen. Mit mehr als drei Fotografen macht die Location keinen Spaß.

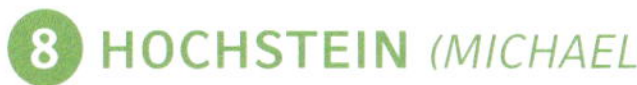

8 HOCHSTEIN *(MICHAEL)*

Beste Tageszeit: Sonnenaufgang
Beste Jahreszeit: Winter
Anfahrt: Der Hochstein ist auch fußläufig von Dahn aus erreichbar. Wer mit dem Auto anreist, findet an der Burgengruppe Altdahn einen Parkplatz für den kurzen Weg zum Hochstein. Der Weg führt vom Parkplatz fast eben in knapp 20 Minuten durch den Wald bis zum Aussichtspunkt auf dem Hochstein.
Koordinaten Parkplatz: 49.15012, 7.800164
(identisch mit Parkplatz Haferfels/Burg Altdahn, siehe Seite 196)
Koordinaten Location: 49.145229, 7.789794
Entfernung Parkplatz: ca. 20 Minuten Gehzeit

Parkplatz

Location

Südlich von Dahn liegt das eindrucksvolle Hochsteinmassiv. Am Westende des in Ost-Westrichtung verlaufenden Hochsteins bietet ein Aussichtspunkt einen 180°-Panoramablick zu den Hügeln des Wasgau und auf die gegenüberliegenden Felsen Lämmerfels und Durstigfels.

Durch seine Lage zwischen Dahn und Busenberg und nahe dem Ort Reichenbach profitiert dieser Fotospot besonders vom Nebel, wenn dieser großzügig die Zivilisationsspuren aus dem Bild tilgt. Direkt sichtbar ist der Sonnenaufgang vom Hochstein im Winterhalbjahr. Frühmorgendliches Auflicht auf den gegenüberliegenden Felsen ist hingegen im ganzen Jahr möglich.

ZEITEN

Den Hochstein besucht man am besten zum Sonnenaufgang. Die Location funktioniert am

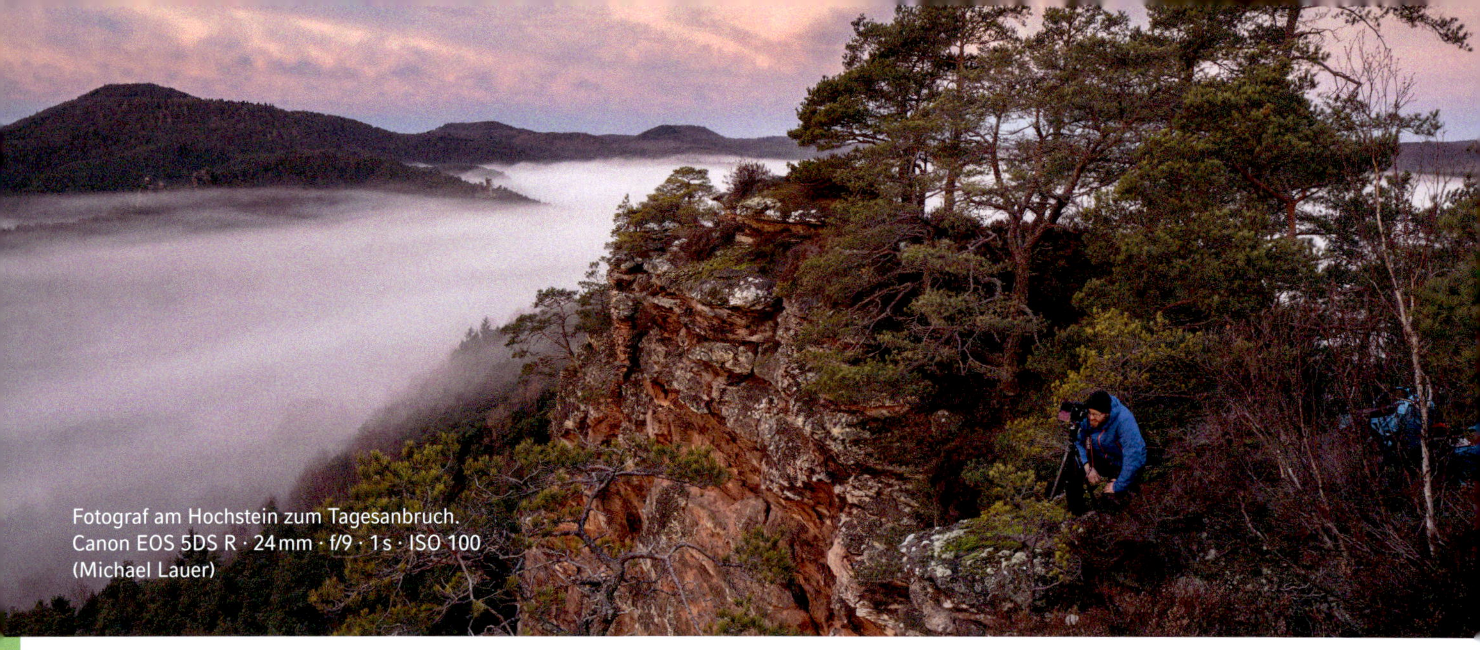

Fotograf am Hochstein zum Tagesanbruch.
Canon EOS 5DS R · 24 mm · f/9 · 1 s · ISO 100
(Michael Lauer)

besten im Winterhalbjahr und mit Nebel im Tal, der die Häuser der tiefer liegenden Ortschaften verdeckt.

BRENNWEITEN

Weitwinkelbrennweiten können genutzt werden, um den Vordergrund auf dem Felsen mit in das Bild einzubeziehen. Mit einem Teleobjektiv lässt sich der Lämmerfels porträtieren.

PLATZVERHÄLTNISSE

Durch die Lage und Ausrichtung des Hochstein verteilen sich kleinere Gruppen (bis zu sechs Fotografen) gut.

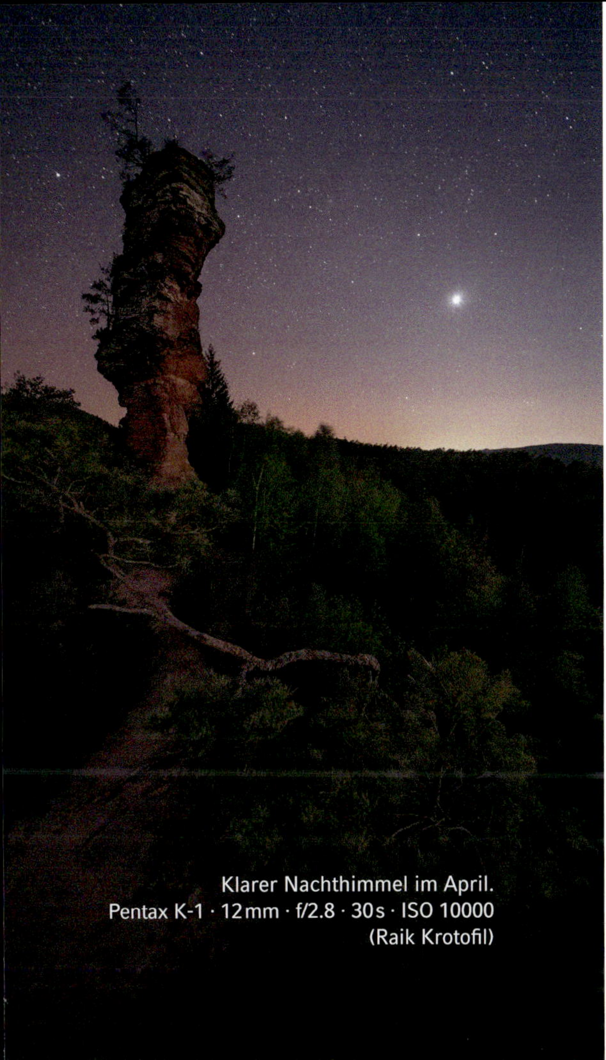

9 LÄMMERFELS *(RAIK)*

Besonderheiten: Zugang mittelschwer und nicht gesichert, Absturzgefahr. Schwindelfrei sollten Sie sein, wenn Sie hier oben auf dem Grat entlanglaufen.

Beste Tageszeit: Sonnenauf-/untergang, Sternenhimmel, Milchstraße

Beste Jahreszeit: ganzjährig

Anfahrt: Fahren Sie zum Wanderparkplatz nahe dem kleinen Eyberg und laufen dann ca. 10 Minuten in Richtung Nordosten, bis zu einer Wegkreuzung. Gehen Sie dann leicht rechts bergab, den Felsen auf der rechten Seite, an diesem vorbei und damit nordwestlich über einen Trampelpfad einen Hang bergab, bis sich nach ca. 200 Metern rechts der Fels öffnet. Hier müssen Sie ein paar große Steine hochklettern und sich dann mutig an einem kleinen Baum ein paar Meter hinaufziehen, um auf den Lämmerfels zu gelangen. Dieses Vorhaben ist NUR für Menschen mit guter Kondition, ausreichender Schwindelfreiheit und Trittsicherheit geeignet. Bitte seien Sie hier extrem vorsichtig! Dieser Zugang ist nicht geeignet, bei nassen Bedingungen oder Schnee und Eis, es herrscht dann absolute Absturz- und Lebensgefahr!

Koordinaten Parkplatz: 49.134194, 7.765

Koordinaten Location: 49.138117, 7.774972

Entfernung Parkplatz: ca. 800 Meter bzw. 20 Minuten Gehzeit

Parkplatz

Location

Klarer Nachthimmel im April.
Pentax K-1 · 12 mm · f/2.8 · 30 s · ISO 10000
(Raik Krotofil)

Morgenlicht – ein Wolkenband zieht auf.
Pentax K-1 · 15 mm · f/16 · 0,3 s · ISO 100
(Raik Krotofil)

Im Herzen des Dahner Felsenlandes liegt der Lämmerfels. Das bereits von weitem sichtbare, langgezogene Felsenschiff bietet einen sagenhaften Anblick. Nach ein wenig einfacher Kletterei eröffnen sich dem Fotografen zwei Möglichkeiten. Entweder läuft er den sehr schmalen Grat bis zum Ende und gelangt zu einem sich auftürmenden Felsen mit einer kleinen Kiefer darauf. Der beste Blick geht hier in Richtung Osten. Oder er orientiert sich nach Südwesten, wo man eine große Felsnadel in Richtung der untergehenden Sonne sieht.

ZEITEN

Perfekt geeignet ist der Lämmerfels für Sonnenaufgänge zwischen Anfang Juni und Anfang September oder mit reflektiertem Licht der untergehenden Sonne. Auch im kompletten Nebel bietet der Lämmerfels einen magischen Anblick. Dreht man sich zurück zum Punkt des Aufstiegs, erkennt man eine Felsnadel. Der Blick geht hier am besten in Richtung Südwesten und erlaubt die besten Fotos zum Sonnenuntergang. Dieser Fotospot eignet sich im Sommer auch für Fotos mit der sich über dem Felsen befindlichen Milchstraße. Die Lichtverschmutzung in dieser Richtung ist nicht hoch.

BRENNWEITEN

Mit einer Auswahl zwischen 12 mm bis 20 mm ist hier vieles möglich.

PLATZVERHÄLTNISSE

Ein enger Fotospot, der maximal Platz für drei Fotografen erlaubt – weniger ist entspannter.

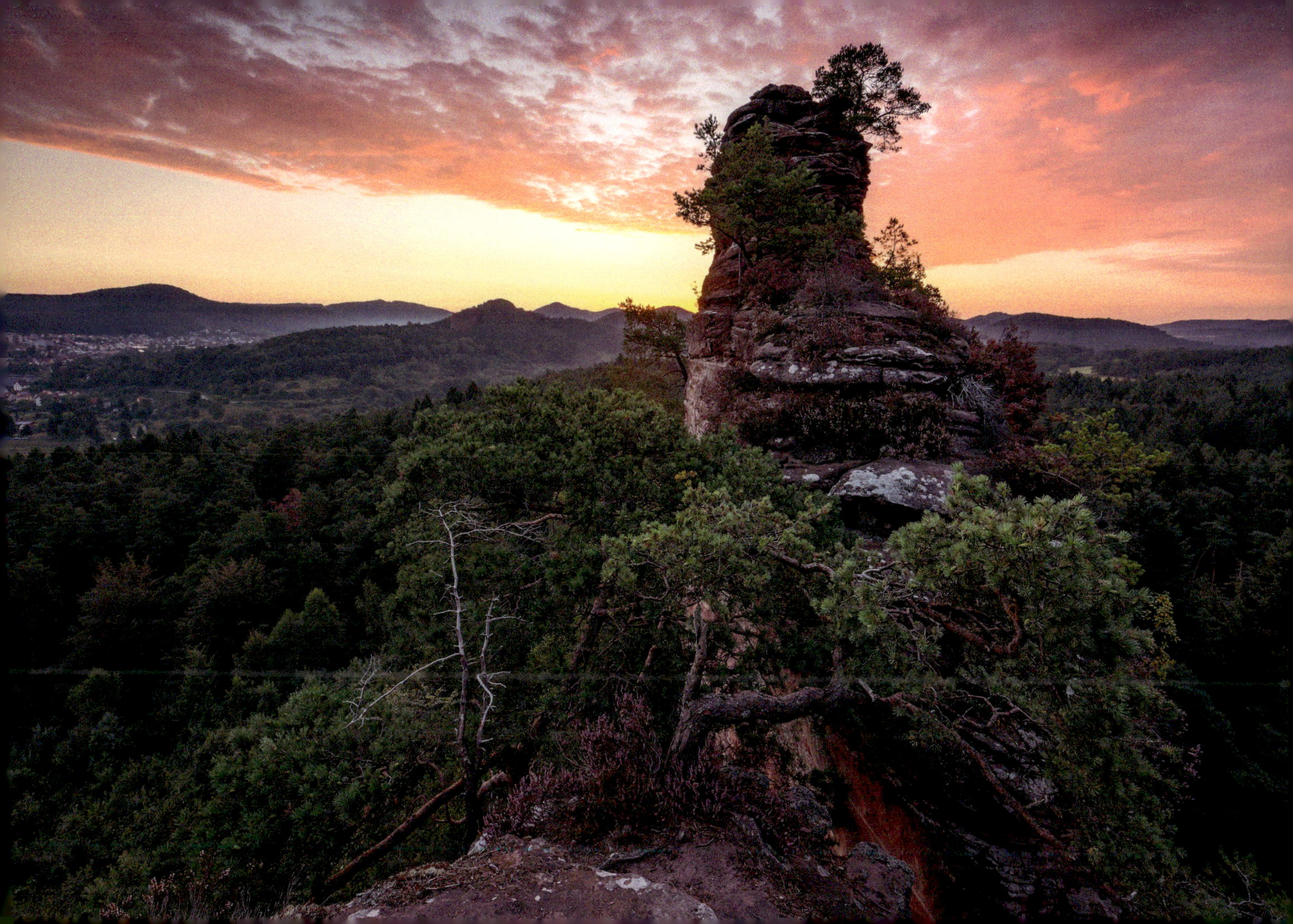

Parkplatz

Location

10 BÜTTELFELS *(RAIK)*

Besonderheiten: Höhle nur über eine steile Eisenleiter erreichbar.
Beste Tageszeit: Mit dem Morgenlicht, am Abend oder in der Dämmerung
Beste Jahreszeit: ganzjährig
Anfahrt: Am Ortsausgang von Dahn, direkt am Sportpark gelegen. Der Felsen ist dort ausgeschildert.
Koordinaten Parkplatz: 49.14225, 7.770139
Koordinaten Location: 49.140639, 7.772472
Entfernung Parkplatz: ca. 10 Minuten Gehzeit

Das sagenhafte Dahner Felsenland, eine beliebte Urlaubs- und Wanderregion, ist durchzogen mit großen und kleinen Sandsteinfelsen. Einige liegen von Bäumen verborgen mitten im Wald, andere schauen majestätisch aus dem Dickicht heraus, als wollten sie das Licht aufsaugen.

Der Felsen selbst ist schwer fotografisch in Szene zu setzen, da er hoch emporragt. Eine gute Sicht haben Sie vom gegenüberliegenden Lämmerfels (siehe Seite 201).

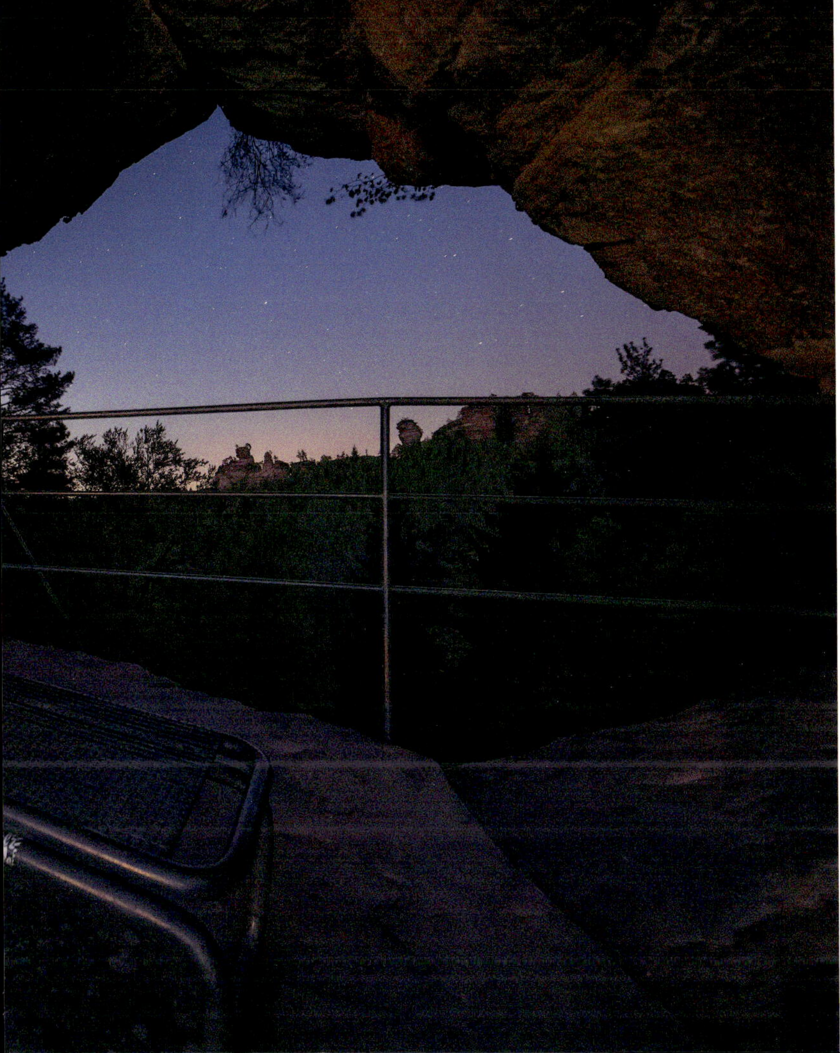

ZEITEN

Ganzjährig lässt sich der Felsen aus der Ferne fotografieren.

BRENNWEITEN

Um aus der Ferne eine formatfüllende Ansicht zu bekommen, sind Brennweiten ab 50 mm bis 200 mm sinnvoll. In der engen Höhle, die nur über eine Eisenleiter erreichbar ist, sind 10–12-mm-Brennweiten für eine gute Innenansicht notwendig.

PLATZVERHÄLTNISSE

In der Höhle ist es sehr eng, ein bis maximal zwei Fotografen können hier arbeiten.

◀ Astronomische Dämmerung in der Höhle.
Pentax K-1 · 12 mm · f/3.5 · 30 s · ISO 6400
(Raik Krotofil)

Parkplatz

Location

11 ELWETRISCHEFELS *(RAIK)*

Besonderheiten: nicht gesichert, Absturzgefahr!
Beste Tageszeit: Sonnenuntergang und in der Nacht
Beste Jahreszeit: ganzjährig
Anfahrt: Um an den Ausgangspunkt, den kleinen Parkplatz an der Hütte des Pfälzerwald-Vereins (PWV) Dahn, zu gelangen, verlassen Sie die L427 vor dem Gewerbepark »Neudahn 1« und biegen in Richtung Neudahner Weiher/Campingplatz ab. Den Campingplatz linker Hand passierend, folgen Sie dem Weg in Richtung Süden weiter. Nach ca. 500 Metern teilt sich der Weg an einem kleinen See – hier biegen Sie links ab. Nach wenigen Metern erreichen Sie die Hütte des PWV. In ihrem Rücken sehen Sie schon den kleinen Fels aus dem Wald emporragen.

Vom Parkplatz der Hütte laufen Sie 100 Meter zurück in Richtung Norden und biegen gleich rechts ab, um dann sofort nach einer kleinen Senke links abzubiegen. Hier folgen Sie dem kleinen, nach rechts gehenden Pfad steil bergauf. Nach wenigen Minuten erreichen Sie die Oberseite des Felsens.
Koordinaten Parkplatz: 49.148556, 7.755944
Koordinaten Location: : 49.149667, 7.757333
Entfernung Parkplatz: ca. 600 Meter bzw. 10 Minuten Gehzeit, 50 Höhenmeter

Typische kleine Kiefern. ▶
Canon EOS 5D II · 23 mm · f/20 · 0,6 s · ISO 200
(Raik Krotofil)

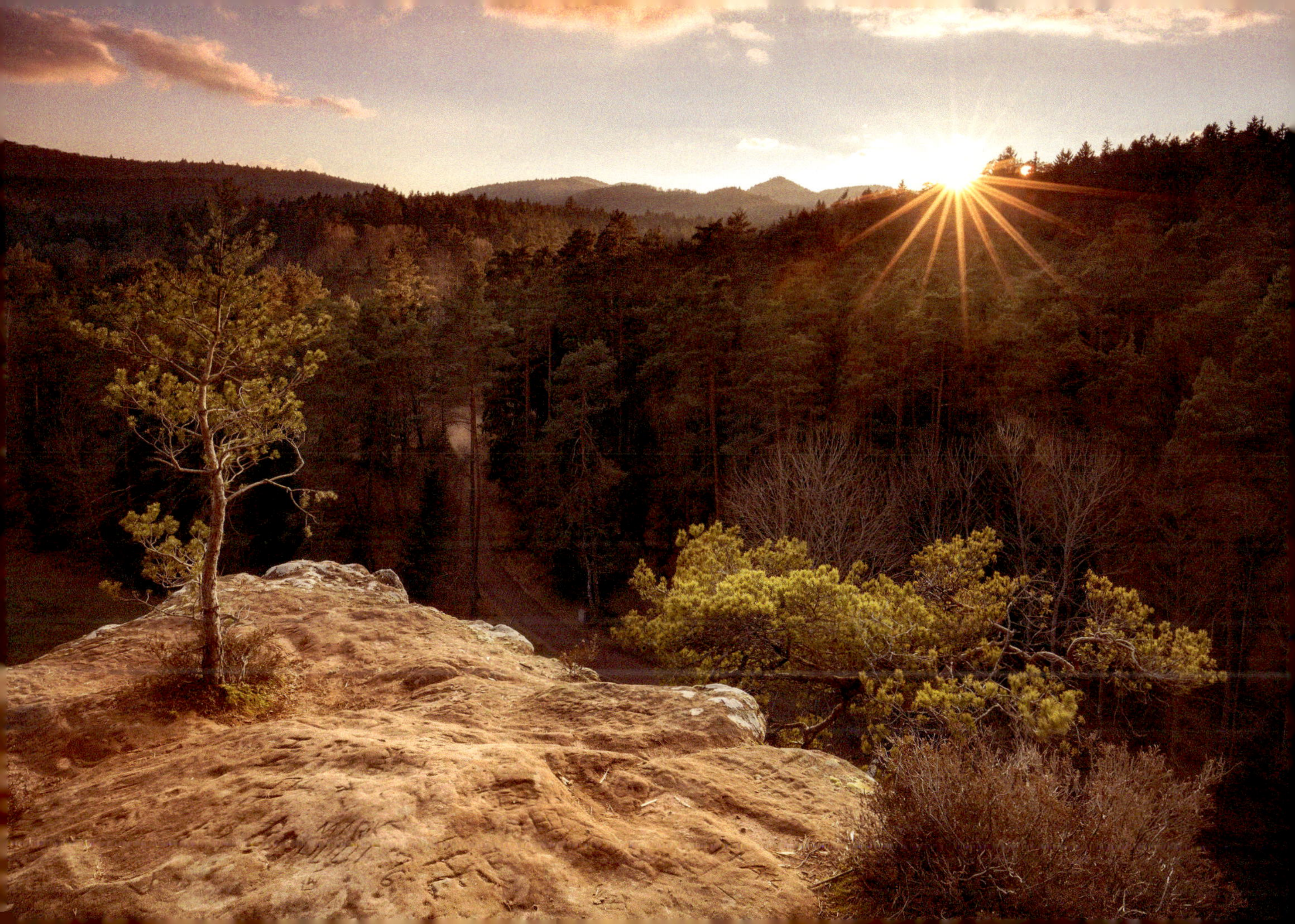

Wurzel zur Blickführung. Canon EOS 5D II · 20 mm · f/20 · 1,6 s · ISO 100 (Raik Krotofil)

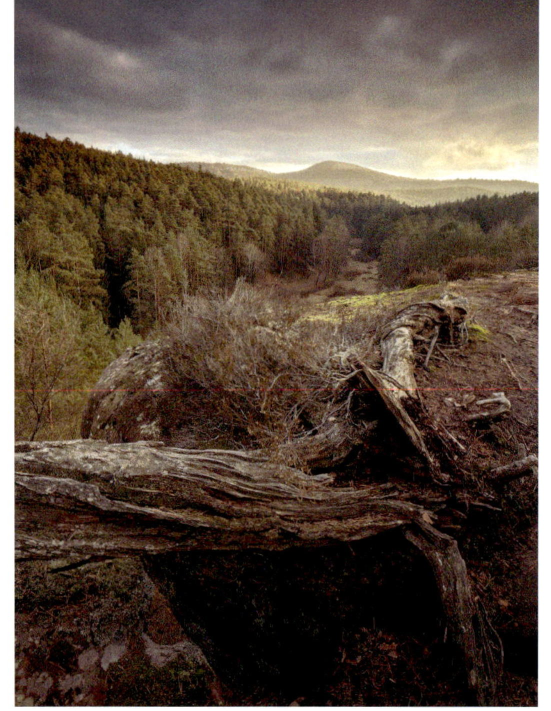

Die Elwetrische ist ein Pfälzer Fabelwesen, eine Kreuzung aus Ente, Huhn, Gans, Elfe und Kobold. So bekannt die Elwetrische in der Pfalz ist, so unbekannt ist dieser kleine Sandsteinfels im Herzen des Dahner Felsenlandes.

ZEITEN

Bedingt durch die Südwestausrichtung und den höher gelegenen Bergrücken in östlicher Richtung ist dieser Ort ein ausgesprochener Sonnenuntergangsspot. Aber auch nachts, mit wenig Lichtverschmutzung am Horizont, lassen sich Fotos mit dem Sternenhimmel machen. Für einen Sonnenstand wie auf dem Foto eignen sich die Monate Februar bis Mitte April und Ende September bis Ende Oktober.

BRENNWEITEN

Um den Felsen mit den umliegenden Hügeln gemeinsam in eine funktionierende Bildkomposition zu bringen, eignen sich weitwinklige Brennweiten sehr gut.

PLATZVERHÄLTNISSE

Das Felsen-Plateau ist nicht groß, jedoch so aufgeteilt, dass gleichzeitig zwei Fotografen unabhängig voneinander ihre Bildideen umsetzen können, ohne sich im Weg zu stehen.

12 WASGAUBLICK *(MICHAEL)*

Besonderheiten: Der Wasgaublick auf dem Eyberg ist ein barrierefreier Aussichtspunkt.
Beste Tageszeit: Tagesanbruch
Beste Jahreszeit: Herbst
Anfahrt: Der Parkplatz befindet sich im Wald bei Dahn auf dem Eyberg. Eine Forststraße führt ca. 2 km durch den Waldberg bis zum Parkplatz. Vom Parkplatz aus führt ein breiter Waldweg ca. 200 Meter weit zum Aussichtspunkt.
Koordinaten Parkplatz: 49.126207, 7.753649
Koordinaten Location: 49.126174, 7.756959
Entfernung Parkplatz: weniger als 5 Minuten Gehzeit

Parkplatz

Location

Der Wasgaublick auf dem Eyberg ist vielleicht die beste Location in der Pfalz, wenn es darum geht, das bekannte Bild der mit Nebel gefüllten Täler zu machen, aus denen die Hügel des Pfälzerwaldes herausragen wie Inseln aus einem Nebelmeer. Dank seiner Ausrichtung nach Osten ist er hervorragend geeignet für Aufnahmen zum Sonnenaufgang.

Hier lohnt es sich, deutlich vor Sonnenaufgang an der Location zu sein, um den Wechsel der Himmelsfärbung zum Tagesanbruch miterleben zu können.

Wenn Nebel in den Tälern liegt, lassen sich auch nach Sonnenaufgang noch Aufnahmen machen, bei denen Sie mit dem Teleobjektiv Motive aus dem Nebel herauslösen. Achten Sie hierbei insbesondere auf die Licht-/Schattengrenzen im Nebel. Wenn aufsteigende Nebelfetzen vom Sonnenlicht getroffen werden und die umgebende Landschaft noch

Tagesanbruch.
Canon EOS EOS R · 65 mm · f/8 · 1/6 s · ISO 160
(Michael Lauer)

im Schatten liegt, ist das ein Garant für spannende Motive.

ZEITEN

Es lohnt sich, im Herbst rechtzeitig vor Sonnenaufgang vor Ort zu sein, um die Himmelsfärbung über dem Nebel genießen zu können.

BRENNWEITEN

Im Nahbereich vor dem Aussichtspunkt findet sich kein Bildelement, das sinnvoll in die Gestaltung mit einbezogen werden könnte. Deswegen beginnt der Brennweitenbereich an dieser Location bei ca. 50 mm. Leichte Teleobjektive können hier sehr gut zum Einsatz kommen, ebenso wie Brennweiten bis zu 400 mm.

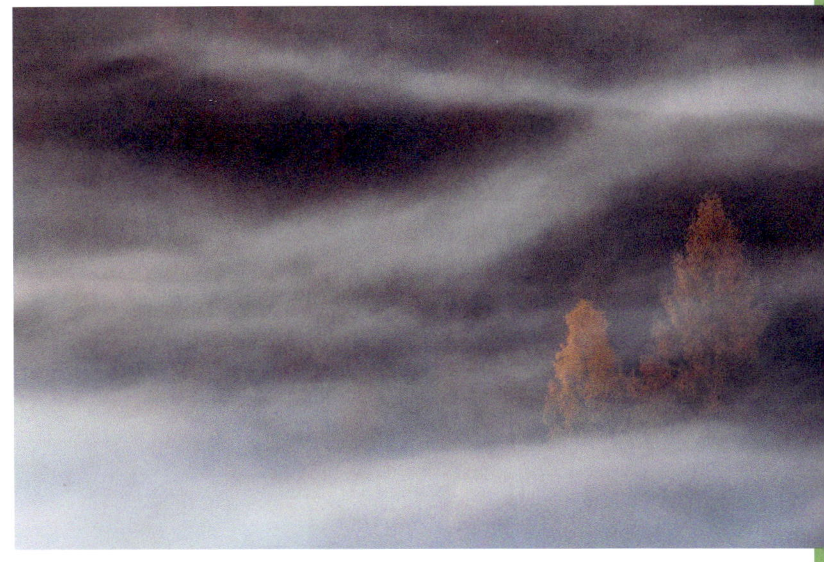

Herbstbäume im Nebel.
Canon EOS R · 400 mm · f/16 · 1 s · ISO 160
(Michael Lauer)

PLATZVERHÄLTNISSE

Der Wasgaublick bietet ausreichend Platz für mehrere Fotografen. Mehrere Stative können dort gleichzeitig aufgestellt werden.

Anhang

DIE LOCATIONS, NACH HÖHE SORTIERT

Über dem Nebel stehen, oder einfach nur die Fernsicht genießen? Für beide Vorhaben ist es hilfreich, die ungefähre Höhe der Location zu kennen. Die nachfolgende Tabelle der Locations aus diesem Buch ist nach Höhe in absteigender Reihenfolge sortiert.

Location	Typ	Höhe n.N. (ca. in Meter)
Donnersberg	Waldlandschaft	685
Felsenmeer	Waldlandschaft	625
Luitpoldturm	Turm	610
Rehbergturm	Turm	575
Wegelnburg	Burg	570
Hohenberg	Felsen	550
Hohenburg	Burg	550
Burg Löwenstein	Burg	530
Burg Neuscharfeneck	Burg	500
Wettereck	Fels	495
Stäffelsbergturm	Turm	480
Kirschfels	Fels	475
Rötzenfels	Fels	460

Location	Typ	Höhe n.N. (ca. in Meter)
Slevogtfels	Fels	450
Buhlsteinpfeiler	Fels	440
Burg Gräfenstein	Burg	440
Burg Lindelbrunn	Burg	440
Hühnerstein	Fels	435
Wasgaublick	Fels	415
Kleiner Hahnstein	Fels	410
Sandwiesenweiher	Gewässer	395
Schlüsselfels	Fels	395
Hambacher Schloss	Burg	380

Location	Typ	Höhe n.N. (ca. in Meter)
Felsentor am Haseneck	Fels	380
Reifenberger Kapellchen	Burg	375
Runder Hut	Fels	370
Geiersteine	Fels	365
Burg Drachenfels	Burg	360
Wachtfels	Fels	360
Altschlossfelsen	Waldlandschaft	355
Edenkobener Tal	Waldlandschaft	355
Karlstal	Gewässer	345
Hochstein	Fels	345

Location	Typ	Höhe n.N. (ca. in Meter)
Burg Altdahn	Burg	335
Sprinzel	Fels	335
Mehlinger Heide (klein)	Waldlandschaft	329
Mehlinger Heide (groß)	Waldlandschaft	329
Bärenhöhle	Waldlandschaft	328
Kaltenbrunner Tal	Waldlandschaft	325
Bavariafels	Fels	325
Kleiner Wasserfall	Gewässer	320
Haferfels	Fels	315
Nedingfels	Fels	300

Location	Typ	Höhe n.N. (ca. in Meter)
Kostenfels	Fels	285
Teufelstisch	Fels	285
Lämmerfels	Fels	280
Büttelfels	Fels	265
Elwetrischefels	Fels	250

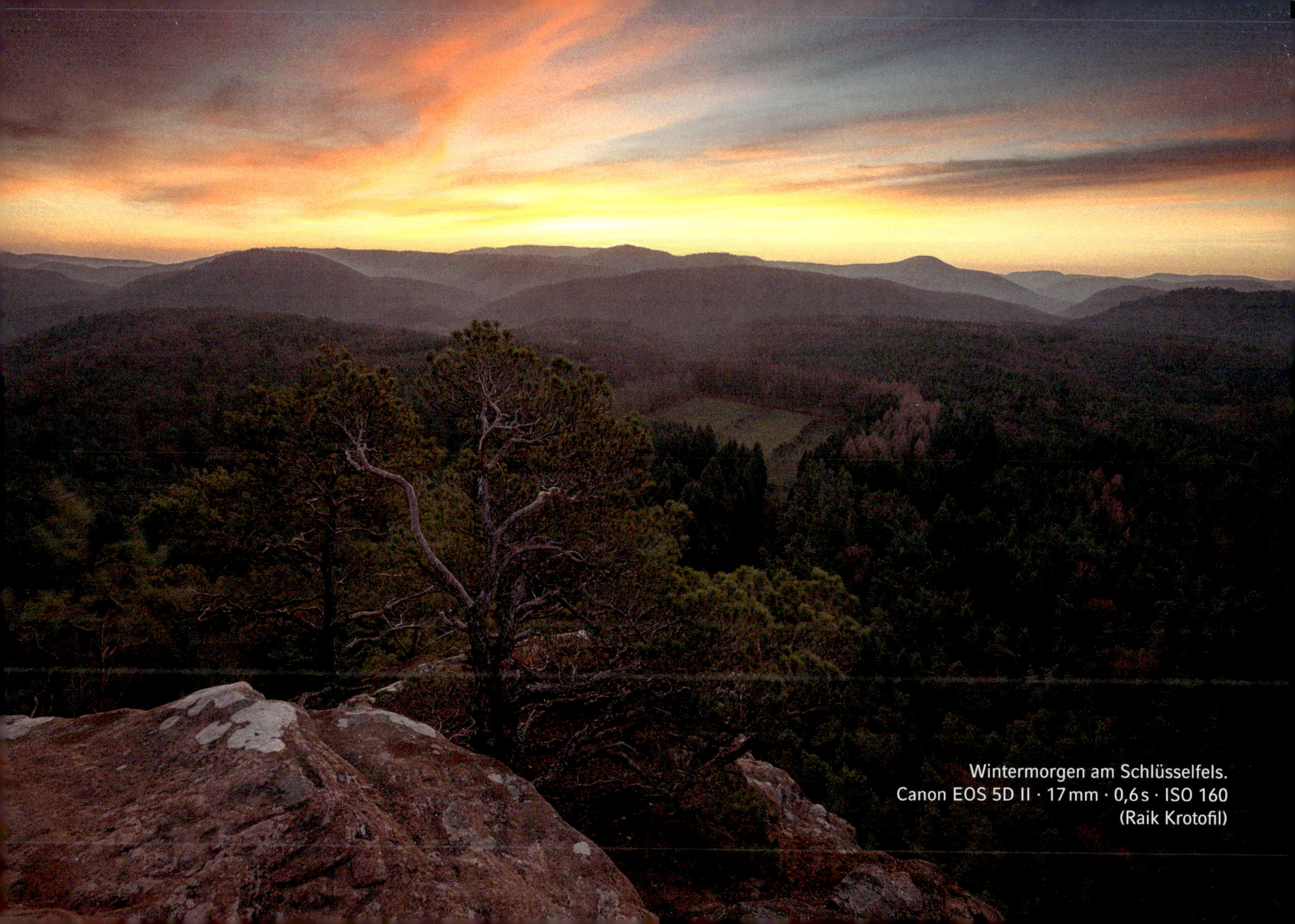

Wintermorgen am Schlüsselfels.
Canon EOS 5D II · 17 mm · 0,6 s · ISO 160
(Raik Krotofil)

Index

SYMBOLE

500er-Regel 39

A

Adams, Ansel 95
Altschlossfelsen 89
Annweiler 63
Anreise 10
Apps
  ND-Timer 135
  PhotoPills 14, 113
  The Photographer's Ephemeris (TPE) 14, 113
Asselstein (Kletterfels), Ausblick auf 170
Aufstiegsgenehmigungen 7
Ausrüstung 15
  Waldfotografie 115

B

Bärenhöhle 21
Bäume fotografieren 46
Bavariafels 141
Belichtungsmessung, bei Nacht 34
Belichtungsreihe. *Siehe Bracketing*
Bildvordergrund unscharf 36
Bracketing 82
Buhlsteinpfeiler 104, 184
Burgen
  Altdahn 194
  Altdahn (Ausblick auf) 196
  Anebos (Ausblick auf) 63
  Berwartstein (Ausblick auf) 178, 185, 186
  Drachenfels 189
  Fleckenstein (Ausblick auf) 101
  Gräfenstein 19
  Hohenburg 87, 99
  Hohenburg (Ausblick auf) 86
  Lindelbrunn 181
  Lindelbrunn (Milchstraße über) 163
  Löwenstein 87, 101
  Münz (Ausblick auf) 63
  Neuscharfeneck 59
  Trifels 41
  Trifels (Ausblick auf) 63, 64, 65, 67, 72, 170, 174, 177
  Wegelnburg 87, 94
Burgentriologie 63
Busenberg 179, 189
Büttelfels 204

D

Dahn 179
  als Stützpunkt 10
Dämmerung, Nautische 14
Dernbach 60
Diedesfeld 50
Donnersberg 119
Drohnen 7
Dynamikumfang 78

E

Edenkobener Tal 56
  Karte 42
Elwetritschefels 206
Erdrotation 39
ETTR (Exposure to the right) 85
Exkurse
  Grauverlaufsfilter 78
  Langzeitbelichtung 132
  Waldfotografie 104
  Wolken und Landschaft 172
Exposure-Blending 84

F

Farben, Sättigung erhöhen mit Polfilter 26
Felsenglühen 91

Felsensperrliste 7
Felsentor am Haseneck 28
Felshöhle. *Siehe Felsentor am Haseneck*
Föhrlenbergfels. *Siehe Slevogtfels*
Fokus-Stacking 36
Fotografieren bei Nacht 34
500er-Regel 39
Frankreich 97
Frühjahr, Locations für 24, 26, 27, 45, 46, 72, 89, 94, 97, 99, 101, 110, 119, 129, 130, 141, 184, 189

G

Geiersteine 144
Gewitter 174
GND-Filter. *Siehe Grauverlaufsfilter*
Graufilter 133
Grauverlaufsfilter, Exkurs 78

H

Haardtrand 41
Haferfels 196
Hahnenschritt 53
Hambacher Schloss 41, 48
Karte 42
Häsel. *Siehe Kapelle bei Reifenberg*
Haseneckfels 28
Hauenstein 160
Heideblüte 125
Herbst 124
Locations für 45, 51, 55, 56, 63, 72, 75, 77, 89, 94, 97, 99, 100, 101, 109, 114, 119, 124, 129, 141, 146, 162, 178, 181, 184, 186, 191, 209
Hilschweiher 56
Hinter der Tränk (Wasserfall). *Siehe Wasserfall: Kleiner, bei Reifenberg*
Hinterweidental, Teufelstisch 31
Hochstein 199
Hohenberg 67
Karte 43
Hohenburg 87, 99
Ausblick auf 86
Hühnerstein 147

J

JPEG, vs. Raw-Format 84

K

Kalmit-Felsenmeer 41, 51
Karte 42
Kaltenbrunner Tal 44
Karte 42
Kameradisplays, bei Nachtaufnahmen 35
Kapelle bei Reifenberg 24
Karlstal 129
Kirschfels 149
Kleiner Hahnstein 73
Karte 43
Kleiner Wasserfall bei Reifenberg 26
Kostenfels 152

L

Lämmerfels 201
Sonnenaufgang am 13
Langzeitbelichtungen, Exkurs 132
Lightpainting, am Teufelstisch 31
Litschhof, und Nebel 97
Locationliste führen 14
Luitpoldturm 13, 106, 113, 154

M

Maikammer 50
Mehlinger Heide 124

Milchstraße
am Teufelstisch 31
Locations für 146, 202
Mondaufgang, Location für 161
Mondlicht, am Teufelstisch 32
Monduntergang, Locations für 60, 73, 74, 125, 189
Moosalb 129
Motivkontrast 82

N

Naturschutzgebiet 7
Nautische Dämmerung 14
ND-Filter. *Siehe Graufilter*
NDTimer 135
Nebel, Locations für 24, 44, 48, 51, 54, 56, 67, 72, 95, 97, 102, 119, 142, 144, 145, 149, 152, 154, 155, 163, 170, 181, 184, 186, 188, 192, 198, 199, 202, 209
Nedingfels 160
Neustadt a.d. Weinstraße 48
Nothweiler 94, 101

P

PhotoPills 14, 113
Planung, für Sonnenaufgang (Beispiel) 13
Locationliste 14
Polfilter
Farben intensivieren mit 26, 129
gegen Lichtreflexe 22

Q

QR-Codes 9
Queichtal 67

R

Raureif 13, 53
Raw-Format, vs. JPEG 84
Rehbergturm 70
Karte 43
Reifenberg. *Siehe Kapelle bei Reifenberg*
Kleiner Wasserfall bei 26
Reisevorbereitung 10
Restaurants 56
Rietburg 56
Rinnthal 152
Rötzenfels 162
Runder Hut 166

S

Sandwiesenweiher 54
Karte 42
Schärfentiefe 36
Scharfstellen, bei Nacht 36
Schlüsselfels 186
Schnee 13
am Teufelstisch 33
Locations für 13, 31, 45, 53, 54, 63, 72, 156
Seen 45, 54
Sickinger Land. *Siehe Kapelle bei Reifenberg*
Slevogtfels 62
Karte 43
Sommer, Locations für 35, 60, 62, 74, 75, 77, 163, 166, 190, 195, 202
Sonnenaufgang, Locations für 67, 70, 89, 94, 101, 124, 144, 147, 162, 166, 169, 170, 181, 184, 186
Planung für 13
Sonnenauf-/untergang, Locations für 19, 21, 28, 73, 75, 89, 141, 152, 154, 189

Sonnenuntergang, Locations für 59, 62, 65, 75, 99, 160, 206
Sprinzel 191
Stäffelsbergturm 41, 75
  Karte 43
Startrails 35
Sterne, zu Streifen verzogen 39
Sternenhimmel
  am Teufelstisch 31
  dunkler 54
  Locations für 31, 45, 54, 60, 150, 166, 168, 201, 208
Sühnekreuz 50

T

Temperaturen 13
Teufelstisch 31
The Photographer's Ephemeris (TPE) 14, 113
Tonwerte 78
Touren
  Mitte-Nord 139
  Mitte-Süd 179
  Nord 117
  Ost 41
  Süd 87
  West 17

V

Villa Ludwigshöhe 56
Vogelbrut. *Siehe Felsensperrliste*
Vorderweidenthal 181

W

Wachtfels 169
Walddusche 59
Waldfotografie 51, 56, 120
  Exkurs 104
Wasgau 10
Wasgaublick 209
Wasserfall, kleiner, bei Reifenberg 26
Wegelnburg 86, 87, 94, 107, 109
Weinstuben 56
Wernersberg 166
Wettereck 65
  Karte 43
Wilgartswiesen 141
Winschertfels 19
Winter, Locations für 44, 45, 51, 55, 56, 72, 74, 144, 150, 155, 156, 162, 170, 184, 186, 191, 199
Wolken
  Arten und Höhen 173
  Farbtemperatur von 176
Wolken und Landschaft, Exkurs 172